Hiroshima Peace Institute

アジアの平和と
ガバナンス

Governance and Peace in Asia

広島市立大学広島平和研究所［編］

Hiroshima Peace Institute, Hiroshima City University

有信堂

はしがき

　冷戦の終結によって人類はひとまず米ソ核戦争の危機から脱した。その後、グッドガバナンス基準のグローバル化の進展による自由で民主的な社会の到来が期待されたが、21世紀に入ると、そうした期待は脆くも潰えたようである。それどころか、今日、気候変動による異常気象が世界各地で発生する中で、我々は国境も民族も超えた未曾有の危機に直面している。今こそ人類が結束して危機に対応せねばならぬ事態にあるのに、一方で、米中の覇権争い、中国の「一帯一路」構想といった国際秩序再編の動きがあり、他方で、イギリスのEU離脱に象徴されるように地域統合が曲がり角にさしかかる中、世界各地でエスニック紛争や統治権をめぐる内戦が復活し、国家も分離、分断の時代を迎えているようである。

　特にアジアでは、国際平和も人間の安全保障も深刻な危機に直面している。今や、軍事大国化する中国とアメリカの覇権争いの中心舞台となったアジアで、南シナ海の海洋安全保障問題、中国と台湾の軍事的緊張関係の悪化など、アジアの行き先は見通せない。それに、冷戦終結後、インド、パキスタン、北朝鮮が立て続けに核開発に成功し、アジアは「核の時代」に突入した。中でも北朝鮮の核開発に伴う朝鮮半島の軍事的緊張の高まりで、アメリカ、中国、北朝鮮の核保有3カ国が対峙する東アジアにおける核戦争の危機は予断を許さない。さらに、全体主義国家・北朝鮮の人民の抑圧はもとより、一党独裁国家・中国の新疆ウイグル人の強制的同化政策、平和構築失敗の後、混乱を極めるアフガニスタンやイラク、軍事政権が復活したミャンマーなど、アジア各地で人間の安全保障が脅かされている。アジアではなぜ核開発が進むのか。なぜ軍事化が進み、安定した平和が定着しないのか。なぜ地域ガバナンス制度が確立されないのか。

　本書は、核開発が進むアジアの国際関係の構造と核開発国のガバナンスの実相を明らかにするとともに、アジアにおける地域ガバナンスの制度化の現状、そして日本の安全保障における核兵器の役割を問うことを目的に編集された。本書がアジアの危機の構造を知る手がかりとなり、また国際平和と人間の安全保障を両立させるための地域ガバナンス制度の構築の手立てを考察する一助となることを期待する。なお、本書は、今から3年前に広島平和研究所が編集した『アジアの平和と核──国際関係の中の核開発とガバナンス』（共同通信社、2019年2月）の続編である。同書を合わせて参照していただければ幸いである。

編集委員を代表して　吉川　元

アジアの平和とガバナンス／目　次

第3部　人間の安全保障とガバナンス

第15章　インド太平洋の安全保障環境

第16章　安全保障共同体としてのASEAN

アジアの平和とガバナンス

序　章　ガバナンスと国際平和

吉川　元

1　はじめに

　第二次世界大戦後の4分の3世紀の間、欧州・大西洋地域では国際平和が維持された。それは欧州の主要国によって政策的に進められた国際統合、およびその結果としての地域ガバナンスの制度化の成果でもある。一方、アジア（および中東）では数次にわたる中東戦争をはじめ、朝鮮戦争、印パ紛争、ベトナム戦争、イラン・イラク戦争、中越戦争、二次にわたる湾岸戦争、アメリカの対アフガニスタン戦争など、戦争が多発している[1]。しかもスリランカ、カンボジアをはじめ各国で内戦が発生し、中国、カンボジア、インドネシアなどでは大規模な「民衆殺戮」が発生している[2]。またアジアでは、人権を侵害し、民主主義を制限する「不自由な国」、「部分的自由な国」が増加している。

　アジアは軍事化が最も進んだ地域の一つでもある。たとえば1987年を頂点に減少傾向に入っていた世界の軍事費総額は2000年代に入ると再び増加傾向に転じ、過去10年間（2011〜20年）で9.3％増を記録している。特に20年の軍事費総額1兆9981億米ドルは冷戦の終結後、最多である。地域別にみると同10年間、アジア・オセアニアの増加率が世界最多である（47％増）。さらにサブ（下位）地域別にみると、ロシアと緊張が続く欧州では中欧（74％増）と東欧（31％増）の増加が顕著であり、アジアでは中央アジア（47％増）、東アジア（53％増）、南アジア（36％増）、東南アジア（36％増）と、アジア各地域の軍事費の増加は著しい。特に東アジアは軍事費総額において北米（43％）に次ぐ2位（27％）で、両地域の合計額は世界総額の3分の2以上を占める（SIPRI 2021：253-274）。

　国別の軍事費でみると2020年の軍事費上位2カ国、すなわち1位米国（軍事

費総額に占める割合39％）と２位中国（同13％）の２カ国が突出し、両国で世界の半分以上を占めている。世界の軍事費上位10カ国中に中国の他、インド（３位）、日本（９位）、韓国（10位）とアジア勢４カ国が入るが、アジアにおける軍事費増加傾向の牽引役ともいえる中国の軍事費は、過去10年間に76％増を記録し、それはアジア・オセアニア地域全体の軍事費総額のおよそ半分を占めている（SIPRI 2021：237-252）。

　中国の軍事大国化と海洋侵出、それが引き起こす南シナ海の海洋安全保障問題、さらには北朝鮮の核開発による朝鮮半島の軍事的緊張のあおりを受けて東アジアの軍事費は増加の一途をたどっている。同時に、アジアは新たな核時代に突入していることにも注目したい。冷戦の終結後にはインド、パキスタン、および北朝鮮が新たな核保有国となり、さらに今日、イランが核開発を進めている。東アジアは、中国、北朝鮮の他、同地域の安全保障に深く関与するアメリカとロシアの４カ国の核保有国が対峙する世界で最も軍事的に危険な地域の一つになっている。軍事化が進み、人間の安全が必ずしも保障されないアジアは、軍事的緊張も人権侵害も構造的なものとなり、我々にとって決して安全な地域とはいえない。

2　脆弱国家の陰で

(1)　アジアのガバナンス制度

　国際統合を進め地域ガバナンス制度の構築で先行している西欧に対して国際平和の維持に汲々とし、人間の安全保障に難儀するアジア——この彼我の差は何に由来するのであろうか。アジアで軍事化が進む一方、多くの国で自由と民主主義が制限されるのは、アジア諸国の多くに共通するガバナンス制度の成り立ちと、地域ガバナンス制度の未発達ゆえのアジア特有の国際政治システムに起因すると考えられる。

　脱植民地化によって欧州的国際政治システムに参入したアジア諸国の多くは、政府の統治の正当性（統治権）や領域の正当性（国境）がいまだに確定されていない「脆弱国家」（Buzan 1991：96-107）である。独立したての国家の指導者にとって喫緊の課題は、国民的一体感の創造を目的とする国民統合を進め、国家

の枠組み・制度作りに取り組むことであった。しかし、独立してまもない国家は、国民統合を急ぐあまり同化政策を強行し、ときに分離独立勢力に対する抑圧を強化し、ときに民族浄化を行った。加えて新政府の指導者は、政府の統治権を確立せねばならず、そのために反政府勢力や反体制派勢力を弾圧し、ときに反政府勢力に対して民衆殺戮を犯したのである。その結果、自由で民主的な国家建設の試みは頓挫し、多くの国が開発独裁の道をたどり始め、権威主義体制や一党独裁体制を選択していった。そして独立の維持とともに、建設途上の政府・政権の制度構築およびその維持が国家安全保障の枢要な目標となった。

　国家建設の初期段階で大規模な民衆殺戮が発生する事例が多いが、このことは国家建設時に新政権が民主的統治基盤を確立することの難しさを示す一つの証左である。たとえば中国では、1949年の中国革命以降、60年代初頭にかけて「階級の敵」「スパイ」「反革命」の嫌疑で40〜200万人（Cribb 2010：455）、あるいは100〜300万人の党員の粛清が行われたとされる（White 2012：429-452）。1966〜76年にかけての中国共産党の権力闘争である「文化大革命」の犠牲者数は50万人から数百万人に上るといわれる（White 2012：429-438）。インドネシアでは、65年9月30日に発生した「9月30日事件（9・30事件）」の直後から翌年3月にかけて、共産党員およびその家族を中心に左翼勢力とみなされる学生やジャーナリストなど50万人、一説によると100万人が軍部または軍部の支援を受けた地方の武装集団によって殺戮されている（倉沢 2014：vi）。これを機にその後30余年にわたるスハルト独裁体制が確立されることになった。カンボジアでは、75年に政権の座に就いた毛沢東主義者のポル・ポトによってわずか3年半の間におよそ200万人以上の富裕層および高等教育を受けた都市住民が「人民の敵」として殺戮された（Rummel 1994：159-207；Cribb 2010：459-463）。北朝鮮の民衆殺戮に関する情報は限られているが、建国以来、北朝鮮では90年代の失政による飢餓の犠牲者数を加えると、少なくとも300万人以上の国民が政府の手によって直接的または間接的に命を奪われたと考えられている（White 2012：446-452）。

　アジアの多くの国の指導者は、政府（政権）の統治正当性の確立は政敵の排除とともに、国民統合と経済発展の成果次第であることを認識している。それゆえに経済発展がままならぬ場合、政府は領土紛争や歴史問題に国民の目を向けさせ、ナショナリズムを高揚させることで国民統合を図ろうとすることから、

自ずと隣国との関係は対立的になる（Hsueh 2016：36）。しかも、自国の安全保障を強化するためにどの国も相手国よりも少しでも軍事的に強い国でなければ安心できず、その結果、常に軍拡競争に身を置くことになる。そのため地域の軍事化が進み、国際関係の緊張、中でも隣国との軍事的緊張は構造的なものとなったのである。こうした脆弱国家特有のガバナンス制度に由来する国家体制安全保障観が脱植民地国家には力を持っていることから、アジアの多くの国は軍備増強を図りつつ統治基盤を確立するために非民主的で権威主義的な国家体制の建設の道を選んだのである。

⑵　二国間関係のアジア

　アジアで自由化や民主化が進まない背景に、先述の多くのアジア諸国に共通する脆弱なガバナンス制度要因に加え、国際政治システム要因を指摘せねばならない。アジアの国際政治システムは勢力均衡システムを特徴とすることから、国家の安全保障は軍事力を頼りとする国家安全保障戦略、より正確にいえば国家体制安全保障戦略をとらざるを得ない。欧州連合（EU）のような国際統合への取り組みはおろか、欧州審議会（CoE）や欧州安全保障協力機構（OSCE）のような地域ガバナンス制度の構築がアジアではみられない。その代わりにアジアではハブ・アンド・スポークス（hub and spokes）関係、すなわち覇権国と従属国との二国間主従関係が主流である。かつて冷戦期には、米ソ両覇権国は、従属国の国家体制が権威主義体制であろうと独裁体制であろうと、はたまた君主制であろうと、友好国（仲間）でありさえすればその見返りに食糧援助、軍事援助、あるいは経済援助を行うという戦略援助外交を展開し、友好国のつなぎ止めに腐心した。ハブ・アンド・スポークス関係を維持するために展開された戦略援助外交は、同盟国や友好国の人権侵害、さらには民衆殺戮を閑却することで、結果的には従属国政府による非人道的行為を間接的に支え、国家体制安全保障に貢献したのである。

　冷戦の終結後は、東側陣営が崩壊したことで友好国づくりを目的とする戦略援助外交は下火になり、代わってグッドガバナンス構築への取り組みを条件に欧米先進国による民主化支援が始まる（吉川 2015：249–252, 288–289）。冷戦の終結が自由・民主主義を標榜してきた西側の勝利であると一般に考えられるよう

になり、また東側陣営の一党独裁体制下で行われた人権侵害の実態が次第に明るみになるにつれ、ガバナンス制度と国際平和との関係性が問われるようになる。その結果、それまでの国際平和秩序や国際援助のあり方の見直しが行われるとともに、人権尊重、法の支配、および民主主義の3本柱を軸にグッドガバナンスを与件とする「民主主義による平和」の思想が力を持つようになったからである。

⑶　「民主主義の平和」を受け入れないアジア

　では、なぜ民主主義が国際平和を創造すると考えられるようになったのだろうか。それは、民主主義の国は紛争を平和的に解決するという民主的規範と、権力分立や政治的決定手続きの透明性という民主制度の二つの拘束条件の下で行動していると考えられるからである（ラセット 1996）。加えて民主主義（民主制）は多元主義的で開かれた政治制度であることから、民主国家間ではヒト、カネ、モノの移動の自由が保障される。また国際交流が進み経済的相互依存関係が進むにつれ、その過程で利害対立や国際紛争が発生することから、利害調整や国際規範の形成を目的とする国際機構の役割が必要とされる。国際機構には特定地域の国際社会化を推進し、地域ガバナンス制度を創設する役割が備わっているので、民主国家は主権の制限との引き換えに国際平和、安全保障、および経済繁栄を手にするために国際機構に積極的に加盟する傾向にある。その結果、民主国家から構成される地域は平和地帯に発展するのである（吉川 2007：156-157）。

　民主主義による平和の思想は、地域機構を中心に地域ガバナンス制度を構築することによって恒久平和と人間の安全保障の双方の実現を目指す新しい平和思想である。ところがグッドガバナンスのグローバル化はアジアまでは波及してこない。長きにわたり植民地支配下にあったアジアは、自力で地域を治めた経験がないことに加え、アジア地域の国際関係の組織化が進まず、冷戦終結後のアジアのガバナンス制度が、その基本構造において変化がないからだ。ハブ・アンド・スポークス関係が依然としてアジア国際関係の基本構造であり、冷戦後のアジアは総じて順調に経済が発展し、欧米からの民主化条件付きの民主化援助を受け入れる必要がなかったからでもある。

日米同盟、韓米同盟は維持されたまま、台頭著しい中国の軍事力と経済力を梃に新たな経済ヒエラルキーがアジアに形成されつつある。グッドガバナンス構築を条件としない中国の「一帯一路」外交は、統治基盤が弱く「不自由な国」の国家体制の支えになることから、脆弱国家には実に魅力的な援助外交に映るのである。多国間主義の地域ガバナンスの制度化が進んでいないアジアでは各国とも国家体制安全保障に汲々とせざるを得ず、ここにグッドガバナンス基準がアジアで受容されない主たる原因がある。

3　ガバナンスと核開発

(1)　「核の保険」

　国家と社会の関係性を問うグッドガバナンス基準のグローバル化の波は、国民統合が未発達で統治基盤が確立されていない国家にとっては国家体制安全保障に対する外部脅威に他ならない。それゆえにガバナンス基準のグローバル化に抗う国の中には、核兵器の抑止力を頼みにする「核の保険」戦略に訴える国が出てきたことにも注目したい。

　「核の保険」とは、国家が存亡の危機に陥る事態に備え、周辺国の武力行使を抑止する目的、また自国に有利なように大国の支援と調停を引き出す目的の核開発を意味する（Harknett 1996）。振り返るに、核不拡散条約（NPT）で核保有が認められている5カ国を除き、イスラエル、南アフリカ、北朝鮮など後発の核開発国は国際社会で孤立する中での核開発であった点で共通する。

　最初に「核の保険」戦略を採用したのがイスラエルである。パレスチナにユダヤ人国家を建設して以来、周囲をアラブ諸国に取り囲まれ孤立を深めたイスラエルは、1960年代に国家の存続を図るためにアメリカの「核の傘」の下に入る道を模索するとともに、自ら核開発の道を選んだとされる。核兵器の開発に成功した後も、核兵器の保有を「肯定も否定もしない」独自の曖昧な核戦略を採ってきた（小玉・岡田 2019）。

　一方、国連を舞台に人権尊重、人種差別撤廃を含む人権の国際化の波が国際社会に広がる1960年代、南アフリカのアパルトヘイト体制は国際社会で非難にさらされ、国連の制裁対象となり、国際社会で孤立した。その後、キューバ軍

のアンゴラ駐留によって共産主義勢力の脅威に直面した南アフリカ政府は、外部脅威に備えるために核開発に着手する。しかし、キューバ軍の撤退後、キューバ、南アフリカ、アンゴラの3カ国で和平協定が結ばれ、しかも南アフリカがアパルトヘイト体制を廃止し民主化に取り組み始めたことから、同国政府は不要となった核を廃棄したのである（国末 2000）。

　北朝鮮の核開発も「核の保険」戦略の一環に位置付けられる。北朝鮮は、冷戦末期にソ連の支援を受けて核関連施設を建設し、核関連技術を向上させていった。しかし、1991年にソ連が崩壊し、超大国の後ろ盾を失った北朝鮮は、金日成の死後94年に権力の座に就いた金正日が「先軍政治」を掲げ、核・ミサイルの開発を進めていった（孫 2019）。同様にイランの核開発への取り組みも「核の保険」の一例である。79年のイスラーム革命の後、8年に及ぶイラン・イラク戦争、不安定な中東情勢の中での孤立化、そしてスンニー派の地域大国であるサウジアラビアとの対立に備え、イランはイスラーム体制の安全保障のために核開発に取り組んだのである（小玉・岡田 2019）。

　地域国際関係の組織化が進まず、軍事的に緊張関係にある二国間関係においても「核の保険」戦略が採られることがある。たとえば南米の二つの地域大国アルゼンチンとブラジル両国も軍事政権下で核開発に取り組んだが、両国とも1980年代に民主化を進めたために二国間関係の緊張は弱まり、核開発を放棄した（国末 2016）。またイギリスから独立して以来、宿敵関係にあったインドとパキスタン両国はカシミール紛争を端に、三度のインド・パキスタン戦争を繰り返し、危急存亡の状態にあった。両国は核兵器を体制保障の強力な武器と見立てて国家安全保障上の理由から核開発を進めた例である。

　核開発に成功したイスラエル、インド、パキスタン、北朝鮮、また今日、核開発途上にあるイラン、さらにはすでに核開発を放棄したアルゼンチンとブラジルは、地域機構に加盟せず（加盟できず）、地域国際社会で孤立する中の核開発であった点で共通する。

(2)　武器貿易のグローバル化

　グッドガバナンスのグローバル化の波はアジアまで押し寄せてこないどころか、アジアでは自由化・民主化の動きはむしろ後退する傾向にあり、しかも軍

事化は増長傾向にある。その背景にはすでに論じたアジアの国家ガバナンス制度要因、勢力均衡の国際政治システム要因、それに起因する脆弱国家特有の国家体制安全保障概念に起因するハブ・アンド・スポークス関係といった国際関係要因に加え、武器貿易のグローバル化の影響も指摘せねばならない。

　第二次世界大戦後、武器生産システムおよび武器貿易のグローバル化は、航空機産業や自動車産業などの基幹産業を取り込んだ軍産複合体を有する工業先進国によって進められてきた。一方、近代兵器の開発・製造能力を有さない中小国は武器輸出国の顧客にならざるを得ず、その結果、米ソを覇権国とする二つの軍事同盟網を軸に武器輸出国と輸入国との間に武器移転および軍事援助で結ばれる主従関係が形成され、それが覇権的国際秩序を構成する強靱なスポークス（輻）となったのである。

　1950年以来、武器貿易はアメリカとソ連（ロシア）が供給国として突出しており、また武器輸出額の上位を歴史的にアメリカ、ロシア（ソ連）および他の西欧諸国が独占し、しかも国連安全保障理事会常任理事国が常に上位を占めてきた。冷戦の終結後になると、ロシアの武器輸出の一時的後退はあったものの、その後、ロシアの武器輸出は復調し、新たに中国とドイツが台頭する。2016～20年の武器輸出額上位10カ国（1位アメリカ、2位ロシア、3位フランス、4位ドイツ、5位中国、6位イギリス、7位スペイン、8位イスラエル、9位韓国、10位イタリア）のうち、上位5カ国が武器移転総額950億ドルの76％を占めている（SIPRI 2021：283-300）。一方、地域別武器輸入額では、アジア・オセアニアが世界一で42％、中東が33％を占める（SIPRI 2021：301-318）。武器貿易のグローバル化は、工業先進国と途上国や中小国との間の軍事技術格差ゆえに、ハブ・アンド・スポークスの主従関係を固定化し、その絆を強固なものにしている。

　特に冷戦の終結後のアジアでは、地域ガバナンスが進まない中でアジア諸国が目覚ましい経済発展を遂げた結果、とりわけ東アジアの武器市場は拡大を続けている。ここに東アジアで軍事化が進む原因がある。

4　おわりに

　アジア、特に東アジアで、地域ガバナンス制度が確立されないまま深刻な軍

事対立が続いている。アジアの将来を展望するうえで、安全保障共同体建設において先行する欧州に教訓とすべき良い事例がある。冷戦末期のソ連の国家安全保障観の変容と、その帰結である欧州統一である。

　冷戦末期、ソ連の指導部の間では、勢力均衡システムとソ連の国家安全保障政策が自国の国家体制の安全を脅かしている、との危機認識が共有されるようになった。ミハイル・ゴルバチョフが政権の座に就く1980年代半ばごろには、ソ連の一党独裁体制の統治基盤は動揺し、ソビエト型社会主義体制は内部脅威にさらされていた。このことについて外相として「新思考」外交の舵取りを任されたエドゥアルド・シェワルナゼは次のように述懐する。ソ連の社会主義体制が行き詰まっているのは人々のせいではなく、ソビエト体制（システム）自体に原因がある。人々に対して過酷なまでの「全体主義」体制下では人権の保障も国家の発展も、とうてい見込めない。こうした危機に陥ってしまったのは、ソ連が軍事力による伝統的な国家安全保障戦略に依拠し、国家安全保障の手立てを戦車の保有台数や核弾頭数と同一視した結果である。核兵器というものは国家の安全を保障するどころか、逆に自国を、隣国を、さらには全世界を破滅させる恐ろしい兵器である。結局、核兵器の開発競争にはまったことから国家の安全保障は強化されるどころか、逆に国家の様々な資源を枯渇させてしまい、国家を弱体化させてしまったのである（Shevardnadze 1991 : 54-59）。

　こうした認識に基づき、ゴルバチョフは1989年7月6日、欧州審議会（ストラスブール）での演説において、経済共同体と法的共同体からなる「欧州共通の家」を実現するためには、欧州の国際政治システムを伝統的な「勢力均衡システム」から脱却させねばならないと訴えた[3]。勢力均衡システム下で繰り広げられた核開発競争がソビエト体制に重くのしかかっていたからである。ゴルバチョフ指導部は、率先して自由化・民主化に取り組み、その結果、ソ連の一党独裁体制は崩壊し、欧州の統一が実現した（吉川 2021）。極度に軍事化されていた東西イデオロギー対立を終焉させた背景に、国際政治システムとガバナンス制度の関係性を問うこうした安全保障観の変容があったことは軍事化が進むアジアにも示唆に富む教訓である。

　アジアの多くの国が国家体制安全保障戦略に依拠し続ける限り、そして国際政治システムが勢力均衡システムであり続ける限り、これらの国の自由化・民

主化の促進は見込めず、不自由で軍事化されたアジアの国際安全保障環境は維持され続けるであろう。アジアでいかにして多国間の平和・安全保障機構を構築し、自由で人間の安全が保障される平和地帯を建設するかが、我々に課せられた未来責任である。

　本書は、核兵器の開発に向かう国を取り巻く国際安全保障環境および各国の国家ガバナンスの実態を分析することで、人間の安全が保障される核兵器なきアジアの平和の実現の方途を模索することを目的に編集された。第1部「激動の東アジア国際関係」では、近年、軍事化が進み世界で最も危険な地域の一つになった東アジアの国際関係の現状を、アメリカの対東アジア外交、日中関係および日韓関係を軸に考察する。第2部「核開発と国際関係」では、世界の核開発の動向を分析したうえで、北朝鮮の核開発、インドとパキスタンの核開発、またイランの核開発の動向とその国を取り巻く国際関係を中心に考察する。さらに核拡散リスクや核セキュリティへの懸念が高まる中、原子力の民生利用における国際原子力機関 (IAEA) の取り組みの現状と課題も考察する。第3部「人間の安全保障とガバナンス」では、核開発を進めてきた北朝鮮、インド、パキスタン、中国、および核開発の途上にあるとされるイランのガバナンス制度と国内の自由化・民主化動向を分析する。第4部「平和の組織化と国際機構」では、国連を中心に国際機構による平和創造の役割を検討したうえで、アジア・太平洋地域の国際安全保障の制度化、東南アジア諸国連合 (ASEAN) の安全保障共同体創造、気候変動問題をはじめとする自然環境問題の解決に向けた国際制度化、そして東アジア共同体形成についてそれぞれの現状と課題を論じる。最後に第5部「アジアの中の日本」では、日本の安全保障政策とアメリカの核の役割、日本が置かれた安全保障環境と核不使用規範の関係、そして日本の反核市民運動について分析する。

【注】

1）　本書では国際連合の地理区分に従い「アジア」に中東を含める。国連の地理区分は、世界をアフリカ、アメリカ、アジア、ヨーロッパ、オセアニアの5州に区分し、アジアは、中央アジア、東アジア、南アジア、東南アジア、西アジア（＝中東）の下位地域に区分している。

2）　民衆殺戮とは、この用語の提案者 R. J. ランメルによれば、銃殺、ジェノサイド、強制

労働による虐待死など政府（統治者）による意図的人民殺戮に加え、劣悪な環境下での捕虜の死、強制収容所での政治犯の死、拷問死、政治的意図によってもたらされた餓死など、政府が意図的に無視したことで、あるいは死に至ることを知りつつも救済しようとしなかったことで生じる人民殺戮を意味する（Rummel 1994 : 36-43）。

3） Address given by Mikhail Gorbachev to the Council of Europe（6 July 1989）https://www.cvce.eu/en/obj/address_given_by_mikhail_gorbachev_to_the_council_of_europe_6_july_1989-en-4c021687-98f9-4727-9e8b-836e0bc1f6fb.html（last visited, November 20, 2020）.

【参考文献】

1． 吉川元（2007）『国際安全保障論――戦争と平和、そして人間の安全保障の軌跡』有斐閣

2． 吉川元（2015）『国際平和とは何か――人間の安全を脅かす平和秩序の逆説』中央公論新社

3． 吉川元（2021）「欧州安全保障協力会議（CSCE）プロセスの再考――規範と制度の平和創造力」広島市立大学広島平和研究所編『広島発の平和学』法律文化社、177-194頁

4． 国末憲人（2000）「南アフリカの核廃棄」山田浩・吉川元共編著『なぜ核はなくならないのか――核兵器と国際関係』法律文化社、141-156頁

5． 国末憲人（2016）「核兵器廃棄の条件」吉川元・水本和実共編著（広島市立大学広島平和研究所監修）『なぜ核はなくならないのかII』法律文化社、168-185頁

6． 倉沢愛子（2014）『9・30　世界を震撼させた日――インドネシア政変の真相と波紋』岩波書店

7． 小玉原一郎・岡田隆司（2019）「中東の核の現状と課題」広島市立大学広島平和研究所編『アジアの平和と核』共同通信社、116-129頁

8． 孫賢鎮（2019）「北朝鮮の核と課題」広島市立大学広島平和研究所編『アジアの平和と核』共同通信社、81-92頁

9． ラセット、ブルース（1996）『パクス・デモクラティア』鴨武彦訳、東京大学出版会（Russet, Bruce（1993）*Grasping the Democratic Peace: Principles for a Post-Cold War World*, Princeton: Princeton University Press）.

10． Buzan, Barry（1991）*People, States and Fear: An Agenda for International Security Studies in Post-Cold War Era*, Brighton: Wheatsheaf.

11． Cribb, Robert（2010）"Political Genocides in Postcolonial Asia," Bloxham, Donald and Moses, A. Dirk, eds., *The Oxford Handbook of Genocide Studies*, Oxford: Oxford University Press, pp. 455-465.

12． Harknett, Richard J.（1996）"Nuclear Weapons and Territorial Integrity in the Post-Cold War World," Dark, K.R. ed., *New Studies in Post-Cold War Security*, Aldershot: Dartmouth, pp. 45-65.

13． Hsueh, Chienwu（2016）"ASEAN and Southeast Asian Peace: Nation Building, Economic Performance, and ASEAN's Security Management," *International Relations of the Asia-Pacific*, Vol. 16, No. 2, pp. 26-66.

14． Rummel, Rudolph J.（1994）*Death by Government*, New Jersey: Transaction Publishers.

15. Shevardnadze, Eduard (1991) *The Future Belongs to Freedom*, London: Sinclair-Stevenson（エドアルド・シェワルナゼ (1991)『希望』朝日新聞外信部訳、朝日新聞社）.

16. SIPRI（2021）*SIPRI Yearbook 2021: Armaments, Disarmaments and International Security*, Oxford: Oxford University Press.

17. White, Matthew（2012）*The Great Big Book of Horrible Things: The Definitive Chronicle of History's 100 Worst Atrocities*, New York: W.W. Norton.

第1部
激動の東アジア国際関係

第1章　アメリカの東アジア・太平洋外交
——中国の「門戸開放」から「自由で開かれたインド太平洋」へ

佐々木　卓也

1　はじめに

　本章の目的は、19世紀末以降のアメリカの東アジア・太平洋外交の歴史的展開を概観することである。アメリカは「太平洋国家」、あるいは「アジア太平洋国家」として、この地域の国際問題、国際秩序のあり方に深い関わりを有してきた。本章では、アメリカが東アジア・太平洋外交の最初の基本原則として表明した中国の門戸開放が戦間期のワシントン体制を経て、太平洋戦争後にサンフランシスコ体制の形成へと発展し、さらに2010年代後半に自由で開かれたインド太平洋を目指す方針へと進展、変容した過程を考察する。

2　門戸開放原則の表明と展開

　アメリカは1898年、キューバの独立をめぐるスペインとの戦争に圧勝し、グアムとフィリピンを獲得した。さらに戦争中にハワイを併合したことで、一躍太平洋で列強入りした。99年には、さっそく関係各国に宛て、日本やヨーロッパ諸列強による分割が進む中国に関する門戸開放宣言（第1次）を発出して、中国における商業の機会均等を、また翌1900年には二度目の門戸開放宣言を発出して、中国の領土的・行政的保全を訴えた。アメリカは東アジア・太平洋の国際問題に対する本格的な関与を始めたのである。高平・ルート協定（1908年）、日本の対華21カ条要求に対する第2次ブライアン覚書（15年）、石井・ランシング協定（17年）は、アメリカの門戸開放原則と日本が中国で求める特殊権益

との確執の産物であった。

第一次世界大戦が始まると、ウッドロー・ウィルソン大統領（民主党）は軍縮、公海の自由、通商障壁の縮減、公開外交、恒久平和を維持するための国際機構の設立、民族自決、政治的な民主化などを骨子とする、いわゆるリベラルな国際秩序構想を打ち出した。ウィルソンの外交理念は戦後の共和党政権も踏襲するところとなり、東アジア・太平洋の国際体制を協議したワシントン会議が生み出した三つの条約（海軍軍縮条約、四カ国条約、九カ国条約）は主力軍艦の削減、太平洋の現状維持を約したほか、中国の門戸開放の原則を承認した。アメリカはその豊かな経済・金融力を背景に、1920年代の東アジア・太平洋地域に主要国の国際協調体制——ワシントン体制——をつくり上げたのである。その中核には日米協調関係があった。

日本が1930年代に入り、中国においてワシントン体制の変革を試みる軍事行動に出るや、アメリカはそれを容認しないスティムソン・ドクトリン（32年）を発表し、日本を牽制した。アメリカには日本の膨張を阻止する力はなかったが、日本がまもなく東亜新秩序構想を掲げ、日本を盟主とするアジアの建設に乗り出すと、経済制裁で対抗した。かくて門戸開放と東亜新秩序が「原理的に衝突」したのである（北岡 2015：54）。日米戦争直前のハル・ノート（41年）の核心には、やはり門戸開放原則をめぐる日米対立があった。

アメリカは第二次世界大戦に参加する直前に、イギリスとの間で大西洋憲章を発表し、ウィルソン的な理念に基づく戦後国際秩序構想を改めて提示した。自由で開放的な多角的貿易体制の確立はその重要な支柱であった。アメリカは戦間期とは異なり、その卓越した経済力のみならず、強い軍事力を梃にして、東アジア・太平洋にリベラルな秩序を形成し、維持する用意があった。戦争終結までに太平洋は事実上「アメリカの湖」となっており、ハリー・トルーマン大統領（民主党）は「われわれは日本と太平洋の完全なる支配を維持すべきである」と語ったのである（佐々木 2014：214）。

第二次世界大戦終了後、アメリカのリベラルな国際主義構想に対抗、挑戦したのがソ連であった。米ソは日独を打倒する上で協力したが、戦後の国際秩序のあり方をめぐり対立が始まった。冷たい戦争（冷戦）の勃発である。米ソはまずヨーロッパで、次いでアジアの中国、日本、朝鮮半島、さらにはインドシ

ナ半島で対立を深めた。封じ込めの提唱者のジョージ・ケナンはソ連の脅威、そしてアジア大陸に建国された中華人民共和国に対抗するために、東アジア・太平洋政策の要として日本の重視を打ち出した。トルーマン政権は日本に対する占領政策を転換して日本の経済再建に着手し、朝鮮戦争の勃発と中国軍の軍事介入、米中軍事衝突を背景に、日本の国際社会への復帰を急いだのである。

3　サンフランシスコ体制の形成と発展

　アメリカは1951年 9 月に対日講和条約と日米安全保障条約に調印し、さらにフィリピン、オーストラリア、ニュージーランドと相互防衛条約を結び、その後、韓国、中華民国（台湾）、そしてタイと相互防衛条約を締結した。アメリカはこの地域の反共諸国に膨大な経済・軍事援助を供与し、アジア太平洋の秩序をドルの撒布と「核の傘」で支えたのである。アメリカ主導のいわゆるサンフランシスコ体制の形成である。サンフランシスコ体制の基軸に日米協力関係があった。戦勝国と敗戦国の関係で始まった戦後日米関係は60年の新安保条約で新たな局面に入り、やがて同盟ともいうべき段階に進んだ。

　封じ込め政策はしばしば大きな暴力を伴い、アメリカは共産主義勢力の阻止を名目に朝鮮半島やインドシナ半島の内戦に軍事介入し、莫大な犠牲を払った。インドシナでアメリカは反共の南ベトナム政府を支援し、1965年以降本格的な軍事介入に踏み切ったものの、南ベトナムの存立は難しく、70年代半ばまでに軍事的撤退を余儀なくされた。ベトナム戦争に苦しむアメリカはリチャード・ニクソン大統領（共和党）とヘンリー・キッシンジャー大統領補佐官の外交を通じて、ソ連との関係が極度に悪化していた中国との関係の打開、対ソ・デタントの推進、西側同盟諸国との関係を再調整することで、アメリカに好ましい国際環境の創出を試みた。

　米中和解により、東アジア・太平洋における冷戦構造は溶解し、中国をアメリカ主導のサンフランシスコ体制に引き寄せることに成功した。しかも中国がまもなく最高指導者鄧小平の指導の下、改革・開放路線に乗り出し、アメリカ、日本など西側諸国との経済関係を深めたことは重要であった。

　アメリカは1979年に台湾と断交して中国と正式に外交関係を結び、対ソ戦略

の枠内で中国政策を進めた。中国では89年6月に天安門事件が起き、自由化・民主化を求める声は圧殺されたが、ジョージ・ブッシュ（父）大統領（共和党）は厳しい対中制裁を求める議会と世論に抗し、対中関与を続けることが中国の民主化につながると主張した。中国に対する関与政策を正当化する新たな論理であった。

　ジェイムズ・ベーカー国務長官はこの頃、アメリカがアジア太平洋地域において建国期以来一貫して「門戸開放」を追求してきたと述べ、アメリカの利益は「商業上のアクセス」と、アメリカや同盟国に敵対的な「単一の覇権国家、あるいは連合の出現の阻止」にあると説明した。この地域は今やアメリカにとって最大の貿易上のパートナーであり、その貿易総額は3000億ドルを超え、米欧間のそれを3分の1以上上回っていた。過去40年間の東アジアと太平洋の安定と経済的繁栄を確かなものにしたのが、アメリカを「中核」とする同盟体制であった（Baker 1991/92：1-18）。

　冷戦終結後のアジア太平洋諸国との経済・通商上の利益を露骨に求めたのが、クリントン政権（民主党）である。クリントンはまず、日豪が創設に尽力したアジア太平洋経済協力（APEC）の第1回非公式首脳会議をシアトルで開催した。さらに彼は大統領選挙では中国の人権状況を厳しく批判しながら、その立場を1994年夏までに一変させ、中国との経済関係の強化に奔走した。中国が96年春、台湾総統選挙の際に台湾海峡で軍事的威嚇に訴えた時、アメリカはすぐに2隻の空母を派遣して中国を牽制したが、クリントンは中台関係の「問題はいずれ自然に解決する」と楽観的であった。彼は2年後、米大統領として天安門事件以降初めて訪中し、共同声明で米中の戦略的パートナーシップを謳った時も、中国の政治が「正しい方向へ発展している」と確信していたのである（クリントン 2004：364, 507）。中国はこの頃約10％の経済成長率を誇り、2000年には日本を抜いて、アメリカの最大の貿易赤字相手国となるところであった。

　クリントン大統領はさらに、中国に対する恒久的最恵国待遇を付与する法案と中国の世界貿易機関（WTO）加盟を推進した。彼は中国のWTO加盟が中国の政治的自由につながると説き、中国の民主化促進の観点で改めて対中関与を正当化したのである。

　クリントン政権の中国政策を公然と批判したのが、連邦議会であった。議会

は米中国交正常化後の台湾との関係を律する台湾関係法を制定して以来、対中政策に独自の役割を担ってきた。1995年以降下院で多数派を占める共和党はクリストファー・コックス下院政策委員長を中心に、国防省に対する台湾海峡での中台の軍事的均衡の維持の要求、米中軍事交流でのアメリカが中国に公開する兵器・演習の制限、チベット大使任命の要求、国務省に対する宗教的抑圧に係る報告書の要求に関する法案を可決した。

　コックスを委員長とする中国に関する超党派の下院特別委員会はまた、中国がアメリカの軍事技術を「盗んでいる」と非難する報告書を発表した。さらに下院は2000年に台湾安全保障強化法を可決し、台湾の防衛に対するアメリカの重大な関心を改めて表明したのである（佐々木 2014：229-230）。

4　中国の台頭と東アジア・太平洋政策の変化

　アメリカの中国政策における変化の兆しは、21世紀最初の政権とともに訪れた。共和党大統領候補を目指すジョージ・W・ブッシュは1999年11月、外交構想を披瀝した演説で、アメリカは中国との経済・通商関係は強化するが、中国は「戦略的パートナー」ではなく、「競合国」であると言明した。2001年1月のブッシュ政権発足後、海南島沖での米軍偵察機と中国戦闘機の接触事故、大統領による台湾の防衛に関する積極的な発言とチベット仏教の最高指導者であるダライ・ラマとの会見、さらに台湾に対する武器売却、中南米諸国を訪問する台湾総統の「通過」のためのアメリカへの入国と滞在許可などがあり、対中関係は冷え込んだ。

　だが9・11事件を契機に、アメリカが中東での大規模な軍事介入に乗り出すと、国際テロ対策で協力する中国との関係が好転した。21世紀初頭の中国の経済的躍進には目覚ましいものがあり、2001年に世界第6位であった経済力は06年までにフランス、イギリスを抜いて第4位に、10年には日本を抜いて第2位に急上昇した。さらに06年夏には世界最大の外貨保有国に、08年11月には日本を抜いて米国債の最大の保有国となったことが判明した。

　対テロ戦争の負担に喘ぐブッシュ政権には、中国の急速な台頭がもたらす戦略的意味を十分に分析した上で、東アジア・太平洋政策の本格的見直しを行う

余裕はなかった。政権内では中国の「平和的台頭」を歓迎し、米中の経済・金融相互依存の深化を是認する見解とともに、中国の共産党体制に対する本質的不信、中国の一貫した軍備強化に対する懸念が混在していたが、ブッシュ大統領は、中国が「責任ある利害共有者」として行動するように求め、国務次官級の定期対話を、次いで財務長官級の戦略経済対話を始め、対中関与に軸足を置いた中国政策を継続したのである（佐橋 2021：75-82）。

　しかも中東の戦争に足をとられるアメリカのアジアへの持続的な関心は困難であった。ブッシュ大統領とコンドリーザ・ライス国務長官はともに、2007年のAPEC首脳会議の途中で帰国し、ライスは05年に続き、07年の東南アジア諸国連合（ASEAN）拡大外相会議とASEAN地域フォーラム（ARF）を欠席した。さらにブッシュ政権は東アジア首脳会議に参加する条件である東南アジア友好協力条約に調印しなかった。中国は国家主席、あるいは首相をこれらの首脳会議に送り込んでおり、アメリカの姿勢との違いは鮮やかであった。

　1970年代以来の東アジア・太平洋政策の基調の変化は、次のオバマ政権（民主党）において顕著となった。ヒラリー・クリントン国務長官は最初の外遊先にアジア諸国を選び、オバマ政権は東南アジア友好協力条約に調印し、バラク・オバマは米大統領として初めてASEAN首脳会議、そして東アジア首脳会議に出席した。オバマ政権は当初、中国との対話に積極的な姿勢を見せ、戦略経済対話を戦略対話に改組し、財務長官に加え、国務長官、統合参謀本部議長を含む対話の場へと拡大したが、中国が南沙諸島、西沙諸島、尖閣諸島などをめぐり近隣諸国との対立・紛争を引き起こすと、武力による現状変更に反対する態度を明確に打ち出した（梅本 2018：74-104）。

　クリントン国務長官は2010年7月のARF（ハノイ）で、中国の南シナ海における行動を非難し、海上の自由、国際法の尊重を主張した。彼女は11年11月、ホノルル演説で、21世紀は「アメリカの太平洋の世紀」であると宣言し、アメリカは「太平洋国家」であり、アジア太平洋に「旋回」していると言明した。この演説の直後にはオバマ大統領がオーストラリア議会で、アメリカは「太平洋国家」であること、ダーウィンに米大兵隊を常駐させること、イラクとアフガニスタンの二つの戦争の終結を射程に、アジア太平洋が安全保障の「最優先課題」であると明言した。国防省はまもなくして、海軍の重心をアジア太平洋

地域に置くことを明らかにした（佐々木 2014：234-235）。オバマは14年 4 月に訪日した際、尖閣諸島が日米安保条約第 5 条の対象であると明言したのである。

　さらにオバマ政権は2010年に環太平洋パートナーシップ協定（TPP）交渉を開始した。TPP はアジア太平洋の12カ国を中心にこの地域の自由貿易体制の推進を図るもので、中国に対抗しアメリカの同盟国、友好国との経済連携を深める狙いがあった。オバマは中国に「グローバルな経済の規則を書かせるわけにはいかない」と述べ、TPP は「アメリカのアジア太平洋への再均衡の中核的な柱である」と位置づけたのである（The White House 2016a, 2016b）。

　しかし政権 2 期目で国務長官に就いたジョン・ケリーのアジアに対する関心は高いものではなく、ケリーはむしろ気候変動、環境問題で中国の協力を取りつけることに熱心であった。しかもオバマ政権が重視した TPP は国内で不評であった。2016年の大統領選挙で「アメリカ第一主義」を公言するドナルド・トランプ共和党候補は「ひどい取り決め」だと酷評し、民主党左派のバーニー・サンダース上院議員もアメリカの労働者の雇用を奪うとして反対した。国務長官時代に TPP を推進したヒラリー・クリントン民主党候補も「現在のままの」TPP には反対する旨の表明を余儀なくされた。16年 2 月に調印された TPP 協定案の上院での批准は困難な政治情勢であった。

　さらに南シナ海仲裁裁判所が2016年 7 月に、中国が南シナ海で進める人工島の造成や領有権をめぐるフィリピンとの係争問題で中国の主張を認めず、その行動を国際法違反とみなす判決を下した時、オバマ政権の反応は極めて抑制的であった。オバマは中国に対して判決の遵守を求めたが、この判決を「紙くず」と罵倒する中国の行動を事実上黙認し、事態を放置したのである。アメリカ海軍がこの地域における「航海の自由」作戦を再開したのは、判決からようやく 3 カ月後のことであった。

　かくてオバマ政権のアジアへの旋回、再均衡は道半ばで終わったのである。

5　自由で開かれたインド太平洋へ

　日本の安倍晋三首相が2016年 8 月にアフリカ開発会議（ケニア・ナイロビ）で、「自由で開かれたインド太平洋」戦略を打ち出し、「アジアとアフリカをつなぐ

海を平和なルールの支配する海」とするように呼びかけた。オバマ政権の高官がアジア太平洋に代わりインド太平洋を使用する場合はあったが、「自由で開かれたインド太平洋」という用語を積極的に使い始めたのは、皮肉にも自国本位の外交を標榜するトランプ政権であった。「一帯一路」「海のシルクロード」を掲げる中国の積極的な海洋進出、海路としてのインド洋の経済的重要性、インドの軍事・経済力の拡大、日豪印との防衛関係の進展を背景に、アメリカがアジア太平洋を越えてインド洋にまで地政学的な概念を広げることは合理的であり、さらに自由で開放的なインド太平洋を目指す構想は歴史的なアジア太平洋政策のそれに合致するものであった。

　レックス・ティラソン国務長官は2017年10月の講演で、米政府高官として初めて公の場で、「自由で開かれたインド太平洋」のビジョンを打ち上げ、米印両国はこの地域の「平和と安全、航海の自由と自由で開かれたアーキテクチャ」という目標を共有していると言明した。翌月にはアジア歴訪中のトランプ大統領がAPECサミットが開催されたダナン（ベトナム）で、「自由で開かれたインド太平洋のビジョン」を語り、「法の支配、個人の権利、航行と上空飛行の自由」の重要性を指摘した（Tillerson 2017；The White House 2017a）。

　トランプ政権の国家安全保障戦略文書（2017年12月）は、この種の文書としてやはり初めてインド太平洋という用語を使い、「世界秩序をめぐる自由なビジョンと抑圧的なビジョンの間で地政学的競合がインド太平洋で生起している」と述べ、明らかに中国を念頭にこの地域の競争を体制間のそれと描いた。次いでこの文書は、「インドの西海岸からアメリカの西海岸にまで広がるこの地域は世界で最も人口が多く、経済的にダイナミックな部分を占めている。アメリカの自由で開かれたインド太平洋への利益は共和国の初期にまで遡る」と強調するとともに、中国の行動がインド太平洋の多くの国々の主権を脅かしていると批判した。さらにこの文書は中国を修正主義勢力と位置づけ、中国の行動にこれまでにない警戒を表明したのである（The White House 2017b）。

　2018年春以降、トランプ政権が対中貿易赤字の是正を理由に中国製品に対して高率の関税を次々と賦課したことで、米中貿易戦争が始まった。17年11月の訪中の際に異例ともいえる厚遇を受けたトランプ大統領は米中貿易戦争のさなかにも、習近平国家主席を称賛し、良好な個人的関係をたびたび強調するなど、

友好的な対中関係を模索しているようであった。しかし18年10月のマイク・ペンス副大統領の演説が分岐点となった。それはトランプ政権のみならず、天安門事件後のアメリカの対中関与政策の転機をしるしたからである。ここでペンスは、中国がアメリカの軍事的優位を浸食し、「西太平洋からアメリカを追い出し、同盟諸国の支援に駆けつけることを妨げようとしている」と述べ、太平洋における中国の軍事的脅威を強く非難した。その上でペンスは、「従来の政権は中国の行動をほとんど無視し、多くの場合むしろそれを幇助してきた。しかしそうした日々は終わった」と語り、過去の対中関与政策の終焉を宣言した。彼はさらに、「自由で開かれたインド太平洋のビジョン」を進めるために、価値を共有する国々との関係を深めると言明したのである（Pence 2018）。ペンスの発言通り、トランプ政権は19年に米日豪印外相レベルの会談（クアッド）を初めて開催した

　2020年1月に中国・武漢市で発生した新型コロナウイルス感染症は両国関係に複雑な影響を及ぼした。トランプ大統領は中国の政治体制やその膨脹的な行動を批判することはほとんどなかったが、この新型コロナウイルスについては「中国ウイルス」、「武漢ウイルス」と表現して中国政府の初期対応を問いただした。マイク・ポンペオ国務長官は対中批判の調子をさらに強め、20年7月には南シナ海の中国の権益の主張を「完全に違法」と断じ、この地域の領有権問題でアメリカがとってきた従来の中立的立場を放棄したのである（Pompeo 2020）。

　悪化の一途をたどる対中関係に反比例して、対台湾関係は強化された。一連の法案は議会が主導し、2018年の米台の政府高官の相互訪問を促す台湾旅行法に続き、台湾の国際的立場と安全保障への理解と関心を示す「タイペイ」法（Taipei Act）、台湾が「自由で開かれたインド太平洋戦略の重要な一部である」と謳う台湾保証法の制定をはじめ、中国の人権問題をめぐり香港人権・民主主義法、ウイグル人権法、チベット人権法を制定した。これらは上下両院ともに超党派の全会一致の採決によるものであり、党派を超えた議会の厳しい対中姿勢を表していた。

　このような一連の措置にかかわらず、就任直後のトランプ大統領によるアメリカのTPPからの離脱宣言、自由貿易協定の改定をめぐる韓国に対する高圧

的な態度、米軍の駐留経費をめぐる日韓に対する過大な要求、北朝鮮との場当たり的な首脳外交、および大統領が在任中に ASEAN 首脳会議（2017年を除き）と東アジア首脳会議をすべて欠席するなど、トランプ政権のアジア太平洋政策は一貫性と戦略性を欠いたものであった。この状態は大統領が固執する「アメリカ第一主義」の産物、帰結であり、また国務省と国防省でアジア政策を担う重要ポストの空席の多さ、政府高官の頻繁な辞任と更迭と無関係ではなかった。

トランプ政権は東アジア・太平洋政策について曖昧な遺産と大きな課題を残し、退場したのである。

6　おわりに──岐路に立つサンフランシスコ体制

20世紀前半のアメリカの門戸開放原則は日米戦争につながる重要な要因であった。日本との戦争に勝利を収めたアメリカはリベラルな国際主義の理念に基づくアジア太平洋秩序を目指し、冷戦が始まると、門戸開放主義を継承するサンフランシスコ体制を形成した。1970年代に中国はこの体制を事実上受け入れ、西側諸国との経済関係を深め、現代化路線を追求した。冷戦の終結後もサンフランシスコ体制は健在であったが、21世紀に入り経済・軍事大国の道を邁進する中国の挑戦を受けている。

バイデン新政権（民主党）はトランプ政権の基本方針を踏襲し、しかし同盟諸国の支持と協力をもとに、インド太平洋の平和と安全に積極的に関与しようとしている。バイデン政権になって、ようやくアメリカは強大化する中国に対抗し、一貫した、そして体系立った東アジア・太平洋政策の立案と実施に着手している感がある。ただしバイデン政権は TPP への早期復帰を否定しており、アジア太平洋政策の軸となる通商政策は依然不在である。

アメリカ国内ではしばしば内戦とも形容される深刻な党派対立があり、さらに国内優先を唱えるトランプ前大統領が隠然たる影響力を振るっている。だが興味深いことに、中国に対して厳しい態度をとり、日豪印と防衛協力を進めることについては超党派の支持がある。アメリカが今後、東アジア・太平洋政策にどの程度の関与と資源を持続的に費やすことができるのか。自由で開かれたインド太平洋の実現はおそらくそれにかかっている。

【参考文献】

1．梅本哲也（2018）『米中戦略関係』千倉書房
2．北岡伸一（2015）『門戸開放政策と日本』東京大学出版会
3．クリントン、ビル（2004）『マイライフ──クリントンの回想』下巻、楡井浩一訳、朝日新聞社
4．佐々木卓也（2014）「アメリカ外交と東アジア・太平洋秩序の形成──歴史的考察」宮城大蔵編『戦後アジアの形成と日本』中央公論新社、207-244頁
5．佐橋亮（2021）『米中対立──アメリカの戦略転換と分断される世界』中央公論新社
6．Baker, James A, III（1991/92）"America in Asia: Emerging Architecture for a Pacific Community," *Foreign Affairs*, 70, pp. 1-18.
7．Green, Michael, J.（2017）*By More Than Providence: Grand Strategy and American Power in the Asia Pacific Since 1783*, New York: Columbia University Press.
8．Medcalf, Rory（2020）*Indo-Pacific Empire: China, America and the Contest for the World's Pivotal Region*, Manchester: Manchester University Press.
9．Pence, Mike（2018）"Vice President Mike Pence's Remarks on the Administration's Policy Towards China," October 4 2018, https://www.hudson.org/events/1610-vice-president-mike-pence-s-remarks-on-the-administration-s-policy-towards-china102018（last visited, August 1, 2021）.
10．Pompeo, Michael（2020）"Statement by Secretary Michael R. Pompeo, U.S. Position on Maritime Claims in the South China Sea," July 21, 2020, https://la.usembassy.gov/stateme nt-by-secretary-michael-r-pompeo-u-s-position-on-maritime-claims-in-the-south-china-sea,（last visited, August 1, 2021）.
11．Tillerson, Rex（2017）"Defining Our Relationship with India for the Next Century: An Address by U.S. Secretary of State Rex Tillerson," October 18, 2017, https://www.csis.org /analysis/defining-our-relationship-india-next-century-address-us-secretary-state-rex-tillerson（last visited, August 1, 2021）.
12．The White House（2016a）"Statement by the President on the Signing of the Trans-Pacific Partnership," February 3, 2016, https://obamawhitehouse.archives.gov/the-press-offic e/2016/02/03/statement-president-signing-trans-pacific-partnership（last visited, August 1, 2021）.
13．The White House（2016b）"Remarks of President Obama to the People of Laos," September 6, 2016, https://obamawhitehouse.archives.gov/the-press-office/2016/09/06/remar ks-president-obama-people-laos（last visited, August 1, 2021）.
14．The White House（2017a）"Remarks by President Trump at APEC CEO Summit, Da Nang, Vietnam," November 10, 2017, https://asean.usmission.gov/remarks-president-trum p-apec-ceo-summit-da-nang-vietnam/（last visited, August 1, 2021）.
15．The White House（2017b）"National Security Strategy of the United States of America," December 2017, https://trumpwhitehouse.archives.gov/wp-content/uploads/2017/12/NSS-Final-12-18-2017-0905.pdf（last visited, August 1, 2021）.

第2章　日中関係

徐　顕芬

1　はじめに

　日本と中国は近くて遠い。悠久たる交流史を持つ二つの国は、常に激動する東アジア国際関係の渦中にある。

　一言で日中関係といっても、実に多様な意味合いを持つ。2000年にわたる日中文化交流史、中国辛亥革命後の100年間における近代化の中の日中関係史、日清戦争から第二次世界大戦終了までの50年間の日本の対中侵略史、第二次世界大戦後の日中関係など、異なる様相を呈した日中関係がある。戦後の日中関係においても、1972年の日中国交正常化以前の27年間の「不正常な状態」と、その後の50年間近くの国家間外交関係の大きく二つに分けられる。この日中関係の多様性が現在の日中関係にも有形無形の影響を与えている。本章では、国家間外交関係を持つ50年間の日中関係を振り返って、昨今の日中関係を考察する。

　ここ50年間の日中関係史は、三つの時期に分けることができる。1972年の国交正常化から90年代半ばまでは、日中国家間関係の形成期、黄金期である。90年代の半ばから2010年までは、日中関係の構造変動期である。そして10年から現在までは、日中関係の漂流期といえよう。この50年間の日中関係は、経済、政治、安全保障、制度化推進という四つの側面からみると、それぞれ次のような特徴を持つといえる。経済面では、相互依存関係が絶えず深化し、ここ50年間の日中関係の基調となっているが、経済の相互依存関係は必ずしも両国間に安定した関係をもたらしてはいない。政治関係は揺れ動いており、その背景には安全保障協議の空白と安全保障戦略に関する相互不信がある。また、両国間

の対話メカニズム、いわば関係の制度化については様々な試みがあったが挫折
し、進んでいない。以下ではこのような特徴を具体的に分析したうえで、「正
常な軌道に戻った」とも「新時代に入る」ともいわれる18年頃から昨今に至る
日中関係を分析する。

2　経済相互依存関係の深化

　現在、日本にとって中国は最大の貿易相手国であり、日系企業の海外拠点数
では中国が第1位であるなど日中経済関係は一層緊密になっており、日中首脳
間でも、双方の関心や方向性が一致している分野として経済・実務協力を一層
進めることを確認している。

　国交正常化後の日中両国の経済・社会間の関係をみると、相互依存関係は深
化の一途だといえよう。相互依存関係の深化は、次の四つの発展段階をたどっ
てきている。1970年代は両国間のトランスナショナルな交流が開始され、増大
する時期であった。80年代はトランスナショナルな交流が深化していく時期で
あり、90年代半ばに至って両国間は構造的相互依存関係の様相を呈している。
両国の経済が密接に結びつくようになり、相互に影響を与えるようになった。
2000年代半ばからは、政策的相互依存の関係に入りつつあるといえよう。

　経済の相互依存関係は、貿易・投資・援助の三位一体型の経済関係に表れる。
また、両国の社会的関係は、人的往来に表れる。以下ではそれぞれの推移につ
いて確認する。

　2020年現在、二国間の貿易総額が1000億ドルを超えるという組み合わせは全
世界で五つしかない。日中貿易はその中の一つである。02年に日中両国の貿易
総額は1016億ドルという記録的な数字に達しており、1972年に両国が外交関係
の正常化を実現した時の11億ドルに比べると、およそ100倍に増加した。

　貿易依存度からみれば、日中平和友好条約が締結された1978年には、日本の
対中貿易依存度が3％未満であるのに対して、中国の対日貿易依存度が30％で
あった。90年代後半から相互の依存度が急接近しており、2004年には逆転して、
日本の対中貿易依存度が中国のそれより高くなった。

　現在までに、中国は10年以上連続して日本にとって最大の貿易相手国であり、

日本も中国にとって2番目に大きな貿易相手国となっている。すでに、両国の補完性を生かした多角的で安定した協力の枠組みが形成され始めているといえる。しかも、世界経済情勢と中国経済の発展趨勢からみると、日中両国の貿易経済関係にはさらなる発展の余地と潜在力がある。

　日本の対中直接投資は1980年代初め頃から始まり、95年には一旦ピークを迎えた後、2000年代に入ってからはまた増加する。現在、日系企業の海外拠点数で中国は第1位であり、中国の直接投資受け入れ累積額では日本は第1位である。

　日本の対中政府開発援助（ODA）もまた、この50年間の日中経済関係にとって重要な意味を持つものとなる。1979年度から日本が中国に有償資金協力（円借款）を提供し始め、交換公文ベースでは合計約3兆3165億円が供与された。無償資金協力は、2006年に一般無償資金協力の新規供与が終了し、交換公文ベースでは、約1576億円が供与された。技術協力の実績は、国際協力機構（JICA）の実績ベースで約1853億円が供与された。18年10月に訪中した安倍晋三首相は対中ODAをすべて終了させると発表した。これを受けて、対中ODAは18年度をもって新規採択を終了し、すでに採択済みの複数年度の継続案件については、21年度末をもってすべて終了することとなった。

　対中ODAは、1979年に開始して以来、中国沿海部のインフラのボトルネック解消、環境対策、保健・医療などの基礎生活分野の改善、人材育成等を中心に活用され、中国の改革開放政策の維持・促進に貢献するとともに、日中関係を下支えする主要な柱の一つとして強固な基盤を形成した。また、対中ODAは貿易と投資との三位一体の形式で日中経済関係を促進した。日本のODAによる経済インフラ整備を通じて中国経済が安定的に発展したことで、中国における投資環境が改善され日本企業の中国進出を後押しすることにつながり、日中の民間経済関係の進展が実現した。また、日本にも悪影響を及ぼす越境公害や感染症等の対策が技術協力等を通じて可能になった。このように、対中ODAは日本にも裨益する形で実施された。

　対中ODAの終了は、日中間の協力の断絶ではなく、今後の新たな協力を開拓するためのスタート地点となる、との理解が日中双方で確認されている。2018年10月安倍首相の中国訪問の際、日中両国が対等なパートナーとしてともに肩

を並べて地域や国際社会に貢献する時代になったとの認識が示され、対中ODA
を終了させるとともに、開発分野における対話や人材交流などの新たな次元の
日中協力を推進することが発表されている。

　経済関係が急速に発展するのと同時に、両国の人的交流もますます盛んに
なった。1972年、日本を訪問した中国人は1991名にすぎなかったが、2002年に
は50万人を超え、中国へ旅行した日本人は150万人を超えた。ビジネス目的の
人数を含めると、双方の往来は300万人を超えている。14年以降訪日中国人数
が急増し、19年には双方の往来は1200万人を超えている。

3　政治関係の揺れ動きと安全保障協議の空白

　日中間の政治関係は、四つの基本文書を基礎とするといわれる。1972年9月
29日に公表された「日中共同声明」、78年8月12日に署名された「日中平和友
好条約」、98年11月29日に発表された「平和と発展のための友好協力パートナー
シップの構築に関する日中共同宣言」、および2008年5月7日に公表された「『戦
略的互恵関係』の包括的推進に関する日中共同声明」である。そして、14年11
月には「四点につき意見の一致」が確認されている。

　1972年の「日中共同声明」は、日中国交正常化を実現させた。厳しい冷戦時
代において、異なる陣営にあった日中両国は、米国大統領リチャード・ニクソ
ンが同年2月に訪中したことをきっかけに、7月に首相に就任した田中角栄が
9月に訪中して、一気呵成に国交正常化を実現させた。この72年体制では、歴
史問題に関しては、日本は中国侵略戦争を反省し、中国は対日友好の大局から
出発して戦争賠償を放棄することで、両国は歴史を鏡として未来に向かう精神
で関係を推進することを確認している。台湾問題に関しては、日本は中華人民
共和国政府が中国の唯一の合法政府であることを承認し、台湾が中華人民共和
国の領土の不可分の一部であることを十分理解し尊重するため、台湾問題は中
国の内政問題であり、台湾とは政府関係を持たない、ということを承認したの
である（金 2002）。

　外交関係を持つようになった日中両国は、「日中共同声明」の第7条で日中
平和友好条約の締結のために交渉することを決めている。1974年11月に平和友

好条約交渉の予備会談が開始され、78年8月12日に「日中平和友好条約」が北京で署名されるに至った。同年10月23日に東京で批准書の交換が行われ発効した「日中平和友好条約」は、日中両国外交関係を法的に確立させた。日中関係の基本原則として、平和共存五原則、国際連合憲章の尊重、武力不行使（第1条）、内政不干渉、経済文化交流の促進（第3条）などを定めた。5条構成の短い条約だが、反覇権条項で覇権を求めない、覇権を図ろうとする国家および国家集団に反対することを決め（第2条）、第三国条項（第4条）といった地域秩序の共通ルールを書き入れ、日中両国が「平和」で「友好」な関係を構築することが定められた。

　その直後から中国は改革開放時代に入り、日本は中国の改革開放政策を支持する立場をとり、1979年度から日本の対中ODAの開始に象徴されるように、日中両国は援助し援助される仲となる。80年代は日米中関係の黄金時代だといわれた（Vogel et al. 2002）。90年代初頭に冷戦が終結して、国際社会の先行きが不透明になる中、天安門事件を経た後の日中関係は、92年の天皇・皇后の訪中で一段とスムーズに冷戦崩壊を乗り越えたようにみえた。しかし、90年代の半ば頃から、日本の戦争責任認識の問題、日米安保体制の再定義、橋本龍太郎首相の靖国神社への参拝など、日中間にはかつて問題となっていた歴史問題や台湾問題、またかつては表面化していなかった安全保障問題などが同時に噴出した。いわば日中関係は構造変動期に入ったのである。

　こうした中で中国国家主席江沢民が1998年11月に日本を公式訪問した。同月29日に小渕恵三首相とともに、前述した三つ目の文書、「平和と発展のための友好協力パートナーシップの構築に関する日中共同宣言」を発表した。この中で初めて「相互依存関係は深化した」との認識で一致したと記載されている。平和共存五原則と国際連合憲章の原則が国家関係の基本準則だと再確認し、「日本と中国両国の21世紀に向けた協力強化に関する共同プレス発表」も公表し、33項目の協力事項を具体的に掲げている。その後、2000年に朱鎔基総理が訪日して、NHKホールで二胡を演奏して友好ムードを盛り上げた。

　21世紀に入り、2001年から06年までの小泉政権期には首相の靖国神社参拝という歴史問題が激化し、日中政治関係は悪化の一途をたどったが、06年9月、安倍晋三新首相が就任後まもなく訪中して、日中両国は「戦略的互恵関係」を

構築するべく前向きの姿勢で関係を修復していく。そうした流れの中で、08年
5月に中国国家主席胡錦濤が日本を公式訪問し、9日に福田康夫首相と前述の
四つ目の文書、「『戦略的互恵関係』の包括的推進に関する日中共同声明」を発
表した。これは、歴史問題が顕在化した後の関係修復の営みである。「互いに
協力のパートナーであり、互いに脅威とならないことを確認した」と訴え、日
本は中国の改革開放以来の発展を、そして中国は日本の平和国家としての歩み
を認め合うようにした。2000年代の日中関係は、前半には関係が悪化したもの
の後半にはそれを修復するという歩みをたどった。

　以上が、日中両国政治関係を規定する四つの基本文書である。はじめの二つ
の文書は外交関係を確立させ、三つ目の「共同宣言」は協力計画を立て、四つ
目は「歴史問題」という難しい問題を抱えながらも「協力」していくことを確
認したものである。だが、これらの政府文書がありながらも日中両国は安定的
な関係を構築できず、再び波乱万丈の2010年代に入っていった。

　2010年代初期から、日中両国は「尖閣諸島」（中国名釣魚島）の領土問題とい
う大きな壁に衝突する。10年の尖閣諸島（釣魚島）沖漁船衝突事件の発生と、
12年の日本政府による尖閣諸島（釣魚島）の「国有化」は、日中関係を悪化さ
せた。そんな中、日中両国は14年11月に「四点につき意見の一致」を確認した。
四点とは、①前述した四つの基本文書を遵守すること、②歴史を直視し、未来
に向かうという精神に従うこと、③危機管理メカニズムを構築すること、④政
治・外交・安保対話を再開すること、である。ここでは、尖閣諸島（釣魚島）
をめぐる認識は異なるものの、対話と協議を通じて情勢の悪化を防ぐと表明さ
れている。これが尖閣諸島（釣魚島）問題を処理する基本方針であることが確
認されている。

　日中政治関係が揺れ動く背景には、安全保障問題をめぐる協議の空白状態と
強い戦略的相互不信がある。戦後日本は安全保障を日米安保体制に頼るが、極
東条項も含まれる日米安全保障条約には、中国にとっての国家統合という重要
な目標実現の障害となる面も内包されている。中国は日中国交正常化までは日
米安保条約に断固反対していたが、国交正常化後はしばらく黙認の態度を取っ
ていた。冷戦終結後、1990年代半ばに日米安保体制の再定義が行われ、日米両
国は「周辺事態」を打ち出すことで安保対象を明確にせず、曖昧戦略をとった。

中国は対象とされることに強い警戒心を持つようになる。こうして日中両国は戦略的相互不信の落とし穴に陥っていく。

　日中政治関係が大きく揺れ動くもう一つの背景には、日中関係の制度化が進まないことが挙げられる。国交正常化後、特に1970年代末から80年代初めにかけて、首脳の相互訪問が模索された。しかし首脳による相互訪問は定例化できなかった。この時期、各種の協議メカニズムの構築も模索された。たとえば外相定期協議や日中委員会（日米合同委員会や日本・東南アジア諸国連合〈ASEAN〉フォーラムに相当するもの）などが提案されたが、実現しなかった。2005年から10年の間では、総合政策対話、経済ハイレベル協議、東シナ海問題協議、防衛次官レベル協議など各種の協議メカニズム会議が開かれたが、12年頃に領土問題の紛争で中断され、未完の努力に終わった。14年の「四点につき意見の一致」で政治・外交・安保対話の再開を掲げているが、制度化が遅々として進まないのが現状である。

4　「正常な軌道に戻った」日中関係

　2010年代には、日中関係は「不正常」な軌道に陥り、また「正常な軌道」に戻ることとなった。「不正常」な軌道に陥った契機は、10年の尖閣諸島（釣魚島）沖漁船衝突事件と12年の尖閣諸島（釣魚島）「国有化」である。領土問題に対して、日中双方は「固有の領土」との姿勢をとり、問題が悪化していく一方で、当事者は一堂に会して協議するところか、相互の「無視」に終始した。時代の雰囲気は一気に悪化し、厳しいものとなる。尖閣諸島（釣魚島）の領土問題の発生と相まって、歴史認識問題をも背景として国民感情の悪化が顕在化した。首脳の相互訪問が断絶しただけでなく、国際会議の場でも目を合わせることもなかった。上記の定期的な協議メカニズムもほとんどが停止し、日中関係は「不正常」な軌道に陥っていった。

　しかし、「表」の悪化とは裏腹に、「実」のところは依然として経済相互依存関係が深化している。ファミリーマートが中国大陸に2398軒（2018年7月31日現在）も開店し、入り口に流れる音楽も日本のそれと同じである。中国から日本にやってくる観光客は急増し、日本で「爆買い」する。18年の中国の国慶節（建

国記念の大型連休で10月 1 日から 7 日まで）では、750万人の中国人が海外旅行する中、約190万人が日本を訪れ、旅行消費額も格段に高かった。「実」のところは非常に賑やかな日中関係の一面である。

　次に、その後「正常な軌道」に戻るプロセスを確認してみよう。2014年11月に安倍首相がアジア太平洋経済協力（APEC）首脳会議に参加するのを機に、北京で習近平国家主席と会談、上記の「四点につき意見の一致」を確認した。その後、15年 4 月に安倍首相と習国家主席はインドネシアで会談し、16年 9 月には主要20カ国・地域（G20）杭州サミット、17年 7 月にも G20、また同年11月には APEC などの機に、一連の首脳会談が行われた。この時期には日中文化交流も積極的に推進された。15年 5 月に約3000名の日中観光文化交流団が訪中し、10月から11月にかけて日中交流集中月間（NHK 交響楽団の北京公演等）が設けられた。16年に日中植林・植樹国際連帯事業が開始され、17年 3 月には日中国交正常化45周年記念に松竹大歌舞伎が北京公演を行い、18年 8 月の日中平和友好条約締結40周年記念には野村万作、野村萬斎による狂言公演が行われた。

　2018年には首脳の相互訪問が実現した。 5 月に安倍首相と習国家主席による初の日中首脳電話会談が行われ、同月に李克強総理が訪日、10月に安倍首相が訪中し、日中関係が「正常な軌道に戻った」とされる。李克強の訪日は、国務院総理として 8 年ぶりの公式訪日となり、日中韓サミットに出席した。日中社会保障協定、日中映画共同制作協定が署名され、社会面の融合が一層促進された。10月の安倍首相の訪中は、多国間会議への出席を除き日本の総理大臣としては約 7 年ぶりの訪中であった。第 1 回日中第三国市場協力フォーラムに出席し、日中海上捜索・救助（SAR）協定、日中通貨スワップ協定に署名した。その日中双方によって確認された「正常な軌道に戻った」とは、次のことを意味する。第 1 に、首脳の相互訪問と、関係の制度化である。防衛当局間の海空連絡メカニズム（防衛大臣・国防部長の相互訪問）、日中産業大臣対話（日中証券市場協力、第三国経済協力対話、日中イノベーション協力対話）などの対話メカニズムの開設が確認された。第 2 に、政治的「共通認識」が確認され、日中は互いにパートナーであり、脅威とならないことが再確認された。第 3 に、広範な経済交流と協力（第三国市場協力）の可能性が確認され、高齢者介護の協力に関する行動計画（交流・協力の年間計画）の作成と公表はその一例である。第 4 に、人的・

文化的交流の強化が確認された。

　安倍首相と習国家主席は2018年11月と19年 6 月の G20サミットの際に会談しており、安倍首相は「習近平国家主席と手を携えて日中新時代を切り開きたい」と述べ、国賓として招聘したいと19年 6 月に発表した。習国家主席は「中日関係は新たな歴史のスタートラインに立った」と述べた。日中関係は「新時代」に入るといわれた。

5　コロナ禍における日中関係

　習近平国家主席の国賓としての訪日は、まだ実現できていない。2019年末からまずは中国、そして20年春からは全世界が新型コロナウイルス感染症（COVID-19）の感染拡大による「コロナ禍」に突入した。

　新型コロナウイルス感染症は中国で最初に症例が報告され、初期段階では武漢、そして中国に限定されたものだと思われていた。日本が「山川異域、風月同天」という漢詩を包装段ボールに印字した緊急物資を送るなど中国への支援に尽力したことで、中国社会における対日感情の好転という新たな動きがみられた。「これを機に、日中で協力できることがたくさんある」と、中国経済の動向に詳しいキヤノングローバル戦略研究所研究主幹の瀬口清之は述べている（日経ビジネス電子版 2021）。

　2020年 2 月26日夜に王毅国務委員兼外交部長と茂木敏充外相が電話会談を行った。王部長は中国側の新型コロナウイルス対策の最新の進展について説明し、日本が当初から中国の立場に寄り添い続けてきたことを評価し、日本政府と各界からの貴い支援への感謝を表明したうえで、日中双方に必要な医療防護物資の相互支援、関係当局および専門家レベルの交流の一層の強化、感染予防・抑制、治療、医薬品とワクチンの開発といった分野の協力の緊密化、および多国間の枠組みでの国際公衆衛生協力の強化を積極的に検討することができると述べた。「感染症を前に、中日は同舟相救う運命共同体だ」とまで表明した。茂木外相は日本側からの「心からの見舞いの意」を改めて表して、「引き続き最大限の協力を行いたい」と述べ、日中が世界の重要な経済大国として、共同で正常な経済貿易協力を維持し、グローバル産業チェーンと供給チェーンの安

定確保の必要性と、継続した情報の共有、意思疎通と協力の強化への期待を表明した（『人民網』日本語版 2020）。

　しかし、その後の日中関係の動きは、必ずしも「同舟相救う運命共同体」の方向へ進行してはいない。それどころか、嫌悪な先行きすらみえてきている。新型コロナウイルスは、武漢が落ち着いてきた2020年3月頃から世界各地でパンデミックとなり、215カ国・地域で感染が確認されている。中国ではなんとかさらなる感染拡大を抑えられているが、感染者数は米国、ブラジル、ロシア、インド、英国などで突出しており、日本でも21年夏までは感染状況は一向に改善されず、「緊急事態宣言」が繰り返し発令された。コロナ禍そのものをめぐる関係では、相互支援ぶりは顕在化されておらず、むしろ日本がどこのワクチンを使うかという「陣営選び」の様相を見せた。

　コロナ禍と米中関係の緊張という二重の背景に、日中関係が激しく揺れ動いている。コロナ禍が引き金となり、米国の主導の下で、世界経済の中国依存からの脱却を図る「脱中国化」の動きが加速化し、米主導で国際供給網が再編される中、日本では中国とアメリカのどちらを選択するかとの議論が噴出している。2020年4月、日本政府は緊急経済対策を採択し、20年度補正予算案には、生産拠点を中国から日本国内に撤収させる、あるいは生産基盤をASEAN諸国に多角化させる日本企業への支援として2400億円以上を計上した。これは「日本の中国撤退」とまでいわれる。中国政府は日本政府に対策の意味を説明するよう求めたのみならず、中国に駐在する日本人ビジネスマンに対するアンケート調査も実施し、撤退を計画しているのかどうかを把握しようとした。

　日中関係の激動は、当面の米中関係が悪化する情勢と錯綜して、安全保障面にも表れる。日本の安全保障面での「陣営選び」が顕在化する動きは、日中関係に大きな障害を与えている。2021年3月の日米安全保障協議委員会（「2＋2」）会合では「台湾問題」に言及し、4月に菅義偉首相が訪米し、台湾問題などで米国に歩調を合わせる共同声明を出したことが、中国を怒らせた。中国は猛烈に反発し、日中関係が一挙に厳しくなっていった。中国側は東京電力福島第一原子力発電所からの放射性物質の処理水の海洋放出問題でも厳しい対日批判を繰り返した。また、係争中の尖閣諸島（釣魚島）の領有権問題では情勢が先鋭化している。5月11日に中国海警局の船が日本船を追尾し、日本船が「違法」

行為をしたとして、同海域から出るよう呼びかけた。同時に中国の海警法に対して日本は強い警戒心を示している。

　こうした中、研究者の間では焦りもみられた。この状況を打開するために、中国上海にある復旦大学日本研究センターが中心になって作業を進め、日中両国の第一線の研究者が報告書「2020年：新型コロナウイルス感染症の下での中日関係──非常態と新常態」を共同執筆した。その中で、「日中関係が正常な軌道に戻った後に全体として安定に向かうという基本的な方向性は変わらない」と指摘しているが（『中国新聞網』2021）、それは日中双方の研究者がそのように期待する、いわば希望的観測を表すものであろう。

6　おわりに

　日中関係が「正常な軌道に戻った」といわれるまで改善できたのはなぜか、という議論の要因の一つに米国があるという。ドナルド・トランプ前米大統領の政策が日中関係の改善を促したとの見方である。そして日中関係の悪化もまた米国という要因で議論される。このように日中関係は自律性が低いものと捉えられ、いかに安定的な日中関係を構築するかについては真摯な模索が求められている。一つの方向としては、両国がともに経済社会で発展を遂げる中で生まれた相互補完関係に由来する相互協力の必要性が、両国の関係を率いていくことであろう。両国関係の自律性が高まることが期待される。

　実際に、日中関係が「正常な軌道に戻った」といわれる時にも、構造的問題は両国間に依然として存在しており、重大な問題は依然として解決に至っていない。歴史、台湾、領土問題は、まだそこにある。また、日中間では、依然として安全保障協議が空白状態にあり、安全保障問題の解決のために向き合うことさえない。問題があるたびに、日本は米国と協議し、中国は日本と協議することなく「自己論理」で一人芝居に終始している。歴史問題は結局、両国間の国民感情を悪化させてしまう。関係の修復とは、互いに傷つけないと約束することであり、それ以上に建設的な思考も行動もないのである。領土問題が両国関係を破壊させたのは、「固有の領土」という表現で自分のものを奪われることへの敵意であり、一寸たりとも譲ることのない「死活」状態に陥り、関係の

修復が不可能な窮境に置かれる。日中関係の閉塞感はまた米中間の争い、日本の台湾問題への関与などの安全保障問題と絡み合い、ますます強まっているようである。

　2019年12月に始まったコロナ禍は今日まで続いているが、世界は団結と協力でコロナに立ち向かうことなく、「ワクチン」外交に象徴されるように、米中「覇権争い」を背景に、情勢は再び「冷戦」の様相を呈している。日本と中国はここでもまた異なる「陣営」にあるようにみえる。今のところ、双方が受け入れ可能な解決策を短期的にみつけるのが難しいことは明らかである。この現実に鑑みると、我々が考えねばならないのは問題を適切に管理し、衝突を防ぐことである。

　ポストコロナ時代には、日中両国は「国の門戸」を閉じたままでいることは不可能であろう。日本と中国の間では、今後も貿易、投資、人的往来の絶対値で測られる経済関係を双方向で発展させる、相互依存関係の深化が進む可能性は高い。問題があれば、その悪化を阻止し、改善・解決を図るための対話メカニズム、いわば、関係の制度化を推進していくことが求められる。米中間には「2＋2」（外相、防衛相）会合が提案されているが、日中間にも同様の会合が必要ではなかろうか。構造的問題が一つも解決されない中、さらなる制度化を提唱することで、安定的な関係の構築が求められる。

【参考文献】

1．田中明彦（1991）『日中関係（1945-1990）』東京大学出版会
2．毛里和子（2006）『日中関係——戦後から新時代へ』岩波新書
3．高原明生・服部龍二（2012）『日中関係史（1972-2012)』東京大学出版会
4．金熙徳（2002）『中日関係——復交30周年的思考』世界知識出版社
5．廉徳瑰（2006）『米国与中日関係的演変』世界知識出版社
6．梁雲祥（2012）『日本外交与中日関係』世界知識出版社
7．Vogel, Ezra F, Yuan Ming and Tanaka, Akihiko, eds.（2002）*The Golden Age of the US-China-Japan Triangle, 1972-1989*, Cambridge: Harvard University Press.
8．Wan Ming（2006）*Sino-Japanese Relations: Interaction, Logic, and Transformation*, Stanford: Stanford University Press.
9．Swanström, Niklas and Kokubun, Ryosei eds.（2013）*Sino-Japanese Relations: Rivals or Partners in Regional Cooperation?* Singapore: World Scientific Publishing Co., Ltd.
10．『日経ビジネス電子版』「新型ウィルスの『災い』を転じて日中友好の『福』となす」(2020

年 2 月 7 日）、https://business.nikkei.com/atcl/seminar/19/00023/020600141/（2021年6 月25日取得）

11.　『人民網日本語版』「新型コロナ対策で中日外相が電話会談」（2020年 2 月27日）、http://j.people.com.cn/n3/2020/0227/c94474-9662636.html（2021年 6 月24日取得）

12.　『中国新聞網』「日中関係の全体的安定という基本的方向性は変わらない――中国報告書」（2021年 3 月15日）、https://www.recordchina.co.jp/pics.php?id=873426（2021年 6 月10日取得）

第3章　日韓関係──政治主導が招く葛藤の拡大

箱田　哲也

1　はじめに

　日本と隣国・韓国の政治関係は、「国交正常化以来最悪」という不名誉な形容が使われて久しい。だが、「最悪」のラインは時を経るごとに下がり続け、いつまでたっても底がみえないという悪循環にある。歴史をめぐる問題の多くが、1965年の国交正常化をいかに評価するのか、さらにいえば35年間に及んだ植民地支配の合法違法をどう解釈するのか、の違いに起因する。日本側は正常化以降に積み上げ、発展させてきた互恵の関係に、片や韓国側は不当な支配の歴史に、より重点を置く傾向があり、ますます接点をみつけることが困難になっている。

　冷戦終結後の関係性の変容や、経済分野に代表される垂直的関係の水平化など、日韓関係の構造的な変化が懸案の解決を難しくしてきたことは論をまたない。さらに一種の「移行期正義」ともいえる司法判決が韓国で相次ぎ、日韓外交を大きく揺るがすようになった。

　また、ただでさえ難しくなってきた隣国間の関係を、さらに悪化させたのは、日韓双方の政治指導者の志向や判断であったことも否定できない事実である。日本憲政史上最長の8年近くにわたって執権した第2次安倍政権は「地球儀を俯瞰する外交」を掲げながらも、足元の韓国に対してはイデオロギーを前面に押し出す、包容力に欠ける外交を展開した。他方、韓国では、現職大統領の弾劾・罷免という異例の事態を受けて誕生した文在寅政権が、北朝鮮との民族融和や保守政治が生み出した弊害の清算（積弊清算）を唱えつつ、日本との歴史問題においても原理主義的対応をみせた。この2人の首脳の判断が招いたこと

は大きく二つある。その一つは、それぞれの言動が相手側の市民を大いに刺激
し、結果として感情的な対立をあおったことである。もう一つは、歴史問題の
対立にとどまらず、経済や安全保障分野にまで飛び火させ、一層解決を難しく
したことだろう。本章では、日韓関係を根底から揺るがすことになった慰安婦
問題と徴用工問題をめぐる韓国司法判決や、それらを受けた両政府の対応のプ
ロセスを整理し、いかにして「最悪」の関係を招いたのかを検証する。

2　政治を揺るがす歴史をめぐる司法判決

　日韓の外交関係を大きく振り回している発端が、植民地支配下でのできごと
をめぐる司法判決であることは明らかである。2018年10月30日、韓国の大法院
(最高裁) は、戦時中に朝鮮半島出身の労働者を徴用した日本企業に賠償を命じ
た控訴審判決を支持し、日本企業の上告を退けた。原告勝訴の判決が確定した
ことにより、司法当局は日本企業の韓国国内での資産などを差し押さえ、現金
化する手続きを進める。日本政府は、1965年の日韓請求権協定により、請求権
問題は「完全かつ最終的に解決」されているとして、国際法違反の判決だと反
発し、韓国政府に対し、責任を持って被告企業に実害が及ばない措置を早急に
とるよう求めた。

　もとよりこの問題をめぐっては民主化以降の歴代韓国政権も、請求権協定の
対象に含まれるとの認識を示してきた。しかし、大法院は植民地支配自体が違
法だったとの前提の下、反人道的な違法行為に対しての慰謝料請求は協定の対
象外との結論を出した。歴代政権の解釈と確定判決の板挟みになった形の文政
権は、三権分立を理由に司法判決の尊重を表明したため、日韓の外交当局間の
協議となったが、有効な解決策は見つけられていない。

　文政権が適切な措置をとっていないとしていらだつ安倍政権は2019年7月、
あからさまな報復措置として、韓国の主要輸出品である半導体の製造に不可欠
な素材を含めた輸出規制強化措置に乗り出した。だが、この措置は問題の解決
どころか、韓国政府の態度硬化を招いた。それだけでなく、それ以上に市民を
刺激し、過去に例がないほどの日本製品の不買運動が拡大した。

　他方、輸出規制強化の即時撤回を求める韓国の文政権は翌月、これに応じよ

うとしない日本政府への対抗策として、日韓軍事情報包括保護協定（GSOMIA）の破棄を宣言する。日本に痛みを感じさせることができる手持ちのカードに欠く韓国としては、安保協力にまで踏み込むのは苦渋の選択だった。しかし、この判断は同盟国・米国の強い反発を買い、協定の失効直前に方針の撤回に追い込まれた。

　日本企業資産の現金化が迫るにもかかわらず、日韓両政府が打開策を打ち出せない中、さらに両国外交を揺るがす判決が2021年1月に出た。元慰安婦らが訴えた訴訟で、ソウル中央地裁は日本政府に賠償を命じたのである。日本政府は一貫して、国家には他国の裁判権が及ばないとする国際法の原則「主権免除」を主張し、裁判への出席も拒否した。そのため一審判決がそのまま確定し、日本企業に続き、今度は日本政府の国有財産が韓国で差し押さえられかねないという前代未聞の事態に発展した。慰安婦問題をめぐっては15年12月、当時の安倍晋三・朴槿恵政権が、この問題で初めてとなる日韓政府間の合意に至り、ソウルで開かれた日韓外相会談の末に発表された。互いに歩み寄り、最重視する問題をそれぞれ盛り込んだ妥協案だった（箱田 2016：99-102）。

　しかし、朴大統領の弾劾・罷免を受けて発足した文在寅政権は、日本政府の拠出した10億円で設置された、元慰安婦らの救済にあたる財団を一方的に解散するなど、合意を形骸化した。ただでさえきな臭い空気が漂っていた中で、今度は日本政府に賠償を命じる判決が出たため、緊張は一気に高まった。

　これらの状況を受け、文大統領は2021年1月18日、新年の記者会見で従来とは異なる発言をする。徴用工判決に伴う日本企業の資産の現金化執行を「望ましくない」と踏み込み、日本政府に賠償を命じた判決に対しては「少し困惑している」との意思を示した（韓国大統領府ホームページ 2021）。

　この文大統領の発言に呼応するかのように、その直後、慰安婦、徴用工という二つの懸案を扱う訴訟で、韓国政府内でも「意外」と受け止められる判決が相次ぐ。両懸案とも、すでに日本側に賠償を命じる判決が確定していたにもかかわらず、それとは異なる判断が地裁レベルで出たのだ。

　4月21日、元慰安婦らが日本政府を相手どった訴えは退けられ、日本政府の主張する「主権免除」が認められた。さらに6月7日には、元徴用工の遺族らが日本企業16社に損害賠償を求めた訴訟で、原告の訴えは却下された。地裁判

決は、大法院が示した植民地支配は違法との認識について「請求権協定の解釈とは関係がない」と指摘し、協定の拘束を受けると判断した。

　これらの原告の訴えを退けた相次ぐ判決について日本国内の一部では、日本との外交関係に苦悩する文政権が司法に働きかけて出させたのではないか、あるいは文政権の意向を忖度した司法が救いの手を差し伸べたのではないか、といった臆測が出た。だが、二つの判決をつぶさにみると、文政権の主張を上回るような請求権協定の解釈をしている他、慰安婦訴訟のほうはさらに、文政権が骨抜きにした2015年の日韓政治合意を被害者らの救済手段として高く評価するなど、むしろ政権に批判的ですらある。

　それらを踏まえても、現在の韓国の司法は行政の意向に配慮などせず、外交という行政の担う分野にも積極的に介入していく「司法積極主義」をとっている、とみるのが妥当だろう。他方、これまで日本政府との関係で、三権分立や司法判断の尊重を理由に、行政としての実現可能な解決策を示してこなかった文政権とすれば、地裁判決とはいえ、国内の司法から日本側の主張に沿うような判断が示されたことで、日韓間のみならず、国内の司法判決のはざまでも板挟みとなる格好になった。

3　構造的変化とポピュリズム

　では、今日の日韓外交の対立が、自らが信じる「正義」を優先させる韓国司法の突出だけに起因するのかといえば、そうとは言い切れない。両国関係には、外交を揺るがす司法判決が出るほどの構造的な変化という土壌が整っていたことも見逃せないためだ。

　冷戦下、日韓両国は同盟国・米国の強い要請を受け、14年にわたる長期の交渉の末、1965年に国交を正常化させた。正常化をみつめる両国の視点には大きな差異があった。日本政府が「将来のための友好条約締結」と捉えたのに対し、韓国側は「過去を清算するための実質的平和条約」の締結との趣旨に比重を置いていたのである（金 1993：47）。

　とはいえ、韓国政府には日本との関係正常化を経済躍進の契機としたいとの思いも強く、おのずと経済の結びつきは強まっていった。当初は質的にも量的

にも日本が先を行く垂直的な関係だった。それから半世紀以上を経て、日韓の差は多くの面で縮まり、徐々に水平的な関係に変容してきた。

　たとえば、国交正常化をした1965年の1人当たりの国内総生産（GDP）をみると、韓国はわずか106ドルで、日本の約10分の1にすぎなかった。しかし、経済協力開発機構（OECD）の発表では、購買力平価（PPP）を基準とした韓国の1人当たりGDPは2017年基準で4万1001ドルで、日本（4万827ドル）を上回った（中央日報 2021）。これらの変化は、とりわけ韓国において、必ずしも経済的な成長に直結しない日本との関係を特別に見る必要はない、との傾向を深める要因となっていった。

　経済の発展に伴い韓国の国際的な地位も上昇していった。とりわけ2008年に発足した李明博政権は国際的な貢献や協力に熱心に取り組み、韓国のブランドイメージを大きく引き上げた。それまでは大規模な国際会議がアジアで開催されるとなれば、第1候補として挙げられてきた日本だったが、地域における韓国の存在感は着実に増していった。10年には欧米以外で初の開催となる20カ国・地域首脳会議（G20サミット）がソウルで開催された。また、バラク・オバマ米大統領の呼びかけで鳴り物入りでワシントンで始まった核保安サミット（Nuclear Security Summit）は12年、第2回の会議をソウルで開き、各国の首脳が集うなど、韓国は自信を深めていった。

　他方、安全保障分野でも構造的な変化が出始めた。2000年に当時の金大中大統領が平壌を訪問し、金正日総書記と初の南北首脳会談を開いて以降、韓国では政権の政治志向にかかわらず、南北融和をいかに進めるかが大きなテーマとなった。その後、北朝鮮は核・ミサイル開発を続け、核保有国を自任するまでに至った。だが韓国では、たとえ保守派が政権を執っても、非核化とともに朝鮮半島有事の回避を最優先課題に据えることには変わりはなかった。そのためにも、北朝鮮の後ろ盾として一定の影響力を持つ中国との関係には常に配慮せねばならなかった。

　韓国の歴代政権は、同盟関係にある米国を最重視すると重ねて表明しつつ、「安保は米国、経済は中国」という棲み分けを強調してきたが、実際にはそんなに単純に切り分けられるはずもなかった。高高度迎撃ミサイルシステム（THAAD〈サード〉）の韓国配備をめぐり、中国が猛反発し、韓国系企業に露骨

な報復をしかけたことなどはその典型例といえる。これらの安保環境の変化から、米国との関係には容易に手をつけられなくとも、日本との防衛協力に関しては積極論が薄らいでいった側面は否定できない。

4　「悪意と無知」で形作る「最悪」の関係

本来ならば政治は、隣国間の構造的な変化に伴って生じる摩擦や葛藤を、より減じるように管理するという重要な役割を担う。だが現実に繰り広げられたのは、双方の政治指導者の誤った判断により、事態を悪化させるという失態であった。互いに対する決定的な情報や知識の不足に伴う「無知」と、隣国への攻撃を国内政治に利用したり、必要以上に相手国を攻撃することで溜飲を下げようとしたりする「悪意」が絡み合う、日韓共作による「人災」の様相を呈した。

文在寅政権の場合、国内の政争の延長線上に自らが招いた日本関連情報の決定的な不足と、未熟な外交経験による向こう見ずな見通しの甘さが、対日政策の大きな支障となった。日本の一部ではすっかり「反日」の代表であるかのようにいわれる文政権だが、必ずしも日本に対する知識や関心が高いとは言い難い。文や周辺は、金大中、盧武鉉と続いた左派政権がとった北朝鮮に対する太陽（包容）政策が奏功しなかったのは、保守派である李明博、朴槿恵政権が、せっかく積み上げてきた南北関係を台無しにしたためだ、との思いを強く抱く。

韓国憲法は、大統領の再選を認めていない。対話を中心に据えた融和政策を長期にわたって続けるためにも、与野党の政権交代は絶対に認められない。権力の私物化によって現職大統領が弾劾された保守派の復活を防ごうと、力を入れたのがいわゆる「積弊清算」である。韓国の保守派は、植民地時代の日本に協力したとして背信者扱いされる「親日派」の系譜につながる。文政権を支える様々なグループのうち、「86世代」（1980年代に大学に入った60年代生まれの世代）と呼ばれる勢力は、とりわけ民族問題に関わるテーマに敏感で、「親日批判」は保守攻撃に直結するツールとして活用された。

「86世代」の日本観といえば、「かつての加害国」という程度のシンプルさで、日本側にはどう映るのかの想像力が及ばない。日韓慰安婦合意への対応はそん

な典型例で、朴槿恵政権の実績を否定しつつも、合意の破棄や再交渉を求めないことで日本に対し、一定の外交的配慮を果たしたと考えた。

しかし、金大中、盧武鉉両政権よりも民族主義の度合いが強いとされる文政権がとった積弊清算の代償は大きかった（箱田 2019：106-111）。文政権は慰安婦合意に関与した外交や情報当局などの関係者を一斉に更迭したり、大胆な配置換えをしたりした。それまでの積み重ねで人脈を築き、日本に詳しい専門家らが退いたことで、日本政府の考えや出方に関する生きた情報は十分に入って来なくなった。さらに日本との歴史問題でどれだけ汗をかいても、報われるどころかリスクを抱えかねないと官僚らが認識したことも、文政権の対日外交に大きな影響を与えた。

文は歴史問題の解決の基軸として、機会あるごとに「被害者中心主義」を唱える。植民地支配下で実際に被害に遭った元慰安婦や元徴用工の声に誠実に耳を傾け、行政として政策に反映させていくとの趣旨とされる。朴・前政権をはじめとする保守政権との明確な差別化を図る一方、文の支持層でもある被害者支援団体からも高く評価されるスローガンといえよう。

だが実際には、たとえば慰安婦合意を骨抜きにした後、何ら具体的な措置をとっておらず、歴史問題を国内政治に利用しているとの批判にまともに反論はできていない。文政権が具体的な代替策をとらないにもかかわらず、支援団体は合意破棄などを求める激しい動きを止めた。そのため韓国国内では「被害者中心主義」は、本当は「被害者団体中心主義だ」とも批判される。

さらに慰安婦支援運動の象徴的存在である与党の国会議員が、業務上横領や詐欺で在宅起訴されたことも、今後の日韓関係に少なからぬ影響を与える可能性がある。元慰安婦の告発により、金銭の不正流用疑惑が浮上し、事件に発展した。韓国メディアの重鎮は、この事件が韓国言論界に厳然と残っていた最後のタブーを破ったと指摘する。韓国メディアには、日本の歴史問題を扱う運動団体に対する批判的な取材を自制する「聖域」があったが、事件後は自己規制が解けたという（沈 2021）。1990年代に日本が民間主導で展開した「アジア女性基金」事業などは、韓国側支援団体の強い反対により、成功しなかった経緯がある。

歴史問題が絡むと、これまでは一定の謙虚さをみせてきた日本政府だが、韓

国との関係には並外れた関心を抱き、強い対抗意識を隠さない安倍政権の対応
は大きく異なった。1965年の日韓請求権協定で過去の問題は「完全かつ最終的
に解決」していることを強調するだけでなく、慰安婦合意に関しても、日本の
謝罪や反省にはあえて光を当てず、国際社会で非難・批判を控えることや、在
韓日本大使館前に設置された慰安婦問題を象徴する少女像の撤去を促すほうに
注力した。

　そうした中でももっとも韓国側の出方を読み誤り、同時に日韓関係を過去と
は別次元の対立へと広げてしまったのが2019年 7 月に発表した韓国への輸出規
制強化措置である（経済産業省ホームページ 2019）。安倍政権は、日本企業に賠
償を命じた徴用工判決が出た後、韓国政府が適切な是正措置をとらないことへ
の報復として、韓国の主力産業である半導体製造に不可欠な素材を含めた輸出
規制強化を打ち出した。

　韓国経済に深刻な打撃を与えかねない一方的な措置だけに、韓国側では激震
が走った。さらに安倍政権の振る舞いが悪意的だと指摘されるのが、タイミン
グの問題である。大阪で各国首脳が集った G20が自由貿易の重要性を確認して
閉幕するやいなや、それに矛盾するような措置を打ち上げた。また、発表の20
日に参院選の投開票日が控えており、いくつかの韓国メディアは、支持率上昇
を狙った「韓国たたき」ではないかと指摘した。

　日本政府と与党・自民党では早くから韓国への報復措置について検討が始
まっていた。とりわけ政府内では、国際的な法や規則に違反しているとの批判
を受けず、日本国内への被害が発生しないことなどをクリアできる措置を各省
庁に求めたが、そんな措置は見つからなかった。自民党の一部からは、韓国側
にもっとも大きな打撃を与え得るとして、輸出規制強化を求める声が出ていた
が、外務省のみならず所管の経済産業省の実務者らも国内産業への悪影響など
を懸念し、消極的だった。それでも安倍官邸は、徴用工問題の進展を期待して
荒療治を選択した。

　今となっては当時の日本政府高官も「戦略性に欠ける愚策だった」と振り返
る判断は、懸案の進展どころか、逆に韓国側の急速な態度硬化を誘い、一層対
立を深刻化させていく。戸惑う韓国政府をよそに、市民らがネットで呼びかけ
た日本製品の不買運動は過去に例がないほど広がりをみせ、韓国市場から撤退

する日本企業が相次いだ。市民の熱気に背を押される形で、文政権は報復措置への報復を検討し、日本に痛みを与える有効な手持ちのカードに欠く中、ついに、なけなしの一枚ともいえるGSOMIAの破棄以外の選択肢はない、との結論に至る。その後、米政府から強く翻意を促され、破棄宣言は撤回された。だが、北朝鮮の軍事挑発時には韓国とて不可欠とされるGSOMIAすら手放す覚悟を決めたことは、問題の根深さを内外に示した。

　「戦後外交の総決算」を掲げた安倍政権らしい強気さといえるが、この選択は国交正常化後の日韓関係史においても二つの大きな変化を意味した。一つは、日本政府が従来、韓国に説いてきた、過去の歴史問題があったとしてもそれを経済や安保など他分野にまで飛び火させるべきではない、との主張の説得力を自らの行動で打ち消したことである。そのため韓国側がやむなく安保協力にまで飛び火させた際、米国の圧力に頼むしかすべがなかったことは、今後の日韓外交に大きな傷痕を残したといえるだろう。もう一つは、韓国社会における日本離れを加速し、ニューノーマルとしたことである。不買運動を契機に、韓国の消費者に自国製品のクオリティーの高さを認識させた他、韓国政府の手厚い支援により、日本が得意としていた素材分野などでも自国企業が大きく躍進する結果につながった。

5　交わらぬ地域の平和体制論

　政治志向の左右の違いこそあれ、歴史や民族への強いこだわりと内向きなスタイルは、安倍、文両氏に共通しているといえる。他方、過去の問題ではなく、目前で展開されている現在の問題、とりわけ2017年の年末から翌年初めを境に、相次ぐ核・ミサイル実験という軍事挑発行為から対話局面に転換した北朝鮮をめぐる問題でも、両首脳の考えに接点は少なく、関係が疎遠になる原因となった。

　北朝鮮は2016〜17年だけで核実験を3回に加え、40発もの弾道ミサイルの発射を強行し、国際社会の風当たりは一層強まった。14年に日本と北朝鮮は、日本人拉致被害者の再調査や日本独自の対北朝鮮制裁の一部緩和などを盛り込んだストックホルム合意を発表していたが、対話は長く続かず、16年に北朝鮮は

再調査にあたる特別調査委員会の解体を宣言して協議は決裂した。翌17年9月の国連総会で安倍首相は「対話とは北朝鮮にとって我々を欺き、時間を稼ぐため、むしろ最良の手段だった。必要なのは対話ではない。圧力だ」と演説し、国際社会に「最大限の圧力」をかけるよう同調を求めた。

　他方、北朝鮮との融和政策を唱える文政権も、さすがに非核化を求める声に歩調を合わせたものの、同時に朝鮮半島問題の当事者として、有事につながる緊張の高まりは絶対に避けねばならないと主張し、北朝鮮を対話の席に戻す努力を惜しむべきではないと訴えた。

　このような微妙な違いを抱えた両国だが、2018年が明け、事態は一変する。北朝鮮の最高指導者、金正恩が元日の新年の辞で、南北協議を提案し、約2カ月後に控えた冬季五輪（韓国・平昌）への北朝鮮代表団の派遣を示唆したのだ。米国と北朝鮮の「仲介者」であり、安定の方向に導く「運転者」を自認してきた韓国だけに、新年早々、望外の朗報が舞い込んできたことで、平和の祭典の舞台を十二分に政治にも利用することとなった。

　だが、これらの動きも安倍政権は極めて冷ややかな目で見つめていた。国際社会の声に耳を傾けず、挑発を繰り返した北朝鮮が本当に対話路線に舵を切ったのか真意を疑ったことに加え、韓国が主導する対話装置への警戒感もあった。平昌五輪の開会式には、安倍首相やマイク・ペンス米副大統領に加え、北朝鮮からも金正恩の妹の与正や金永南・最高人民会議議長らも参加した。韓国政府は、折につけ米朝接触の機会を演出したが、安倍・ペンス会談が予定していた時間より長引くなど、韓国からすれば何かと日本の影がちらつき、いらだちを募らせていった。

　結果的には平昌五輪を契機に、韓国特使団は訪朝して金正恩と面会し、続いてワシントンでドナルド・トランプ大統領に金正恩のメッセージを伝えたことで、史上初の米朝首脳会談が6月、シンガポールで実現する。日本政府とすれば予想外のトントン拍子の展開となり、慌てて対話の流れに追いつこうと路線を転換したものの、その後も北朝鮮問題をめぐる日韓間の微妙な空気は残ることになった。

　文政権は、朝鮮半島の非核化とともに北朝鮮問題のもう一つの核心的課題として、朝鮮半島の平和体制づくりに力を注ぐ。最後の冷戦構造が残った朝鮮半

島で、いまだ休戦状態にある朝鮮戦争を終結させ、平和協定を結んで平和体制をつくるという考えである。文政権は韓国の歴代政権に比べ、「統一」という文言の使用を意識して避けてきたのは、「吸収統一」されることに対する北朝鮮側の警戒感を解くこととともに、当面はそれぞれの政治体制を認めて共存することに比重を置いているからでもある。ただ、先述のように民族を強く意識しすぎるゆえ、南北が中心になった展開が先行し、周辺国、とりわけ日本がこれらの過程で果たす役割には関心が高いといえないのが現状である。

　日本政府にもそういった考えは伝わっており、平和体制問題について韓国側と本格的な議論を進めているわけではない。歴史問題の解決が難しいのは自明だが、北朝鮮をめぐる問題が一定程度落ち着いた後、将来的にどのような北東アジア地域秩序をつくっていくのかを、早い段階で詰めておく必要があることはいうまでもない。むしろ現在の日韓は、共通の目標という認識の共有に欠けるため、目前の歴史問題に振り回されているという側面は否定できない。

6　おわりに

　日韓首脳が国際会議などを活用するのではなく、単独で互いの国を訪問するのは2012年12月、李明博大統領が野田佳彦首相を京都に訪ねて以来、途絶えている。歴史問題という大きな懸案があるにせよ、もっとも近い国同士の首脳の往来自体が、かくも高きハードルに阻まれるというのは尋常ならざることである。

　2021年6月、英国で開かれた主要7カ国首脳会議（G7）では菅義偉首相と文大統領の初の対面会談がもたれるか注目されたが実現しなかった。それどころか日韓政府間で、事前に首脳接触の約束を交わしたのを破ったかどうか、で泥仕合となる始末である。

　両政府が歴史問題の前に足踏みをする中、長く築き上げてきた互恵の関係は着実に後退を見せ始めている。それはとりわけ顕著に貿易の面での数字に表れている。韓国財界を代表する経済団体「全国経済人連合会」（全経連）のシンクタンク、韓国経済研究院は2021年5月、日本企業に賠償を命じた韓国大法院の判決が出た前後で比較すると、日韓間の貿易が極めて萎縮していることが分

かったとするデータを公表した。日韓関係の悪化が原因だとし、関係改善によっ
て経済的な悪影響を遮断すべきだと指摘した（韓国経済院 2021）。

　新型コロナ対策や環境、エネルギー、災害など、日韓が協働すべき課題は枚
挙にいとまがない。米国と同盟の契りを結び、経済では大きく中国と結びつく
という構図は何も韓国だけのものではない。程度の違いこそあれ、米中対立の
はざまで、日韓がともに知恵をこらして向き合わねばならない喫緊の課題であ
る。

　主に文政権内には、米国のバイデン政権に日韓関係の打開を期待する声が出
ている。人権問題などに無関心だったトランプ前政権と異なり、同盟関係を重
視するバイデン政権が日韓の関係改善にも骨を折ってくれるのではないか、と
当てにする思いだ。これを支えるもう一つの「誤解」が韓国側のみならず、日
本の専門家の中にも出ている。2015年の慰安婦合意が当時のオバマ米政権の強
い後押しのために妥結し、その立役者の1人は他ならぬ当時副大統領であった
バイデンだったため、何か起きるのではないかとの見立てである。

　オバマ政権が日韓の対立を嫌がり、ことあるごとに日韓両首脳に関係改善を
呼びかけていたのは事実だが、慰安婦合意に至る過程では米国が子細に関わっ
たことはない。日韓合意は両政府同士だけでまとめ上げた初の政治合意という
ことでも、大きな意義があったといえるのである。いわんや主張が対立する慰
安婦、徴用工問題で、いくらバイデン政権といえども、サブスタンスに踏み込
んだ結びつけなどできる状況ではとうていない。米国が最近、日韓関係で色を
なして動いたのは、文政権に GSOMIA の破棄撤回を迫った時だけで、それは
米国自身の安保に関わりかねないと判断したからに他ならない。

　とりわけ歴史問題のような機微に触れる懸案は、当事国同士がひざ詰めで、
粘り強く協議を続ける必要がある。いずれの国も満点と思える結果はあり得ず、
最後は政治指導者が自らの責任で政治判断する他ないのである。文大統領に続
く、次期大統領は2022年5月に就任し、5年の任期を始める。日本の政府・与
党内には、歴史問題で硬直した文政権とは問題の前進を図れないとして、次期
政権の発足まで待つべきだという声と、そうはいっても文政権との解決を最後
まで追求すべきだとの考えが共存している。

　仮に次期大統領選で保守系が政権を奪還すれば、過去の問題で文政権ほど硬

直化した態度はとらない可能性はある。だが、徴用工、慰安婦ともにすでに司法の場で判決は確定しており、いつ強制執行がなされてもおかしくはない。そうした状況を次期政権が、日本側に一切被害を及ぼさずにすべて韓国国内で処理できるかといえば、それは困難だろう。文政権ですら、慰安婦合意を政府間の公式合意と認めざるを得ないわけだが、それは保守系の朴槿恵政権との約束だった。日本国内でも慰安婦合意で、1993年の河野洋平官房長官談話（河野談話）以上に明確に謝罪と反省を表明した安倍首相に対し、右派から強い批判が起きたが、それでも何とか収まったのは「右」を代表する安倍が決断したことだったからに他ならない。韓国でも同様に、今日の日韓関係の基礎となっている98年の日韓共同宣言（日韓パートナーシップ）を、左派の金大中大統領が結んだことで、覆ることなく維持できたのである。その意味で中長期的な日韓関係の安定を考えるならば、左派系政権と何らかの合意を取りつけることが望ましいといえよう。

　米中対立をはじめとする国際情勢や、新型コロナ問題が落ち着きをみせた後に予想される北朝鮮問題の対処など、もろもろの課題を考慮すると、好き嫌いを離れ、日本と韓国が協調することなしに対応するのは、あまりに非効率的であり、不毛であることを双方が肝に銘じなければならないのである。

【参考文献】

1. 韓国経済研究院（2021）「報道資料　韓日政治？外交葛藤で交易量　−11.9%、両国経済に打撃　韓国と日本の交易萎縮による経済的影響分析」、http://www.keri.org/web/www/news_02?p_p_id=EXT_BBS&p_p_lifecycle=0&p_p_state=normal&p_p_mode=view&p_p_col_id=column-1p_p_col_count=1&_EXT_BBS_struts_action=%2Fext%2Fbbs%2Fview_message&_EXT_BBS_sCategory=&_EXT_BBS_sKeyType=&_EXT_BBS_sKeyword=&_EXT_BBS_curPage=2&_EXT_BBS_optKeyType1=&_EXT_BBS_optKeyType2=&_EXT_BBS_optKeyword1=&_EXT_BBS_optKeyword2=&_EXT_BBS_sLayoutId=0&_EXT_BBS_messageId=356185（2021年6月28日取得）
2. 韓国大統領府ホームページ、https://www1.president.go.kr/articles/9788（2021年6月28日取得）
3. 金東祚（1993）『韓日の和解——日韓交渉14年の記録』（サイマル出版会）
4. 経済産業省ホームページ「韓国向け輸出管理の運用の見直しについて」、https://www.meti.go.jp/policy/external_economy/export_control_korea/index.html（2021年6月28日取得）
5. 中央日報日本語版（2020）「韓国の購買力基準1人当たりGDP、初めて日本を追い越

す」、https://s.japanese.joins.com/JArticle/263252?sectcode=300&servcode=300、2020年 3 月 4 日（2021年 6 月28日取得）

6 ．沈揆先（2021）『慰安婦運動、聖域から広場へ』（ナナム）

7 ．箱田哲也（2016）「慰安婦問題　日韓合意の舞台裏」『外交』Vol. 36、2016年 3 月、100-104頁

8 ．箱田哲也（2019）「『盧武鉉越え』迫る文在寅政権の民族主義──自縄自縛に陥る対日政策」『外交』Vol. 55、2019年 5 月、106-111頁

【関係重要資料】

法律事務所の資料棚アーカイブ　「ソウル中央地方法院　2021. 1. 8　日本軍『慰安婦』訴訟判決全文」、http://justice.skr.jp/koreajudgements/30-1.pdf（2021年 6 月28日取得）、「徴用工事件大法院判決　2018. 10. 30」、http://justice.skr.jp/koreajudgements/12-5.pdf（2021年 6 月28日取得）

第 2 部
核開発と国際関係

.

第**4**章　米中ロの核と核開発の現状

戸﨑　洋史

1　はじめに

　本書が対象とする2010年代末から21年半ばにかけて、核をめぐる状況は一段と厳しさが増している。10年代半ば以降、力のバランスと国際・地域秩序のあり方をめぐり、米国、中国およびロシアによる大国間競争が顕在化し、これら3カ国が接する地域でも域内諸国を巻き込みつつ地政学的競争が展開されている。安全保障環境が流動化・不安定化する中、核保有国は国家安全保障における核兵器の役割を高めつつある。

　世界の核兵器数は1986年の7万発近くをピークに減少が続き、2021年初頭時点では1万3080発と見積もられた。他方で、その「減少」は多分に、合わせて世界の核の9割を占める米ロ（ソ）の削減によるものであった。この間、中国、インドおよびパキスタンの核兵器は年10発程度の増加が続き、北朝鮮も保有数を増やしている。さらに留意すべきは、核兵器の質的な軍拡競争ともいえる状況である。核保有国はいずれも、退役が近づく核戦力の更新や、新たな能力の獲得を目的とした核戦力近代化を続けており、そのペースが加速化している。

　本章では、戦略的競争を展開する中国、ロシアおよび米国の核戦力とその近代化、ならびに核態勢の動向を概観する。なお、いずれも核戦力の全容を公表しておらず、本章で示す核兵器数などは特段の注記がない限り『SIPRI 年鑑2021年版』による（SIPRI 2021：chapter 10）。

2　中国

　中国は核兵器の保有・開発状況を一切公表していないが、2021年初頭時点での保有数の推計は350発である。また米国防総省は、中国が運用中の核兵器を200発強と推計している（OSD 2020：85）。

　米国本土に到達可能な中国の戦略核戦力は、長らく1981年に配備開始の20基のDF-5固定式大陸間弾道ミサイル（ICBM）のみであったが、2000年代後半以降、移動式のDF-31A/AG、固定式で1基に3個の核弾頭を搭載可能な個別誘導複数弾頭（MIRV）化ICBMのDF-5B、移動式で1基に最大10個の核弾頭を搭載可能（核弾頭は3個程度で、別に囮や侵入支援を搭載しているとの見方もある）なMIRV化ICBMのDF-41の配備が続き、合わせて100発近くの核弾頭が搭載されている。このうち、20年に配備が開始されたとみられるDF-41は、前年10月の軍事パレードで「戦略核兵器の重要な柱」と紹介された。

　潜水艦戦力については、2016年に運用開始のJL-2潜水艦発射弾道ミサイル（SLBM）を搭載する晋級弾道ミサイル搭載原子力潜水艦（SSBN）が海南島の海軍基地に配備されている。4隻（核弾頭数は計48発）が運用状態にあり、さらに2隻が建造を終えて20年4月に人民解放軍に引き渡された。中国は早くも、開発中のJL-3 SLBMを搭載する次世代SSBN（Type 096）を計画しており、20年代初頭の建造開始が見込まれている（OSD 2020：45）。中国はまた、H-20戦略爆撃機を開発中で、これが完成すれば米ロに続き「戦略核の三本柱」を備えることになる。

　ICBMの移動式化やMIRV化、ならびにSLBM戦力の拡充といった戦略核戦力の近代化は、敵対国の対兵力打撃能力や弾道ミサイル防衛（BMD）に対する残存性を高め、特に対米確証報復能力の保全・強化を企図したものとみられる。また、DF-41やJL-2／3の配備が進むことで、中国の配備戦略核弾頭数も増加する公算が高い。

　非戦略核戦力に関しては、インド太平洋地域などでの使用が想定される中国の地上発射短・中距離ミサイル戦力が数的・質的に世界最高水準にある。2018年2月公表の米中経済安全保障調査委員会の報告書によれば、中国が保有する

2000基以上のミサイルの95％が射程500〜5500km のミサイル（このうち400〜600
基程度が射程1000km 以上）だとされる（Stokes 2018：3）。

　その構成は中国の潜在的な攻撃目標に即しており、台湾を射程に収める短距
離弾道ミサイル（SRBM）の DF-15、日本全域をカバーする準中距離弾道ミサ
イル（MRBM）の DF-21、グアムに到達可能な中距離弾道ミサイル（IRBM）の
DF-26などが配備されている。DF-21と DF-26には対艦攻撃能力を有する派生
型があり、中国は2020年8月に南シナ海で、航行中の船舶を標的にこれらを各
1発発射する実験を実施し、2発のミサイルはほぼ同時に命中して船舶を沈没
させたと報じられた（中川・蒔田 2021）。中国はこの他にも、DF-100地上発射
巡航ミサイル（GLCM）を19年に、また極超音速滑空飛翔体を搭載する DF-17
を20年に配備したとみられる。

　中国の主要な短・中距離ミサイルは移動式で、命中精度が比較的高いとされ、
報復能力としてだけでなく、対兵力打撃、とりわけ地域紛争への米国・同盟国
の介入に対する接近阻止・領域拒否（A2/AD）の重要な構成要素としての使用
も想定される。それらはいずれも核・通常両用で、主に通常弾頭を搭載してい
るが、ミサイルごとの搭載弾頭の区分は明らかにされていない。同じ基地に搭
載弾頭の異なるミサイルが配備されているとみられ、危機時の安定性を低下さ
せるとの懸念もある。

　米国防総省は2020年刊行の報告書で、中国の ICBM・発射基を100基（前年は
90基）、IRBM については発射基が200基（前年は80基）、ミサイル本体が200基以
上（前年は80〜160基）と見積もり（OSD 2020：116）、「中国は今後10年間に、核
戦力を拡大・多様化し、少なくとも核弾頭の備蓄量を倍増させる可能性が高い」
（OSD 2020：87）と評価した。また米国務省高官は、中国が2020年1〜9月に
少なくとも70回のミサイル発射実験を、また19年には225回の弾道ミサイル発
射実験を実施したと発言し（Rosen 2020）、中国による活発なミサイル活動の継
続を強く示唆した。

　中国の核戦力近代化がその核態勢にもたらし得る変化は、現時点では明らか
ではない。中国は1964年の核兵器取得以来、最小限抑止力の保持、核兵器の先
行不使用（NFU）、および非核兵器国に対する消極的安全保証を宣言政策とし
て維持してきた。また、平時には核弾頭と運搬手段を切り離して保管し、即時

発射の態勢にはないと考えられてきた。中国も2019年の核兵器不拡散条約（NPT）運用検討会議準備委員会で、平時には核戦力を適度な警戒状態に保ち、核の脅威に直面した場合には中央軍事委員会の命令により警戒態勢を強化し、核反撃の準備を行うと説明した（China 2019）。しかしながら、MIRV化ICBMやSLBMの導入、中距離ミサイルの即応性や精密性の向上、さらにはロシアの協力による早期警戒システムの構築に伴い、中国が今後、米ロがとるような高い警戒態勢、あるいは核兵器の先行使用を含む対兵力打撃態勢を採用する可能性も指摘されている。

3　ロシア

　ロシアは2021年初頭時点で6255発の核兵器を保有している。このうち戦略核戦力については、11年2月に発効した米ロの新戦略兵器削減条約（新START）により、配備戦略核運搬手段が700基・機、配備・非配備戦略核運搬手段が800基・機、配備戦略核弾頭が1550発を超えない規模とする必要があり、21年3月時点ではそれぞれ517基・機、767基・機、1456発と公表された。

　ロシアは、冷戦期に建造された戦略核運搬手段の更新を積極的に推進しており、2020年末にはウラジーミル・プーチン大統領が、ロシアの戦略核三本柱の86％が最新の装備になったと報告した（Russia 2020）。

　ロシアの戦略核戦力の中心はMIRV化ICBMであり、2010年に運用開始の1基に4発の核弾頭を搭載可能なRS-24（Yars）の配備が進んでいる。また、1基に10〜16発の核弾頭を搭載可能なRS-28（Sarmat）はRS-20V（SS-18）の後継と位置づけられ、21年からの配備が計画されている。固定式・移動式のRS-12（Topol-M）などを合わせ、21年初頭時点で310基のICBM（1189発の核弾頭）を保有しているとみられる。

　潜水艦戦力については、2013年よりボレイ級SSBNへの転換が始まり、3隻が就役し、5隻が建造中で、さらに2隻を購入予定である。旧型のデルタ級（改良型のボレイA級に転換予定）を含むSSBNにはMIRV化SLBMのRSM-54（Sineva）およびRSM-56（Bulava）が搭載され、20年初頭時点で176基（816発の核弾頭を搭載）を保有しているとみられる。

戦略爆撃機戦力には、冷戦期に運用が開始された Tu-95MS（Bear-H）と Tu-160（Blackjack）があり、空中発射巡航ミサイル（ALCM）などを搭載している。

　近年、注目されているのが、ロシアによる従来にはないタイプの「エキゾチック」な核運搬手段の開発である。まず、米国本土を射程に収めるアバンガルド極超音速滑空飛翔体は高速性（マッハ20）・高機動性を有し、BMD による迎撃が困難だとされる。2018年12月に発射実験を実施した後、ロシアは翌年末にこれを実戦配備したと発表した。ロシアはまた、原子力推進で射程 1 万 km 以上の Status-6 長距離核魚雷の開発を進めている。敵対国の沿岸近くで高出力の核弾頭を爆発させ、放射能を帯びた海水やデブリの津波を作り出し、沿岸近くの港湾、都市、経済インフラなどに深刻な放射能汚染をもたらして何世代にもわたり居住不能にすることを意図したものだとされる（Mizokami 2018）。他方、プーチン大統領が18年 3 月の演説で言及した SSC-X-9（スカイフォール）原子力推進 GLCM は、開発が難航しているようである。19年 8 月に発生したロシア軍実験場における爆発事故では、直後に周辺地域で放射線量の上昇が観測され、原子力推進エンジンとの関連が指摘された（ロシアは否定）（Nilsen 2019）。

　上述のような核戦力の近代化・開発は、米国との核抑止力の均衡と、これによる核超大国としての地位を今後も維持し、特に米国の BMD に対する突破能力の獲得を主要な目的としている。

　非戦略核戦力については、後述する米国のそれを大きく凌駕し、弾道・巡航ミサイルや重力落下式核爆弾などを2000発程度保有している。2020年10月には海上発射型のツィルコン・極超音速ミサイルの発射実験を実施し、ロシア国防省によれば高度28km をマッハ 8 以上の速度で450km 飛翔した（AP 2020）。

　ロシアはさらに、中距離核戦力全廃条約（INF 条約）に違反して 9 M729 GLCM の発射実験を実施し、配備を開始したと米国に指摘された。これを理由とする2019年 8 月の米国による INF 条約脱退（ロシアも「対抗措置」として条約の運用を停止し、条約は事実上終焉）より前に、ロシアは 9 M729を 4 個大隊に100基程度配備したとも報じられた（Gordon 2019）。ロシアは、9 M729が INF 条約に違反するミサイルではないと主張する一方、19年 2 月に、INF 条約が失効すれば 2 年以内に新型の地上発射中距離ミサイル（艦船搭載用のカリブル〈Kalibr〉巡航ミサイルの地上発射型、あるいは長射程の地上配備極超音速巡航ミサイルなど）を開発

する必要があるとした（AFP 2019）。

　核政策に関しては、ロシアは2020年 6 月に「核抑止の分野における基本政策」を公表した。この文書では、核抑止の目的を「国家の主権および領土的一体性、ロシアとその同盟国に対する仮想敵の侵略の抑止、軍事紛争が発生した場合の軍事活動のエスカレーション阻止、ならびにロシアとその同盟国に受入可能な条件での停止を保障する」ことと位置づけた。さらに、「ロシアが核兵器の使用に踏み切る条件」として、①ロシア・同盟国の領域を攻撃する弾道ミサイルの発射に関して信頼できる情報を得た時、②ロシア・同盟国の領域に対して敵が核兵器または他の大量破壊兵器を使用した時、③敵対国がロシアの重要な政府・軍事施設に対して、核戦力の対応行動を機能不全にするような干渉を行う時、④ロシアへの通常兵器を用いた侵略により国家が存立の危機に瀕した時を挙げた（President of the Russian Federation 2020）。

4　米国

　米国は、2021年初頭時点で5550発の核兵器を保有している。戦略核戦力については新 START の規定を遵守しており、21年 3 月時点で配備戦略核運搬手段が615基・機、配備・非配備戦略核運搬手段が800基・機、配備戦略核弾頭が1357発と公表した。

　米国の戦略核運搬手段は、多くが冷戦期に運用が開始され、寿命延長措置を繰り返して現在も配備されており、新型運搬手段への更新が喫緊の課題となっている。2018年 2 月に公表されたトランプ政権の核態勢の見直し（NPR）では、オバマ前政権期の計画をおおむね踏襲しつつ、以下のような方針が示された（US DOD 2018：48-51）。

> ＞　450基のミニットマンⅢ ICBM（1970年運用開始）を400基の地上配備戦略抑止力（GBSD）に転換
> ＞　14隻のオハイオ級 SSBN（一番艦は1981年に就役）を12隻のコロンビア級 SSBN に転換
> ＞　B-52H（1961年運用開始）および B-2 A（1997年運用開始）戦略爆撃機を

B-21次世代戦略爆撃機に転換し、これに搭載される新型 ALCM の長距離スタンドオフ（LRSO）も開発

　非戦略核戦力に関しては、核・非核両用戦術航空機（DCA）搭載の重力落下式核爆弾（B61 シリーズ）230発を保有するのみである。このうち100発程度が、核共有（nuclear sharing）アレンジメントの下で北大西洋条約機構（NATO）の5カ国（ドイツ、オランダ、ベルギー、イタリア、トルコ）の基地に配備されている。

　オバマ政権は、戦略爆撃機と DCA で地域問題に対応可能だとの考えを示した。しかしながら、米国ではその後、地政学的競争の激化と、そこでの核抑止力の重要性の高まりに適切に対応し得る核戦力を保持していないとの問題意識が強まっていく。続くトランプ政権は対応策として、短期的には既存の SLBM に少数の低出力核弾頭（W76-2）を搭載すること、長期的には核弾頭搭載可能な潜水艦発射巡航ミサイル（SLCM）の取得を追求することを明らかにした（DOD 2018：54-55）。

　このうち W76-2 は、2019年末に大西洋での哨戒任務に就く SSBN「テネシー」に搭載される1～2基の SLBM に初めて数発が装着され、現在は W76-2 を持つ複数の SSBN が大西洋・太平洋に展開している。米国家核安全保障庁（NNSA）は、「2020年度に W76-2 の組立が完了し、全量が生産されて海軍に納入された」（NNSA 2020：2-7）とし、最終的な生産数は非公表だが25発と推計されている。

　2021年1月に発足したバイデン政権は、同年6月時点では核戦力近代化に関する方針を示していないが、大統領選に向けた民主党綱領では、「核兵器への過剰な依存と支出を削減しながら、強力で信頼できる抑止力を維持するために努力する。新たな核兵器をつくるというトランプ政権の提案は、不必要で無駄であり、擁護できない」（DNC 2020）としていた。また、特に核軍備管理推進派からは、核戦力近代化の予算を削減して他の重要課題に振り向けること、また核兵器の一層の削減など核軍備管理を推進することといった観点から、近代化計画を見直すべきだとの主張も根強い。

　議論の焦点の一つは GBSD であり、反対派は、その開発を先送りしつつミニットマンⅢのさらなる寿命延長で対応すること、あるいは GBSD の開発を

中止して SLBM と戦略爆撃機による戦略核の「二本柱」に移行することを提案している。固定式 ICBM は敵対国による攻撃の標的になりやすく、破壊前の早期使用の誘因を高める不安定な核戦力であること、米国の戦略核の主軸は SLBM であり「二本柱」で十分に強力な抑止力となること、GBSD には30年間で総額1500億ドルという巨額の支出が見込まれることも論拠に挙げている。

　しかしながら、固定式 ICBM は他の運搬手段より即応性や信頼性が高いこと、中ロとの核軍備管理における取引材料となり得る ICBM の一方的な放棄は望ましくないこと、また敵対国は米国の ICBM 1 基を破壊するのに少なくとも倍近くの核弾頭を使用しなければならず、敵対国の核戦力を消費させる役割もあることなどから、GBSD 計画を維持すべきだとの主張も根強い。ミニットマンⅢは老朽化と部品の陳腐化が進み、さらなる寿命延長の余地も技術的に限りなく小さいとも指摘されている。

　もう一つの焦点は、低出力核弾頭搭載 SLBM および核 SLCM である。ジョー・バイデンは選挙期間中に、「低出力核兵器は必要ない。現在の核兵器は抑止力と同盟の必要性を満たすのに十分である」（Biden 2020）と発言している。これらの核戦力は核兵器使用の敷居を低下させかねず、また米国の既存の通常戦力・核戦力で十分な抑止力たり得るなどとして、計画の中止・撤回を求める主張は少なくない。これに対して推進派は、非戦略核戦力に関する中ロとの非対称性は大きく、米国による新しい核能力の獲得はそうしたギャップを埋め、同盟国に供与する拡大核抑止を含め、米国の核抑止力を強化するものだと主張する。

　バイデン政権が核戦力近代化計画にどこまで修正を迫れるかは分からない。米国の核戦力近代化は中ロの後塵を拝しており、戦略的競争が厳しさを増す中で、一層の遅れは中ロに対する核抑止力の劣勢をもたらすとの懸念は小さくない。また、バイデン政権が核軍備管理の推進を志向するのであれば、核抑止力を弱体化させたとの批判を回避するためにも、近代化計画の大幅な見直しには踏み込みづらい。バイデン政権が2021年 6 月に提示した国防予算案では、前政権下で策定された主要な近代化計画のすべてに予算措置が計上されており、NPR でどのような計画が示されるかが注目される。

　核態勢については、バイデンは大統領選で NFU、あるいは核兵器の「唯一

の目的」は核攻撃に対する抑止だと宣言する政策を実現すると繰り返し論じており、これが米国の核政策として採用されるか否かが重要な論点になりつつある。

　オバマ・トランプ両政権下のそれぞれの NPR では、核兵器は極限的な状況でのみ使用されるとしつつ、NFU や「唯一の目的」は採用されなかった。また、後者の NPR では「極限的な状況には重大な戦略的非核攻撃も含まれる」とし、前者の NPR でもその可能性を排除しなかった。核軍備管理推進派は、核兵器の役割と使用可能性を低減するとして、米国による NFU や「唯一の目的」の宣言を強く主張している。しかしながら、核兵器の使用を決断する状況についての意図的な曖昧性は、敵対国の意思決定にかかる計算を複雑化させ、より強い慎重さを課すものとなり得る。NFU や「唯一の目的」を宣言すれば、米国・同盟国に生物・化学攻撃を含む非核攻撃を試みる可能性が高まるとの懸念もある。NFU や「唯一の目的」が検討されたオバマ政権期よりも、2020年代初頭の安全保障環境や核をめぐる状況は一段と悪化しており、いかなる論理や代替措置の下でそうした宣言政策が採用可能なのか、必ずしも明快な説明がなされているわけではない。

5　おわりに

　戦略的競争が激しさを増す中で、核兵器国の核戦力近代化をめぐる動きも加速化しつつある。現状では中ロが先行しており、戦略レベルでは対米核抑止力の信頼性を強化し、また戦域レベルでは領土紛争、あるいは地域秩序のあり方をめぐる米国・同盟国との競争を有利に展開すべく、積極的に核戦力近代化を推進している。

　これに対して米国は、計画中の新型運搬手段の運用開始をほぼすべて2030年頃まで待たなければならない。しかも、中ロのような権威主義国とは異なり、民主主義国では様々なアクターからの反対や批判により、計画変更を余儀なくされる。戦略的競争下での中ロの攻勢に対応を迫られる中での米国による核抑止態勢の強化は、核軍縮への逆行として、時に中ロ以上に批判される。

　戦略的競争の序盤において、核戦力の近代化、あるいは核抑止の重視といっ

た動向に制動をかけるのは容易ではない。抑制の受け入れは、競争相手に一層の攻勢に出る好機とみられる可能性があるからである。他方で、核戦力近代化や核抑止への依存の加速化は、特に現在の戦略的競争の焦点である北東アジアや欧州において、エスカレーション抑止（escalate to de-escalate）など核兵器の限定的・警告的な使用、あるいは対兵力打撃能力としての積極的な活用などにより、核兵器使用の可能性を一層高めかねない。

　核兵器の使用可能性が高まりつつあるとすれば、抑止関係にかかる安定性や予見可能性を向上させるという、いわば伝統的な軍備管理を講じることが喫緊の課題である。たとえば、現有の核戦力、近代化計画、核態勢・運用政策に関して、能力と意図の両面から透明性を高めること、あるいは危機時のコミュニケーション・チャネルを確立することは、戦略的競争が進行する中でも安全保障ジレンマを抑制し、また意図せざる核兵器使用を低減するものとなろう。そうした取り組みの積み重ねは、核兵器の削減など一層の核軍備管理・軍縮の推進に向けた協力の基盤にもなろう。

【参考文献】

1．中川孝之・蒔田一彦（2021）「中国の『空母キラー』ミサイル、航行中の船へ発射実験」『読売新聞』1月13日

2．広島県・日本国際問題研究所軍縮・科学技術センター（2021）『ひろしまレポート——核軍縮・核不拡散・核セキュリティを巡る2020年の動向』

3．Agence France-Press（AFP）（2019）"Russia to Develop New Missile Systems in 2 Years after Treaty Pullout," *AFP*, February 5.

4．Associated Press（AP）（2020）"Russia Reports Successful Test Launch of Hypersonic Missile," *AP*, October 7.

5．Biden, Joseph（2020）"Presidential Candidate: Joe Biden," Council for Livable World, updated in October, https://livableworld.org/presidential-candidates-joe-biden/（last visited, June 28, 2021）.

6．China（2019）"Implementation of the Treaty on the Non-Proliferation of Nuclear Weapons in the People's Republic of China," Preparatory Committee for the 2020 NPT Review Conference, April 29.

7．Democratic National Committee（DNC）（2020）"Renewing American Leadership," https://democrats.org/where-we-stand/party-platform/renewing-american-leadership/（last visited, June 28, 2021）.

8．Gordon, Michael R.（2019）"On Brink of Arms Treaty Exit, U.S. Finds More Offending

Russian Missiles," *Wall Street Journal*, January 31, https://www.wsj.com/articles/on-brink-o f-arms-treaty-exit-u-s-finds-more-offending-russian-missiles-11548980645 (last visited, June 28, 2021).

9.　Mizokami, Kyle (2018) "How Can We Stop Russia's Apocalypse Nuke Torpedo?" *Popular Mechanics*, August 17, https://www.popularmechanics.com/military/weapons/a22749605/ how-can-we-stop-russiasapocalypse-nuke-torpedo/ (last visited, June 28, 2021).

10.　Nilsen, Thomas (2019) "Rosatom Says Five Employees Killed in Blast While Testing Iso-tope and Liquid Propellant Engine," *Barents Observer*, August 10, https://thebarentsobserv er.com/en/security/2019/08/latest-rosatom-says-five-employees-killed-blast-while-testing-is otope-and-liquid (last visited, June 28, 2021).

11.　President of the Russian Federation (2020) "Executive Order on Basic Principles of State Policy of the Russian Federation on Nuclear Deterrence," June 8, https://www.mid.ru/en/ foreign_policy/international_safety/disarmament/-/asset_publisher/rp0fiUBmANaH/conte nt/id/4152094 (last visited, June 28, 2021).

12.　Rosen, James (2020) "Declassified U.S. Intelligence Tracks Huge Chinese Missile Buildup," *WJLA*, September 19.

13.　Russia (2020) "Expanded Meeting of the Defence Ministry Board," December 21, http:// en.kremlin.ru/events/president/news/64684 (last visited, June 28, 2021).

14.　Stokes, Jacob (2018) "China's Missile Program and U.S. Withdrawal from the Intermedi-ate-Range Nuclear Forces (INF) Treaty," Staff Research Report, U.S.-China Economic and Security Review Commission, February 4.

15.　Stockholm International Peace Research Institute (SIPRI) (2021) *SIPRI Yearbook 2021: Armaments, Disarmament and International Security*, London: Oxford University Press.

16.　U.S. Office of the Secretary of Defense (OSD) (2020) *Military and Security Developments Involving the People's Republic of China 2020*, U.S. Department of Defense.

17.　U.S. Department of Defense (DOD) (2018) *Nuclear Posture Review 2018*.

18.　U.S. National Nuclear Security Administration (NNSA) (2020) *Fiscal Year 2021 Stockpile Stewardship and Management Plan — Biennial Plan Summary*.

付記：本稿の脱稿後の2021年11月に米国防総省が中国の軍事力に関する年次報告書を公表し、中国が2030年には1000発を超える核兵器を保有する可能性があるとした。中国はこれを否定している。

第5章　北朝鮮の核

孫　賢鎮

1　はじめに

　朝鮮半島では朝鮮戦争の休戦協定締結後も、70年以上にわたり南北で軍事的な緊張関係が続いている。北朝鮮は2006年10月の1回目の核実験以降、17年9月までに6回の核実験を断行し、実質的な核兵器国となった。さらに、同年11月には米国本土に到達可能な大陸間弾道ミサイル（ICBM）「火星15号」の発射実験を行い、核開発の完成を宣言した。

　2020年10月には、朝鮮労働党創立75周年を記念する軍事パレードで、世界最大級とみられる新型弾道ミサイルを公開した。また、翌年1月に朝鮮労働党大会の開幕を記念する軍事パレードで公開された、潜水艦発射型とみられるミサイルなどからみても、核軍備をますます増強している。現在、北朝鮮は核兵器の生産量を拡大し、最大で米国本土を射程に収めるものも含む多様な運搬手段を確保するなど、「核高度化」を成し遂げたと判断できる。

　本章では、北朝鮮の核開発の状況やその意図を検証し、過去の北朝鮮核問題を解決する取り組みとしての米朝枠組み合意や六者協議のプロセスを分析し、今後の課題を提示する。特に金正恩体制における米朝合意や米朝首脳会談での相互の立場を分析することで、今後の完全な非核化への道を示したい。

2　北朝鮮の核開発

⑴　北朝鮮の核開発の現状

　これまで北朝鮮は、米国との複数回の核交渉で非核化を叫びながらも、着実

に核能力を増大させてきた。こうした行動をみると、北朝鮮に非核化の意志は
なく、核能力を増大させることで米国との交渉力を高めると同時に、内部体制
を固めてきたことが分かる。北朝鮮の核開発プログラムは核保有量と性能の両
面で著しく飛躍してきており、通常兵器も進展をみせている（Rand 2021：26）。

　金正恩国防委員長は2020年の年頭、朝鮮労働党中央委員会総会で米国の対北
朝鮮敵視政策を非難し、「平和体制が構築されるまで、国家安全保障に必要な
戦略兵器を着実に開発していく」と表明し、「米国は将来、新たな戦略兵器を
目にするだろう」と宣言した（朝鮮中央通信 2020）。性能が向上した大陸間弾道
ミサイル（ICBM）や潜水艦発射弾道ミサイル（SLBM）などの新型ミサイルを
示唆したと考えられる。

　ストックホルム国際平和研究所（SIPRI）は、北朝鮮は2020年の時点で核兵器
40〜50発を保有し、着実に増大させているとした（SIPRI Yearbook 2021：334）。
米国の研究機関は、17年に核兵器30〜60発を保有して、以降は毎年12〜18発ず
つ製造したと仮定すると、27年までに151〜242発の核兵器を保有できると推測
した（Rand 2021：36-37）。また、17年に発射実験を行った「火星14」と「火星
15」の大陸間弾道ミサイルは、液体燃料による射程延長を主眼に開発され、米
国本土全域を射程に収めるとの見方が出ている。

　現在北朝鮮は、韓国と日本を含む太平洋地域の米軍基地や米国本土を攻撃可
能な長射程・広域用の多様なミサイルを保有している。特に、2019年に実験さ
れたミサイルKN-25は、米国が同盟国に配備するミサイル防衛システムを攻
撃できる潜在的能力があるとみられている（38 North 2020）。

(2)　北朝鮮の核開発の狙い

　北朝鮮が米国への核攻撃能力を獲得しようとする目的は、核抑止力を強化し、
仮に侵略された場合でも撃退する力を持つことにある。

　2009年までは北朝鮮の核実験およびミサイル実験の目的は、実際の使用より
も威嚇にあった（Fifield 2016）。だがその後、数回の核兵器およびミサイル発射
実験を経て、13年の最高人民会議法令では、報復のための核兵器の実際の使用
を宣言し、核抑止力と核報復能力を強化する対策を立てる法令を採択した（最
高人民会議法令「自衛的核保有の地位を一層強化することについて」、2013年4月1日）。

　北朝鮮は、金正恩朝鮮労働党委員長の演説やメディアなどを通じて、核武装の目的を頻繁に主張してきている。2021年1月9日、金正恩は第8回朝鮮労働党大会の報告で、「最大の主敵である米国を制圧し、屈服させることに焦点を合わせる」と表明し、米本土を狙った大陸間弾道ミサイルの高度化や原子力潜水艦、戦術核の開発にも言及するなど対決姿勢を鮮明にした。また、自国の武装は米帝国主義者の核による脅迫政策に対抗する防衛手段であり、北朝鮮の国益が侵害されない限り「いかなる国に対しても脅威とはならない」ことを表明した（朝鮮中央通信 2017）。

　一方、北朝鮮は過去の事例から、核を放棄すればどのような結末を迎えることになるのかを認識している。すなわち、リビアの独裁者ムアンマル・カダフィやイラクのサッダーム・フセイン大統領に対して米国がとった「力ずくの体制転換」である。カダフィは2003年に核兵器の開発計画を放棄した末に、11年に北大西洋条約機構（NATO）の介入によって政権の座を追われた。また、03年に政権を倒されたフセインも、イラク戦争前の米国による近隣諸国での軍事力増強を阻めず、破滅に追い込まれた（Lewis 2017：53）。

　北朝鮮の通常戦力は韓国軍と在韓米軍より数的優位にあるにもかかわらず、全面的戦争が発生した場合、政権存続に関わる莫大な被害を受けるとされる。金正恩は人民軍に対し、3日以内でソウルに侵攻し、7日以内に韓国全域を占領できる新たな戦略作成を指示した。北朝鮮はアフガニスタンとイラクでの米国の作戦を研究した結果、米軍の支援部隊が到着する前に速やかに勝利する必要があり、その達成には、核兵器やその他の非対称戦力（asymmetric capabilities）を迅速に実施することが必要であると判断した（Rand 2021：49）。

3　米朝間の核交渉

⑴　米朝枠組み合意の締結
　1994年10月21日、いわゆる「米朝枠組み合意」が調印された。この合意の核心は、北朝鮮が核関連施設を凍結する代わりに、米国が中心となって北朝鮮に軽水炉を供給するという取り引きであった（Perry 1994：276）。
　この合意によると、北朝鮮は、①核関連施設を凍結し、国際原子力機関（IAEA）

の査察に協力、②軽水炉が完成するまでに、黒鉛減速炉と関連施設を解体、③
5 MWe 実験原子炉から取り出された使用済み燃料の保管・処理に協力、④核
不拡散条約（NPT）締約国としてとどまり、凍結対象になっていない施設への
IAEA の特別査察および通常査察受け入れ、⑤全核物質に関する北朝鮮の申告
の正確・完全性を検証するために、IAEA が必要とみなすあらゆる措置を含め、
保障措置協定を完全に履行——の各項が求められた（納家・梅本 2000：192-193）。
　しかし、IAEA 理事会が北朝鮮による枠組み合意違反行為を批判する決議を
採択すると、北朝鮮は NPT からの脱退を宣言し、核危機が再来した。当時、
米国は北朝鮮に対して、「先に核放棄、後に対話」と主張したが、北朝鮮は、「先
に米朝不可侵条約締結、後に核問題議論」との主張を繰り返し、両国とも自ら
の立場に固執した。

⑵　米朝枠組み合意の限界

　米朝枠組み合意の根底にあるのは予防外交の発想であった。すなわち、北朝
鮮の核開発に関して不確実要素が残るよりは合意形成が望ましいこと、国連の
制裁でも当面の核問題を解決できる見込みはなく、北朝鮮との間で合意を締結
したほうが賢明であるとの判断に基づくものであった。しかし専門家から、そ
の限界が指摘された。まず、枠組み合意によって「北朝鮮の核開発が中止され
ている」といっても、実際は核物質の生産・蓄積を中止しているにすぎない。
核戦力の開発とは、単に核物質の生産だけではなく、起爆装置の開発、爆弾の
小型化、ミサイル発射手段の開発など、核システム全体の構築を意味する（Ober-
dorfer 1997：250）。しかし、枠組み合意は、その中の重要ではあるが一要素に
すぎない核物質生産を制限することを主要目的としており、核システムの他の
要素についての規定がなかったのである。

4　六者協議の意義と課題

⑴　六者協議の意義

　六者協議は、北朝鮮の核問題を議論するために2003年8月から中国・北京で
開催された多国間会議で、北朝鮮をはじめ、米国、日本、韓国、中国およびロ

シアが参加した。2004年2月の第2回六者協議では、朝鮮半島の非核化について米国が提唱した「完全かつ検証可能で不可逆的な非核化（CVID）」の概念が議論され、CVID の対象はすべての核計画だとする日米韓に対して、北朝鮮は核兵器開発計画のみが廃棄対象であり、原子力平和利用は認められるべきだと主張するなど、対立が明らかになった。

　2005年9月に開催された第4回六者協議では、朝鮮半島の検証可能な非核化について、共同声明を出す形での合意にこぎ着けた。同共同声明では北朝鮮はすべての核兵器と既存の核計画の放棄、NPT と IAEA の保障措置への早期復帰を約束し、米国は朝鮮半島に核兵器を配備しないこと、北朝鮮に対して核や通常兵器での攻撃、侵略を行う意図を持たないことを確認した。北朝鮮の視点では、朝鮮半島の非核化が意味するのは、北朝鮮の核廃棄は、米国が韓国に提供する「核の傘」撤去と同時並行で進むべきだということであり、在韓米軍による脅威の削減も求めたことは留意に値する。

　2007年2月には、「共同声明実施のための初期段階の措置」が発表された。同措置は、北朝鮮の再処理施設を含む寧辺核施設の最終的な放棄を目的としつつ、活動の停止および封印を行うことであった。また、参加国は、①朝鮮半島の非核化、②米朝国交正常化、③日朝国交正常化、④経済およびエネルギー協力、⑤北東アジアの平和および安全のメカニズムの実務グループを設置することで一致した。

　2007年10月3日、「共同声明実施の第2段階の措置」として、北朝鮮は同年12月31日までにすべての核計画の完全かつ正確な申告を行うことに合意した。また、米朝は完全な外交関係の樹立を目指して、テロ支援国家指定の解除作業を開始し、早期の国交正常化に向けて努力することに合意した。この合意に従って、北朝鮮は原子炉の稼働記録提出や日本人拉致問題の再調査を約束し、それに応じて米国は北朝鮮のテロ支援国指定解除を議会に通告した。しかし、米朝間では検証に関する暫定合意や非核化の検証について議論されたものの、合意には至らなかった。

　北朝鮮は結局、未申告施設への立入りなどを拒否する姿勢を崩さず、六者協議首席代表者会合では、関係国は検証の枠組みを文書化することを目指したものの失敗し、以後、六者協議は中断されたままとなっている。

(2)　六者協議の課題

　北朝鮮は六者協議で、北朝鮮がとる非核化措置と米国の北朝鮮に対する「敵対政策」解除までの間は、「約束対約束・行動対行動」原則、いわゆる「同時行動原則」がとられるべきことを強調し、それは共同声明にも明記されていた。しかしながら、過去の六者協議では、北朝鮮の核問題は解決できなかった。その理由としては、米国と北朝鮮の非核化に対する立場の違いが挙げられる。六者協議に臨む北朝鮮の目標は、米国から自国の安全の保障を得るとともに、核開発の凍結に対する経済的見返りを獲得することにあった。その裏で北朝鮮には、米国による体制転覆や先制攻撃への懸念があり、一方で不振にあえぐ経済を外部からの支援で立て直したいという思惑もある。進展を阻んだもう一つの要因として、北朝鮮に対する不信感と関係国間の信頼欠如が挙げられる。日本と米国は依然として北朝鮮との国交を持っておらず、米国はジョージ・W・ブッシュ政権が北朝鮮を「ならずもの国家」と呼び、日本も拉致問題に対する反発から、国内には北朝鮮敵視の世論があった。一方、ロシアは、自国が排除されることに対する危機感から、北朝鮮との関係改善を試みており、この地域で一定の影響力の確保を狙うと予測されていた。

　六者協議の参加国にはそれぞれの政策・方向性があり、問題解決への立場も異なる。したがって、相互信頼に基づいた形で、安全保障や歴史、政治問題などの潜在的不安定要因に効果的に対応できる常設の多国間協議体制の構築が必要である。地域内に懸案が発生した場合、いつでも各国の実務者代表が集まって議論できる体制が構築されれば、今後の非核化プロセスも安定的な運営管理が期待できる。

5　金正恩体制における米朝合意

(1)　米朝合意（2・29合意）

　金正恩は2012年4月11日、党第一書記に就任し、同年4月13日には最高人民会議で国防委員会第一委員長に選出されて最高指導者の地位に就いた。同大会で「核保有」を明記した憲法が採択された。

　こうした中、2012年2月23〜24日、北京で再び米朝間の核問題に関する協議

が行われた。その結果、同年2月29日、北朝鮮による核実験や弾道ミサイル発射の一時停止、ならびにウラン濃縮活動の検証・監視を行う IAEA 査察団の受け入れと引き換えの形で、北朝鮮人民の栄養不足問題に対処するため、米国が年間24万トンの食糧支援を行うことなどを柱とする合意（以下、「2・29合意」という）をそれぞれが発表した。北朝鮮の朝鮮中央通信は「米国の要請に基づき、米朝高官協議で示された前向きなムードを維持していくため、核実験や長距離ミサイル発射、寧辺でのウラン濃縮活動の一時停止に合意した。また、一時停止の実施を監視する IAEA 査察団を受け入れる」と発表した。米国務省も声明で「米国は依然、多岐にわたる分野において北朝鮮の行動に深い懸念を持っている。しかし今回の発表は、たとえ限定的であったとしても、一部の分野で重要な進展があることを示している」と発表した（U.S. Department of State 2012）。

　しかし、2012年4月13日に北朝鮮が人工衛星（『光明星3号』）と称して弾道ミサイル発射実験を実施したため、米国は「2・29合意」に反するとして食糧支援を見送る方針を決定し、国連安全保障理事会も非難する議長声明を採択した（United Nations Security Council 2012）。これに対して北朝鮮は外務省声明で「2・29合意」の破棄を表明した（朝鮮中央通信 2012）。北朝鮮は同年6月、「世界最大の核保有国である米国の敵視政策が続く限り、我々は自衛的な核抑止力をさらに強化するであろう」と主張し、米国の敵視政策を理由に公然と核保有を正当化するようになっていった（朝鮮中央通信 2012）。

(2)　米朝首脳会談

　北朝鮮の核問題を振り返ってみると、過去30年間にわたって米国の政権交代直後には常に、米朝関係は危機を迎えた。「瀬戸際戦術」で持続的に核能力を増大させ、すでに実質的に核保有した現在、北朝鮮は米国との交渉で最大限にこれを活用している。

　2018年6月12日、シンガポールで史上初の米朝首脳会談が行われ、朝鮮半島の完全非核化と平和体制構築を目指す「シンガポール共同宣言」が署名された。同共同宣言で、ドナルド・トランプ米大統領は北朝鮮に「安全の保障（security guarantees）」を与えることを約束し、金正恩国防委員長は「朝鮮半島の完全非核化」への揺るぎのない約束を再確認した。しかし、この「朝鮮半島の非核化」

について、米国が目指す CVID が盛り込まれていないことや、具体的な措置内容や履行期限が明示されていない点が限界として指摘された。

　北朝鮮が主張する「非核化」とは、自国の非核化に加え、朝鮮半島に米国の核兵器が存在せず北朝鮮に核の脅威を与えないことを含む「朝鮮半島全体の非核化」である。米国との交渉では「先に平和協定締結、後から非核化論議」という立場であった。

　両首脳はハノイと板門店を含め三度の会談に臨んだが、非核化交渉で顕著な成果は得られなかった。ハノイ会談が決裂したのは、非核化に関する具体的な議論抜きで、北朝鮮がすでに利用価値がなくなった寧辺核施設を廃棄する見返りに、国連制裁の解除を要求したからである。一方米国は、寧辺核施設以外の北朝鮮国内に存在する秘密核施設も含めて一気に完全非核化を迫る「ビッグ・ディール」を持ち出し、両者の立場はかみ合わなかった。

6　おわりに——北朝鮮の非核化への道

　北朝鮮は2005年9月の六者協議で「すべての核兵器と既存の核計画の放棄」を約束し、18年の米朝首脳会談でも「完全な非核化」の実現を約束したが、実質的な非核化への進展はみられなかった。むしろ、北朝鮮は核兵器国としてICBM 技術を発展させ、SLBM 開発も完成段階にまで至った（Department of Defense 2018：11-12）。

　北朝鮮はこれまで、核放棄を通じた朝鮮半島の非核化を最終目標とすることに基本的に同意してきたが、金正恩体制下の行動や主張をみると、「核保有国」の地位を誇示し、米朝間の交渉に有利な立場で臨もうとする意図をみせてきた。

　北朝鮮にとって核の放棄（disablement）は廃棄を意味するものではない。核廃棄とは、北朝鮮の核と関連施設などすべての核関連計画が復旧不可能に消失した状態を意味する。しかし、朝鮮半島はまだ休戦状態であり、米国が韓国に対して「核の傘」を含む軍事支援を維持する限り、核廃棄はあり得ないということである。北朝鮮の原則的立場は、米朝関係が完全に正常化され、米国の核の脅威が消えて相互信頼が構築された時に初めて核廃棄が実現するという姿勢だろう（Pollack 2011：153-154）。

　北朝鮮が自発的にすべての核関連プログラムを廃棄する場合、短期間で「完全な非核化」を達成することは可能である。しかし、この「完全な非核化」の定義については米朝間の最終的な合意がない。国際社会が北朝鮮に求めている「完全かつ検証可能で不可逆的な非核化：CVID」を意味するのか、あるいは「最終的かつ完全に検証された非核化：FFVD」を意味するのかについて議論がある。一方、韓国は、2017年7月の文在寅大統領演説で「北朝鮮の核問題と平和態勢に対する包括的なアプローチにより、完全な非核化と平和協定の締結を推進する」という「段階的・包括的方式」を強調した（孫 2019）。

　「完全な非核化」には、北朝鮮の核開発の凍結、核プログラム全体の申告および査察・検証、核物質や核施設の封鎖・閉鎖などの廃棄プロセスを経なければならない。特に、北朝鮮の国内に存在するあらゆる核兵器と核物質、そしてそれらの生産施設を含むすべての核プログラムを可能な限り透明な形で廃棄することに北朝鮮が合意しなければならない。

　北朝鮮が非核化へのプロセスを忠実に履行した場合、北朝鮮の体制保証は終戦宣言によって担保され、平和協定の締結や米朝国交正常化が具体的な政治日程に上がってくる可能性が高い。並行して北朝鮮に対する経済制裁が緩和され、国際社会との経済協力も可能になるだろう。しかし、六者協議や米朝合意など過去の交渉過程で、そうした措置がどれほど複雑で困難であるか教訓が得られた。相互の強固な敵対意識と不信感が背景にあることはいうまでもない。北朝鮮の完全な非核化と、朝鮮半島の持続的な平和体制構築のための包括的合意は大切だが、もっとも重要な課題は、米朝はじめ関係国間の信頼醸成にある。具体的な非核化プロセスの段階でも、米朝は互いに信頼できる措置をとり、約束を守っていかねばならない。

　韓国と北朝鮮は、過去の対立と相互不信から抜け出し、終戦宣言と平和協定を締結し、朝鮮半島の南北常設協議体を構築することが必要である。日本も日朝平壌宣言で確認したように相互の信頼関係に基づき、国交正常化の実現に向けた課題解決に誠意を持って取り組むべきである。さらに、六者協議の参加国が互いの外交努力で最大の効果を上げるためには、北東アジアの信頼醸成措置の枠組み構築が求められる。

【参考文献】

1. 孫賢鎮（2019）「北朝鮮の核の現状と課題」広島市立大学広島平和研究所編『アジアの平和と核』共同通信社

2. 「朝鮮民主主義人民共和国外務省代弁人の談話」『朝鮮中央通信』（2012年 6 月24日）

3. 朝鮮労働党中央軍事委員会第 7 期第 4 回拡大会議（2020）http://uriminzokkiri.com/index.php?ptype=cforev&stype=2&ctype=3&lang=jpn&mtype=view&no=28528、2020月 5 月24日（2021年 5 月25日取得）

4. 納家政嗣・梅本哲也編（2000）『大量破壊兵器不拡散の国際政治学』有信堂

5. Fifield, Anna（2016）"North Korea's Making a Lot of Threats These Days. How Worried Should We Be?,"（The Washington Post, March 11, 2016）https://www.washingtonpost.com/news/worldviews/wp/2016/03/11/north-koreas-making-a-lot-of-threats-these-days-how-worried-should-we-be/（last visited, May 10, 2021）.

6. Korea Central News Agency（2012）"DPRK Rejects UNSC's Act to Violate DPRK's Legitimate Right to Launch Satellite," Korean News, April 17, 2012, http://www.kcna.co.jp/index-k.htm（last visited, May 5, 2021）.

7. Lewis, Jeffrey（2017）「金正恩と ICBM——なぜ必要なのか、完成のタイミングはいつか」、"Kim Jong Un's Quest for an ICBM: The State of North Korea's Missile Program," *Foreign Affairs*, June 9, 2017.

8. Oberdorfer, Don（1997）*The Two Koreas: A Contemporary History*, Reading, MA: Addison-Wesley.

9. Perry, William（1994）"U.S. Security Policy in Korea," Address of the Secretary of Defense to the Asia Society, Washington, D.C., May 1994, U.S. Department of State Dispatch, Vol. 5, No. 19.

10. Pollack, Jonathan D.（2011）*No Exit: North Korea, Nuclear Weapons and International Security*, IISS, London: Routledge.

11. RAND Corporation（2021）*Countering the Risk of North Korean Nuclear Weapons*, Santa Monica, California: RAND.

12. SIPRI（2021）*SIPRI Yearbook 2020: Armaments, Disarmament and International Security*, Oxford: Oxford University Press.

13. United Nations Security Council（2012）"Statement by the President of the Security Council," S/PRST/2012/13, 16 April 2012, https://documents-dds-ny.un.org/doc/UNDOC/GEN/N12/295/91/PDF/N1229591.pdf?OpenElement（last visited, May 5, 2021）.

14. U.S. Department of Defense（2018）*Nuclear Posture Review 2018*, Washington D.C.: DoD, June 1.

15. U.S. Department of State（2012）"U.S.-DPRK Bilateral Discussions, Press Statement," February 29, 2012, https://2009-2017.state.gov/r/pa/prs/ps/2012/02/184869.htm（last visited, May 1, 2021）.

16. 38 NORTH（2020）"Assessment of the March 9 KN-25 Test Launch," https://www.38north.org/2020/03/jdempsey031020/（last visited, May 1, 2021）.

第6章　インドとパキスタンの核

福永　正明

1　はじめに

　インドとパキスタンは、1947年8月にイギリスから分離独立し、独立直後に勃発した第1次印パ戦争以降は、敵対する隣国同士による緊張が続く75年であった。

　両国は、核拡散防止条約（NPT）に非締約のまま核実験を強行した核兵器武装国である。1998年5月に相次いで核実験を行った両国が、それ以降も国際的核不拡散に背を向け核軍拡へ進んだ結果、南アジア地域は核危機が世界で最も深刻と形容しても過言ではない。

　ただし、2000年代に入り両国の経済成長は大きく差が広がり、国際社会における存在感も変化した。インドは1980年代までの長い経済低迷から抜け出し、地域を超える世界大国へと変貌した。だが、圧倒的権勢を持つ軍と文民政権の対立が続くパキスタンの政治経済は安定せず、国際社会での地位低下が続いたのである。にもかかわらず、両国とも、国民の強い支持を背景に核兵器開発政策に積極的に取り組んできた。核武装したパキスタンは、インドに対してより強硬な態度表明が可能となり、インドに対する核兵器優位の誇示は、国内統治力の強化、およびイスラーム世界からの支持に結びついている。

　2014年からのナレンドラ・モディ首相に主導されたインド人民党（BJP）政権も事情は同じである。BJPの支持母体となるヒンドゥー教主義団体は、核武装による国威発揚およびヒンドゥー教国家の建設を目指し、核大国化を進めている。

　インドはまた、対パキスタンに加え対中国という二正面の核戦略構築を目標

とする。2000年代後半以降の多角的な軍拡で、中国全土を射程可能とする長距離弾道ミサイル開発、空母・潜水艦の国産建造などを進めている。インドと中国は1950年代後期から領土対立が激化し、62年の大規模紛争では中国軍が圧勝して支配領域を拡張した。この敗戦をインドの外交・軍関係者たちは、今日も「負の遺産」と認識する。その後も印中間では、ヒマラヤなど山岳地域を中心に約3000kmの国境線が未画定の状態が続き、係争が頻発した。暫定的な境界として実効支配線（LAC）が定められ、現地の軍将官レベルでは接触が定期的に行われてきたが、両軍の小規模な衝突が続いてきた。

　2020年 6 月には、インド北部ラダック地方の標高約4500mの警戒緩衝地帯で大規模な衝突が発生した。両軍兵士数百人が武力で応酬し、インド側20人、中国側 4 人（21年 2 月に中国側が正式発表）が死亡した。1960年代以降で最多の死者を出した衝突であった。どちらも核武装した国家である中国とインドとの関係は一挙に悪化した。

　中国は核戦力で南アジア地域にも重要な影響力を有し、インド、パキスタンとの 3 カ国関係の緊張悪化の要因となっている。インドとパキスタンの紛争では中国が後者を支援し、中印間の衝突ではパキスタンが中国に加勢すると考えられる。今後は、多国間の枠組みでの分析も必要である。

　一方、「インド太平洋戦略」を掲げるアメリカや日本は、中国の海洋進出阻止や「一帯一路」構想に対抗し、インド取り込みを図る。2021年 1 月のジョー・バイデン米大統領就任後、米日豪印（クアッド）による外相会談や首脳会談が続き、対中包囲網への動きは急展開している。しかしインド国内では、伝統としてきた非同盟外交を基軸とするべきとの論も根強い。さらに、経済は対中関係が緊密で貿易額も突出していることから、親中派の外交サークルからはクアッドへの疑念の声もある。米日の思惑通りインドを対中包囲網に取り込めるのか、その行方は容易ではない。

2　核保有の現状

(1)　インド

　ストックホルム国際平和研究所（SIPRI）による2021年 1 月時点のインドの保

有核兵器数は約156発とされ、前年比 6 発増と推定できる。インドの核政策は先制不使用を掲げており、先制攻撃に対抗できる第 2 撃を保証する核兵器の開発が進められてきた。インドの核兵器部隊としては、2003年創設の戦略核戦力部隊がある。同部隊は陸上発射の核弾頭68発を保有するとされ、新型ミサイル・アグニ V の発射実験成功の発表文に言及がある（Ghosh 2016）。

　インドの核兵器運搬手段としては、航空機、陸上発射ミサイル、弾道ミサイル潜水艦を三本柱としてきた。だが、三軍の兵力に大きな差異があることや、仮想敵国がパキスタン単独から中国も含めた形の二正面作戦へ転換したことも背景として、インドは核弾頭とミサイルなどの運搬手段を急速に高度化させている。特に近年は、弾道ミサイル搭載のための国産潜水艦建造、他国海軍との積極的な共同演習など、海軍力増強に力を注いでいる。

　現政権を担う BJP は、1998年に第 2 回核実験を強行し、2014年以後のモディ政権でも核兵器増強路線を進む。しかし独立から1974年の第 1 回核実験を通じて核武装国となる道を選択したのは、インド国民会議派（会議派）であった。会議派が国際社会の厳しい批判を受けながらも密かに核開発を進め、BJP による第 2 回核実験へと結びつけた。核武装はインド建国前からの方針とされ、その実現に向けて歴代政権は努力を続け、国民は熱狂的支持を与えてきた。

（i）　インドの核燃料サイクルと核兵器開発計画事業

　インドの核兵器開発を検証するためには、原材料となるプルトニウムを供給する核燃料サイクルについて確認することが重要であろう。インドは国内のウラン資源が乏しく低品質であることから、1950年代前半、産出量世界第 2 位と豊富なトリウム資源を活用する形で、3 段階から成る核燃料サイクル開発計画（以下、「3 段階計画」）を策定した。第 1 段階では天然ウランを燃料とする重水炉を建設し、使用済み核燃料の再処理によりプルトニウム239を抽出する。インド政府によるとすでに実用化され、現在は第 2 段階にある。第 2 段階では、重水炉の燃料を再処理して回収されるプルトニウムと減損ウランを燃料として使う、高速増殖炉を建設し、プルトニウムを抽出するリサイクルを行う。

　現在のインドの核燃料事業でもっとも重要なのは、インディラ・ガンディー原子力研究センターが研究開発と設計の主体となった、ウラン・プルトニウム混合酸化物（MOX）燃料を使うマドラス原子力発電所の高速増殖原型炉である。

この高速炉は、インド政府発表では「原材料以外はすべて国産」で、2004年10月に建設開始し12年に臨界の計画であった。しかし完工は15年7月にずれ、その後は「試験運転」状態が続く。直近の動向としては、20年3月に連邦議会で原子力省大臣が「2021年12月稼働開始」と答弁したが、実態は不明である。

　計画の最終となる第3段階では、高速炉の燃料を再処理して回収されるウラン233とトリウム232を燃料として使う新型重水炉（やはり増殖炉）を建設し、発電する。さらにトリウム232からウラン233を抽出し、核燃料サイクルは完成に至る構想である。インド原子力委員会は2020年代に高速炉を実用化、約30年後には原子力発電の主流とする方針である。高速炉導入が実現するまでの電力供給計画としては、08年以後可能となった海外からの民生原子力協力で技術や資機材、燃料（濃縮ウラン）を輸入して大型軽水炉を建設し、国産原子炉の開発建設も各地で積極的に推進する。しかしながら、国産原発建設の着工事業は複数あるが、住民の反対などにより工事は予定通りには進行しておらず、「3段階計画」はすでに頓挫していると考えてよいだろう。それは、トリウム燃料を民生用発電に振り向け、限られた国産ウランは軍事用にのみ利用するとの方針の破綻も意味する。こうして兵器用核物質の製造量が増えないことが、保有核弾頭数の低い伸びに結びつき、パキスタンに差をつけられた状態を解消できずにいる。

(ⅱ)　航空機搭載による核弾頭の運搬・攻撃

　航空機搭載による核弾頭の運搬・攻撃は、インドで最も先鋭的な配備が進み、SIPRI の推計では同国核保有総数の約3分の1にあたる約48発が航空機搭載に用いられている。

　インド空軍の核戦力用装備としてはまず、英仏共同で開発されたジャガー超音速攻撃機がある。英仏製造の40機に、インド企業がライセンス生産した120機が追加され、計160機が配備された。このうち、核任務機は2中隊40機程度とされる。1990年代中期から後継機開発に向けて最新技術を施す改良が続けられたが、2019年に断念が決定した。

　インド空軍は一方、1980年代からフランス製ミラージュ戦闘機も導入している。2014年に BJP のモディ政権が誕生すると契約が大幅に刷新され、総契約金約1兆円の超高額な調達となった。発注された36機全機がフランスでの生産

となる。

(ⅲ)　陸上発射ミサイル

インド陸軍の戦略核戦力コマンド（Strategic Forces Command）は、射程の異なる4種類の移動発射式弾道ミサイルを運用する。

①　短距離弾道ミサイル　　独自開発で1988年に初実験が行われた最大射程150〜300kmの地対地ミサイル、プリットヴィーは、戦術核兵器として核弾頭を運搬できる。またアグニⅠは航続距離700kmで核弾頭を装着でき、パキスタンと中国に対する「最小限の信頼できる核抑止力」とされる。

②　準中距離弾道ミサイル　　インドで最初に開発された弾道ミサイルであるアグニⅡは、射程2000kmの中距離弾道弾である。パキスタン全土と、中国南・南東部のほぼ全域に到達可能となることから、インド核戦略では特に重要な役割を担う。常に発射準備完了モードで待機し15分以内に発射できるとされ、先行核攻撃に対抗する力を備える。すでに10〜12基の発射装置が運用可能であり、対パキスタン戦の想定で主力のミサイルである。

③　中距離弾道ミサイル　　2011年に配備されたアグニⅢは射程3200kmで、中国の広い地域を標的とすることができ、核先行攻撃に対抗する敵地奥深くまでの第2撃を行う。

④　長距離弾道ミサイル　　アグニⅣ（射程3500km）や大陸間弾道弾（ICBM）のアグニⅤ（射程5000km）の発射実験が行われ、配備準備が進んでいる。さらに射程6000kmのアグニⅥが開発途中である。中国全土を射程に収めるアグニⅤの配備は、インドと中国の今後における最大の対立要因である。

インドの核開発、特に核搭載弾道ミサイル開発に関しては、段階的に発展する対中ミサイル戦略の観点から総合的に考察することが重要である。

(ⅳ)　海上ミサイル

インド海軍は、敵国による先行核攻撃に対抗する確実な第2撃能力として、弾道ミサイル潜水艦（SSBN）4〜6隻を保有する計画である。

SSBN1号艦アリハントは2016年に就役し、核弾頭12発が装備される。2号艦アリガートは17年11月に進水し、21年に配備の予定である。すでに3号艦も21年進水予定で建造中であり、23年進水予定の4号艦は設計建造計画の段階である。アリハントとアリガートは、700kmの射程を持つK–15弾道ミサイルを

搭載できる。さらに、最新の国産で射程3500km を持つ中距離の潜水艦発射弾道ミサイル（SLBM）K-4 があり、将来的には K-15 と交代配備の計画である。

⑵　パキスタン

2021年 1 月時点の SIPRI の推計では、パキスタンの核保有は弾頭数で約165発とされ前年から 5 発増加したとみられる。パキスタンの核保有の現状と核物質備蓄について詳細は不明であるが、今後も拡大傾向が継続する可能性が高い。

（ⅰ）　パキスタンの軍事ドクトリンにおける核兵器の役割

パキスタンは、長年にわたり敵対するインドとの関係から、「全面的な抑止態勢」を基本方針として、核兵器と運搬手段の開発配備を継続する。

パキスタンは非戦略核に重点を置いており、インドが掲げる「冷たい開戦（コールドスタート）」と呼ばれる軍事ドクトリンへの対応が意識されている。インド側はこれにより、仮にパキスタンから核先行攻撃を受けたならば、その攻撃規模を超えた反撃として、パキスタン領内への大規模な侵攻を加え得る能力の維持に努める。パキスタンは核の先行使用を辞さない政策を堅持するが、「コールドスタート」には戦術核使用で対抗することを想定しているとみられる。

（ⅱ）　航空機および搭載核兵器

パキスタンは航空機搭載の非誘導弾や空中発射巡航ミサイル（ALCM）を少数配備する。空軍は、射程350km の ALCM ラ・アドを保有するが、その実数は不明である。7 回目となる発射実験は2016年に行われた。20年 2 月に初実験が行われた改良型のラ・アドⅡは600km の航続距離があるとされる。ラ・アドⅡを使えばパキスタン空軍機は自国領空内からインド各地を標的に攻撃ができるが、実戦配備は確認されていない。

パキスタン空軍において核運搬の役割を担う航空機は、ミラージュⅢとミラージュⅤである。どちらも、ラ・アドを装着して空中発射での使用が可能である。パキスタン空軍が保有する F-16A/B 戦闘爆撃機に搭載する核爆弾は、24発と考えられる。しかし、現実にこれら F-16 が核対応可能かは不明であり、空軍保有 F-16 の核戦力は不透明といえる。

一方パキスタンは中国製 JF-17戦闘機を100機保有し、老朽化したミラージュ

Ⅲ・Ⅴ型機の後継として今後は合計約150機の導入を予定する。高性能化された巡航ミサイルを統合的に活用することが主眼であり、パキスタンの核戦略高度化を引き継ぐこととなる。

(ⅲ)　陸上ミサイル

パキスタンは2021年1月時点で、アブダリ、ガズナビ、シャヒーンⅠとナスルという地上発射の短距離弾道ミサイルを配備する。いずれも固体燃料で、発射台は道路移動型である。

中距離の地上発射弾道ミサイルは2種類あり、液体燃料で道路移動型のガウリは射程1250km である。さらに2段固体燃料、道路移動型のシャヒーンⅡは、最大射程2000km である。最大射程距離2750km のシャヒーンⅢや、その改良型であるアバビールも開発中である。地上発射巡航ミサイルは、航続距離350km とされる核弾頭搭載のバーブルを開発しており、すでに運用されている可能性が高い。

(ⅳ)　海上ミサイル

第2撃能力を完全に確立するため、核兵器搭載能力のあるハシュマット級潜水艦に、巡航ミサイル、バーブルⅢを配備する計画である。すでに2017年に第1回実験、翌年に第2回が実施された。パキスタン海軍は、中国製で潜行継続能力が高い非大気依存推進システムを備えた潜水艦8隻の導入を決めており、22年に配備される予定で、これら潜水艦隊もバーブルⅢを搭載することとなる。

3　近年の安全保障政策の展開

(1)　インドの核ドクトリン

インドにおける核兵器計画は長年、隣国パキスタンによる攻撃の抑止が目的とされてきた。しかし、1998年の第2回核実験の際、アタル・ビハリ・バジパイ首相は背景説明として、インドの核戦略政策は「中国を対象とするものである」と明らかにした。実際に今日のインドは、長距離ミサイルの開発を進め、中国全土を標的に収めつつある。

現行のインド核ドクトリンは、インド政府のプレスリリース（2003年1月4日）で発表されたが、その要旨は、①必要最小限度における核抑止、②「先行

不使用」を宣言し、核攻撃を受けない限り使用しない、③核攻撃を受ければ、大量かつ有効な核報復を実行する、④文民統制による民主国家として運用する、⑤核兵器の非保有国には核使用しない、⑥ただし、化学・生物兵器の攻撃に対しては核兵器で報復する可能性がある、⑦国際社会と協力し核不拡散のため厳しく管理し、核物質管理の交渉に参加し、核実験を凍結する、⑧核廃絶のため最大限の努力をする、という点にある。

　これらの中で特に重要であるのは、パキスタンとは異なる先行不使用政策である。ただし、非核の大量破壊兵器攻撃への報復として核兵器を使用する可能性があるとの留保は、その揺らぎをも示している。

　2014年にヒンドゥー主義のBJP政権が樹立された後、政府高官や与党幹部が先行不使用政策の見直しに言及した。近年も核の先行不使用確約に疑問を投げかけ、核の力に基づく「より強大な世界大国」としての自国の発展を求める声が続く。パキスタンからの越境攻撃や中国とのLAC周辺地域での武力衝突後には、強硬意見が噴出する。たとえば2019年にラージナート・シン国防相は、「将来において何が起こるか不明であり、我々は十分な対応準備が必要である」と、ツイッター上で核政策の転換を示唆した。この表明が、長距離巡航ミサイルの導入により、パキスタンのみならず中国全土も攻撃対象にできる核戦力の高性能化を背景に行われていることは重要であろう。もちろん、ようやく配備が開始された状態であり、中国に対して十分な抑止力を発揮できるかは不明である。中国は通常戦力ではインドを大きく上回る。中国の対印攻撃にさらされた場合のインドの敗戦は確実視されており、現状ではインドには対中抑止力はない。そこで、インド政府高官たちには「中国に通常戦力で負けそうな場合には核攻撃する」という警告を発したい動機があるが、現在の核ドクトリンとは矛盾する。

　パキスタンに対しても、インドが十分な抑止力をこの核ドクトリンで保持できるかは疑問である。パキスタンは核の先行使用を宣言しており外交関係、通常戦力において劣勢となった場合は核攻撃を強行する可能性もある。保有核戦力の破壊力に大差が開いた場合、パキスタンの先行核攻撃に対してインドは強力な核報復を実行できるか。現実には、いかにしてパキスタンに核兵器を使えない状況を作り出し維持するかがインドのカギとなる。

　インドの先行不使用政策は、日本が日印原子力協力協定で確認を求めた重要な点であり、変更が生じた場合には同協定にも大きな影響をもたらすこととなる。またバイデン米政権は、同じ民主党のオバマ政権から続く、核の先行不使用宣言への強い関心を示している。オバマ政権の試みは日本など同盟国による反対から実行されなかったが、米国が先行不使用へ進んだ場合は、NPT非締約のインド、パキスタン両国に厳しく対応し、保有核弾頭の削減や核戦略政策の見直しを求めることもあり得る。今後の動向は注視が必要であろう。

(2)　軍縮に背を向けるインドとパキスタン

　インドとパキスタンが積極的に核保有を増やし続けていることは、極めて危険である。さらに深刻なのは、インドが「第6の核保有国」としての国際的認知を求めていることである。つまり、NPT体制下の「核保有国」と等しい立場での大国化を目指す姿勢である。原子力供給国グループ（NSG）への加盟に関しては、中国がパキスタンとの同時加盟などの条件をつけて反対の立場を崩さず、成就していない。しかしインドは、2008年以降の民生用原発輸入による新規技術の獲得や、国産原発の積極開発路線の延長線上で、アジア、アフリカ諸国への原発輸出も目指している。すでにインドは原子力の平和利用で特例扱いが認められているが、パキスタンは認められておらず、原発は中国、ロシアからの輸入に頼る。ここでもインドとパキスタンには政治的に大きな取り扱いの差が生じている。

　いずれにせよ、インドとパキスタンは国際社会における核軍縮の動きに背を向け続けてきた。NPTや包括的核実験禁止条約（CTBT）には非締約、もちろん2021年1月に発効した核兵器禁止条約（TPNW）も署名していない。兵器用核物質の生産を禁止して核兵器の増量を止めることを目的とするカットオフ条約に関しては、インドとパキスタンは一貫して反対し、しかも両国の意見対立から条約に関する議論が停滞している。大量破壊兵器については、どちらも生物兵器禁止条約と化学兵器禁止条約に加盟しているのみである。さらに両国は、対人地雷禁止条約、クラスター弾禁止条約などにも非加盟で、実際に戦場で使われる可能性の高い通常兵器を制限する一連の条約については一切応じていない。

このように国際的な軍縮、核軍縮に背を向けた両国の対応は、南アジア地域だけでなく国際社会の安全保障政策に大きな影響を及ぼしている。

4　おわりに

　旧英支配からの分離独立から75年になるが、インドとパキスタンの対立状態は続いている。核武装が「強大国の証左」であるとのプロパガンダを互いに発信していることが一因である。パキスタンには強力な軍部が存在しており、国家予算を圧迫することは明白であるにもかかわらず軍事費の削減ができない。またインドでは、対パキスタン、対中国政策での柔軟な対応は、軟弱外交との政権批判に直結する。つまり両国にとっては、膨大な軍事費を投じて核武装した「大国」であることが、国民からも求められる状況である。さらに中国の対インド国境地域およびインド洋をはじめとする海洋進出が、南アジアでも大きな脅威となり、安全保障を揺るがしている。だからこそ、インドは中国全土を射程とする長距離ミサイルの開発配備へ突進している。

　インドとパキスタンでいかに平和を安定させるかは、落ち着いた環境での政府、軍、民間など各レベルでの交流や、そこからの信頼醸成措置を進行させる以外に道はない。

　日本も2010年以降、一方的に核・原子力政策においてインドに肩入れする状態が続いているが、地域の平和と安定のために果たすべき役割がある。それは、インドへの原発輸出策を放棄し、すでに発効した日印原子力協力協定についても、大幅に見直して核兵器開発の許容につながる性格を一掃するような新しい外交方針への転換である。

　核兵器や戦争では、人々には幸福をもたらすことはできないことを再確認しておきたい。

【参考文献】
1．栗田真広（2018）『核のリスクと地域紛争――インド・パキスタン紛争の危機と安定』勁草書房
2．福永正明（2017）「日印原子力協力協定発効は何をもたらすか」『世界』897号、2017年7月、岩波書店、25-29頁

3．　堀本武功・村山真弓・三輪博樹編（2021）『これからのインド』東京大学出版会

4．　Ghosh, Dilip（pib.gov.in）（2016）"Successful Test launch of AGNI V," https://pib.gov.in/newsite/printrelease.aspx?relid=155897（last visited, September 12, 2021）.

5．　Mian, Zia, Nayyar, Abdul H., Pandey, Sandeep and Ramana, M. V.（2019）"India, Pakistan, Kashmir: Taking the war option off the table," *The Bulletin of the Atomic Scientists*, September 23, 2019, https://thebulletin.org/2019/09/india-pakistan-kashmir-taking-the-war-option-off-the-table/（last visited, September 12, 2021）.

6．　Ramana, M.V.（2008）"Going MaD: ten Years of the Bomb in South Asia," *Economic & Political Weekly*, June 28, 2008, Vol. 43, No. 26/27, http://citeseerx.ist.psu.edu/viewdoc/summary?doi=10.1.1.529.1013（last visited, September 12, 2021）.

7．　Sundaram, Kumar, and Ramana, M. V.（2018）India and the Policy of No First Use of Nuclear Weapons, *Journal for Peace and Nuclear Disarmament*, 2018, Vol. 1, No. 1, pp. 152–168, https://doi.org/10.1080/25751654.2018.1438737（last visited, September 12, 2021）.

第**7**章　イランの核問題と中東の核

中西　久枝

1　はじめに

　2015年の包括的共同行動計画（JCPOA）は、10年にわたる核交渉チームの外交的努力により結実したイランとの核合意であった。18年にトランプ政権が合意から離脱し、20年にイランが合意の停止を宣言して以来、JCPOAの存続が危ぶまれている。本章では、中東の核問題をまず概観し、その中にイランの核問題を位置づける。また、JCPOAの意義と限界とともに、イランの核問題が15年以降どのように推移したか、またそれが中東全体の安定化に与える影響について取り上げる。

　イランの核開発問題は、単なる中東における核不拡散の問題ではない。域内のイランのシーア派勢力への関与など、イランの地政学的な戦略が「イランの脅威」論を後押ししてきた。またイランの核能力は、弾道ミサイルや無人航空機など通常兵器の精鋭化とともに発展してきた。その意味では、中東の核およびイランの核開発問題は、決して「核」の問題で終わらない側面がある。まず、中東の核について概観し、イランの核問題の現状と課題を整理したい。

2　中東の核問題

⑴　イスラエルの核

　中東の核を考える場合、中東内での地政経済学的な観点が不可欠である。中東で唯一の事実上の核保有国であるイスラエルは、「1960年代には核爆弾を獲得した」といわれている（太田 1995：213）。軍縮・不拡散センターの2021年の

報告によれば、イスラエルは、現在90発程度の核弾頭を保有し、核兵器200個から300個分を製造するに足るプルトニウムを準備していると指摘されている。またイスラエルは核不拡散条約（NPT）に加盟することもなく、核の保有を認めもしなければ否定もせず、「不透明核戦略」を継続している（木村 2006：19）。

　イスラエルがこうした戦略を継続した理由の中に、NPT体制の矛盾がある。NPTは、安保理の常任理事国のみが核保有でき、それ以外には認めない。そうした状況下でアメリカは核不拡散を推進したため、イスラエルはアメリカとの関係を悪化させないために、自国の核開発を曖昧にする政策を堅持したといわれている（小玉・岡田 2019：121）。NPTの再検討会議では、エジプトをはじめイスラエルの核保有を問題視する国家がありながらも保有は放置されてきた。

　イスラエルが核保有する背景として、「包囲された社会」としての国防意識があると指摘されている（木村 2006：4）。中東でイスラエルに敵対するのは現在、ヒズボラとハマス、それに両勢力に肩入れをするイランである。2001年の9・11事件後のアメリカ主導の「テロとの戦い」後、ヒズボラとハマスの過激性が強調された。実際には、「パレスチナ和平が進展しない根本的問題がイスラエルにある」という声を今日上げるのは、この両勢力とカタール、イランくらいである。

　反シオニズムをスローガンにするイランは、イラクのサッダーム・フセイン政権の崩壊後の2003年以降、イラクのシーア派や南レバノンとシリアに存在しイスラエルと時折交戦するヒズボラに対し、影響力を保持している。また、21年5月のハマスとイスラエルとの交戦で、ハマスが使用したロケット弾がイラン製であった点は、イランの通常兵器が中東で拡散する可能性を示唆した。

　イスラエルに対するイランの敵対関係が中東域内で浮かび上がってみえる背景には、2020年秋の湾岸諸国とイスラエルとの関係改善の動きがある。20年9月アラブ首長国連邦とバーレーンがイスラエルとの国交回復を果たした。サウジアラビアとカタールは追従しなかったとはいえ、これは域内では大きな変化である。イスラエルとサウジアラビアとのデタントが今後進んだ場合、イスラエルにとってのイランの脅威は相対的に重みを増すことになる。

　JCPOAの存続が暗礁に乗り上げている現在、軍備管理協会はイスラエルの核開発は2021年に入り拡大していると指摘する。同協会は、衛星写真の分析を

もとに、イスラエルの主要核開発施設のある南西部のディモナ付近で、大規模の新規建設が進行しているという（Kim 2021）。

　また、ストックホルム国際平和研究所（SIPRI）の2021年の年鑑では、イスラエルの核弾頭数が核保有国 9 カ国の中で 8 番目であり、7 番目のインドの150に続くと指摘している。同年鑑では、北朝鮮の保有数を40から50と推定し、イスラエルの保有数はそれをはるかに上回ると警鐘を鳴らす（SIPRI 2021）。イスラエルの核開発が継続的に進み、JCPOA が停滞する中、湾岸諸国の中で原子力開発の動きが加速してきた。次項では、その動きを論じる。

(2)　中東の核武装化は進むのか

　中東の核問題において、イスラエルの核保有は域内政治に何をもたらしたのか。国際原子力機関（IAEA）の査察を免れてきたイスラエルは、国家の生存をかけて中東域内での軍事的優位を保ち、核保有による抑止力を高めることに終始してきた。しかしながら、ハマスやヒズボラとの間で過去20年間続いてきた「低烈度」紛争は、現在もなお繰り返され、今後も継続される可能性は高い。その意味でイスラエルの核はパレスチナ問題の解決にならなかったといえる（小玉・岡田 2019：122）。

　イスラエルにとって軍事的かつ核兵器保有の優位性は、重要な政策である。しかしながら、イスラエルの核が1968年以来半世紀以上放置され続けたことが、イランをしてアメリカの二重基準論の矛盾を突くことにつながり、NPT の枠内でのウラン濃縮の権利を主張する正当性を与える結果にもなった。

　イランの核問題が国際的に取り上げられ、イラン脅威論がメディアを風靡する中、この数年間サウジアラビアとアラブ首長国連邦が原子力エネルギーの導入を急速に推進している。サウジアラビアは、この政策の導入にあたって、国内の電力需要問題と輸出資源としての石油需要の削減を理由に挙げている。1960年には400万人だったサウジアラビアの人口は、2019年には3400万人となり、電力の需要の上昇に供給が追いつかない状況にあると指摘されている。

　サウジアラビアを含む GCC 6 カ国は2006年に会合を開き、原子力エネルギー開発での協力関係を築くことに合意していた。その後、サウジアラビアは、10年に原子力エネルギーと再生可能なエネルギー開発政策を打ち出し、その所管

機関として、「アブドゥッラー国王原子力・再生エネルギー都市」を設立した（JETRO 2010）。

　さらに、2011年 6 月には、31年までに16基の原子力発電所の建設を行い、国内の電力需要の20％を供給するという計画を打ち出した。それに向け、16年には原発の着工を目指している。その後、サウジアラビアは、韓国と20年 1 月に、韓国製小型モジュール炉（SMR）「SMART」を建設するとした15年の契約を改定し、新たに「韓国―サウジアラビア・標準設計認可取得の共同推進協約」の締結を発表した。標準設計認可は、アメリカの原子炉に対する許認可制度の一つに準拠したものであり、サイトを選ぶことなく、小型の原子炉を建設することを可能にする。サウジアラビアは、09年に IAEA との保障措置協定を批准しているが、追加議定書には応じていない（JAIF ニュース 2020）。

　イスラエルの継続的な核保有とサウジアラビアおよびアラブ首長国連邦の原子力エネルギー政策の推進により、ただちに中東の核武装化が進むわけではない。IAEA の抜き打ち査察が現時点ではサウジアラビアに対しては要請されていないのは、イランの場合とは全く異なる。湾岸諸国がどこまで核開発技術を獲得していくのか、今後の動きに注視する必要がある。

3　イランの核問題

⑴　JCPOA の趣旨、意義と限界

　イランの核開発疑惑が浮上したのは2002年であるが、15年の JCPOA の成立をもたらしたのは、核交渉参加国の外交努力であった。核交渉参加国は、イランに対する経済制裁をかけながら、交渉を重ねた。経済制裁については、アメリカ対イラン、EU 諸国対イランという二国間制裁で課す一方で、国連安全保障理事会決議で06年から12年 6 月までの間に計 7 回の制裁決議が発動された。中でも強力だったのは、12年のイラン産原油の禁輸措置とイランの銀行を国際的な決済制度から全面的に排除する金融制裁である。

　経済制裁が JCPOA の成立に寄与したのかどうかは実証されていない。しかしながら、JCPOA の意義としては、2016年 1 月16日を起点にイランのブレークアウトタイム（核兵器 1 個分の核燃料を製造するのに必要な期間）を 1 年以上確

保するための制約がイランに課された点が挙げられる。イランのウラン濃縮度を3.67%に抑え、これ以下の濃縮ウランの貯蔵量にも制限を加え、プルトニウムの生産に歯止めをかける計画が明記されていた。他方、このことは、いいかえれば、イランが核兵器保有には至らないぎりぎりの境界（限界点）で核技術・開発能力を保持することを認めていた。核交渉参加国は、この境界が設定されている限り、JCPOAにはイランへの核ヘッジ（潜在的核抑止）の効果があると評価していた。それに対し、イスラエル、サウジアラビアは、JCPOAを史上最悪の合意であると主張した。

　JCPOAのもう一つの意義は、IAEAの査察を強化する行動計画が盛り込まれていた点であった。他方、JCPOAの限界も指摘されてきた。第1に、パルチンなどの軍施設が査察の対象外であった点である。これらの施設は革命防衛隊の管轄下にあり、イランの国家的機密に関わる聖域である。第2に、イランのミサイル条項がJCPOAに不在である点については、トランプ政権とイスラエルが特に問題視した。イランは、JCPOAに記載がない以上、ミサイル開発は規制を受けないと主張している。事実、安保理決議2231号の補則Bの第3段落では、「核兵器を搭載する能力のある弾道ミサイルに関するいかなる活動も行わないことをイランに求める」という表現になっている。これに対し、トランプ政権もバイデン政権もイスラエルも、この解釈を弾道ミサイル一般の開発をイランに禁じたものだと捉え、現在も対立点となっている。

　イランのミサイル開発が核開発とともに問題になるのは、まず、ミサイルが核弾頭の運搬手段の一つであるからである。また、マイク・ポンペオ前国務長官がイランに突きつけた12項目の要求にあるように、「イランが反イスラエルの諸勢力およびイエメンのフーシ派のようなシーア派テロ組織に対する支援をしている」という認識が核問題の根底にあるからである。

　イスラエルにとってイランの脅威は、南レバノンに拠点を置くヒズボラからのイスラエル攻撃という直近の安全保障上の問題とつながっている。現に、2006年8月にイスラエルはハマス、ヒズボラ両方と戦火を交え、ヒズボラが使用したミサイルがイラン製であった状況下で、イスラエルは敗北している。また、21年5月中旬のガザとイスラエルとの戦闘でハマスが使用したイスラエルに発射した短距離ロケット弾はイランの技術支援によりガザで製造された「バドル

３」という最新鋭のものであることが明らかになった（The Wall Street Journal 日本語版 2021）。

⑵　トランプ政権誕生後のアメリカ・イラン関係とイランの核開発問題

　2015年 7 月の核合意後、履行開始が16年 1 月16日に設定されたが、イランが核合意を遵守していたことは IAEA の調査・報告によって明らかになった。その結果、イランに課せられていた経済制裁の一部は一時的に解除された。国際社会がイランに課してきた経済制裁は、極めて複雑多岐にわたり、また多重構造になっている。そうした状況下、イランと取引を再開するには、アメリカドルによる決済をしないこと、アメリカの製品が取引商品に含まれないこと、アメリカ国民が介在しないことなどいくつかのコンプライスを果たす必要があり、JCPOA の履行日直後の制裁解除は限定的なものであった。にもかかわらず、イラン経済は、一時的な制裁解除が実現した16年 1 月から18年 8 月までの間、回復基調にあった。16年度の実質 GDP の成長率は、前年度の－1.5％から6.6％に達した。GDP の 1 割を占めるといわれている原油部門の成長率が16年度は15年度比で52.2％上昇したからである。

　イランは2017年 1 月19日にミサイル発射実験を行い、アメリカの新政権誕生に対して挑発的な行為に出た。アメリカは、ミサイル実験の実施に対して、JCPOA からの逸脱だとイランを批判した。他方、イランの戦略としては、革命防衛隊によるミサイル実験という軍事的行為に訴えることで、アメリカに対して経済制裁のさらなる解除を要請するのが狙いであった。

　しかしながら、JCPOA は、2018年 5 月大転換期を迎える。ドナルド・トランプ大統領は、JCPOA からの離脱を宣言し、核合意に基づくイラン経済制裁について再開する大統領令に署名したのである。JCPOA は、上述のようにイランが核開発能力を高めていくのを許す結果になり、完全なものではなかった。しかしながら、核交渉チームも IAEA もイランから具体的な合意を外交努力によって引き出すことが、合意がないまま終わるよりは重要であると捉えていた（Parsi 2012 : 219–220）。イラン側が合意を計画通り履行しないことはあり得るとの見方が当初より有力であった。しかし、アメリカが合意を離脱することは想定外だった。

　2018年以降イラン・アメリカ関係は、急速に悪化した。アメリカの離脱を受け、イランはJCPOAの合意履行の一部停止を20年5月に宣言した。その後のイランのウラン濃縮活動は、量、質ともに高まった。IAEAの報告書によれば、同年7月には核合意の3.67％という濃縮度を超える濃縮活動が再開され、11月には重水の量が合意した限界量を超えた（IAEA 2020）。さらに21年2月23日IAEAは、イランのウラン濃縮度が20％を超えたことを明らかにした。

　イランがJCPOAの遵守を停止した背景には、2020年に起こった二つの事件があった。一つが、20年1月2日に起こった、革命防衛隊の特殊部隊ゴッズ軍のガーセム・スレイマニ司令長官の暗殺事件、もう一つが11月のイランの核科学者モフセン・ファクリザデ氏の暗殺事件である。

　その後、イランの保守派は核合意を実現させたロウハニ政権に対する圧力をかけ、2020年12月2日、いわば上院ともいえる憲法擁護評議会は、「制裁解除とイラン国民の利益保護のための戦略的措置」という法案を制定した（青木 2020）。端的にいえば、この法案によってイランの原子力庁が、JCPOAの合意事項を遵守しないことをロウハニ政権に要求したものである。この法案可決後、イランは核開発能力を高めていった。21年5月、イランは濃縮率が60％に達したと報じた。また、JCPOAでは制限値以下の貯蔵濃縮ウランの量が300キロとされていたのが、21年6月現在その10倍に達している。さらに、イランはIAEAによる査察受け入れを21年6月24日まで延長していたが、6月26日には、延長しないことを最高指導者が決定している。

4　おわりに——今後の展望

　核拡散の問題は、通常兵器による軍備力の動向を予測したり、軍事力の総合的な現状を把握したりするのが困難になる点にあるといわれている。つまり、「核兵器保有に成功した国は、火種がエスカレートする前の段階でリスクを冒して戦争を起こす可能性があるからである」という。イランの通常軍備能力は、経済制裁により通常兵器の調達能力が減少した。他方、サウジアラビアにおける、アメリカ、イギリスから購入した軍事物資や兵器保有はこの数年間で著しく増えた。通常兵器力の差はイランとサウジアラビアの間で開いた。しかしな

がら、JCPOA が形骸化しつつある現在、イスラエルおよび湾岸諸国にとって、イランの脅威は増幅されつつある。つまり、イランが中東域内のシーア派勢力に対して軍事的支援を行えば、その規模にかかわらず、湾岸諸国にとっては紛争の火種だと認識され、アメリカもある程度その認識を共有している。

　バイデン政権発足後、ジュネーブでは2021年6月より JCPOA の存続をかけて、核交渉チームとイランは協議を継続した。しかしながら、その後具体的な合意事項はない。また、イランでは、6月18日の選挙でイブラヒム・ライシ師という保守強硬派の大統領が選出された。JCPOA の焼き直しが起こるのか、新たな核合意を策定していくことになるのか、今後を見通すのは難しい。

　イランもアメリカも今後交渉を継続するという意向である以上、対話は継続する。疲弊した経済を立て直すために経済制裁の解除への道を急ぐことが、イラン体制の維持には不可欠である。しかしながら、アメリカにとっては、アフガニスタンでの完全撤退の実施に示されているように、グローバルな政治の中での中東の比重はそれほど大きくない。バイデン政権にとっての優先事項はアジア外交、特に対中関係であり、それに集中するためには中東での関与は小さくしたいとアメリカは考えている。また、対イラン制裁は極めて複雑多岐にわたっており、ライシ政権の主張するような全面解除は当面起こりにくい。その意味では、短期的にはイラン・アメリカ関係が大きく動く可能性は小さい。

　他方、本章で分析したように、イスラエルの核開発は進展しており、湾岸諸国の核エネルギーへの転換は脱炭素時代の中で促進される。原発の技術能力が湾岸諸国で向上すれば、それが核開発能力につながる危険性がある。中東の核武装化を深化させないためにも、イランの核開発問題に国際社会が真摯に取り組む必要性は高い。

【参考文献】
1．青木健太（2020）中東かわら版 No. 110イラン：「『制裁解除とイラン国民の利益保護のための戦略的措置』法案の承認とその意味」中東調査会、https://www.meij.or.jp/kawara/2020_110.html（2021年3月5日取得）
2．太田博（1995）「中東の核」今井隆吉・田久保忠衛・平松茂雄編『ポスト冷戦と核』勁草書房
3．吉川元・中村覚共編著（2012）『中東の予防外交』信山社

4．　木村修三（2006）「中東における核拡散問題」金沢工業大学国際学研究所編『核兵器と国際関係』内外出版

5．　小玉原一郎・岡田隆司（2019）「中東の核の現状と課題」広島市立大学広島平和研究所編『アジアの平和と核』共同通信社

6．　日本原子力産業協会（JAIF）ニュース2020年 1 月 8 日、https://www.jaif.or.jp/200108-a（2021年 5 月20日取得）

7．　日本貿易振興機構（JETRO）ビジネス短信「『アブドゥッラー国王原子力・再生可能エネルギー都市』を設立」2010年 4 月21日、https://www.jetro.go.jp/biznews/2010/04/4bce5b1d372d0.html（2021年 6 月21日取得）

8．　IAEA Board of Governors（4 September 2020）"Verification and monitoring in the Islamic Republic of Iran in light of United Nations Security Council resolution 2231（2015），" https://www.iaea.org/sites/default/files/20/11/gov2020-41.pdf（last visited, May 13, 2021）.

9．　Rezaei, Farhad（2016）"Iran's Ballistic Missile Program: A New Case for Engaging Iran?" *Insight Turkey*, Vol. 18, No. 4, pp. 181-208, https://www.jstor.org/stable/26300459（last visited, May 18, 2021）.

10．　Kim, Sang-Min（April, 2021）"New York University at Israeli Nuclear Site," Arms Control Today, Arms Control Association, https://www.armscontrol.org/act/2021-04/news/new-work-underway-israeli-nuclear-site（last visited, July 20, 2021）

11．　Nakanishi, Hisae（2015）"The Construction of the Sanction Regime Against Iran: Political Dimensions of Unilateralism," *Economic Sanctions under International Law : Unilateralism, Multilateralism, Legitimacy and Consequences*, Asser Press & Splinger, pp. 22-41.

12．　Narang, Vipin（2015）"Nuclear Strategies of Emerging Nuclear Powers: North Korea and Iran," *The Washington Quarterly*, Vol. 38, No. 1, pp. 73-91, https://www.tandfonline.com/doi/full/10.1080/0163660X.2015.1038175（last visited, March 18, 2021）.

13．　Parsi, Trita（2012）*Single Roll of the Dice: Obama's Diplomacy with Iran*, New Haven & London: Yale University Press.

14．　Stockholm International Peace Research Institute May, 2019, "Military Spending and Arms Imports by Iran, Saudi Arabia, Qatar and the UAE," https://www.sipri.org/publications/2019/sipri-fact-sheets/military-spending-and-arms-imports-iran-saudi-arabia-qatar-and-uae（last visited, February 9, 2021）.

15．　SIPRI（2021）"Global nuclear arsenals grow as states continue to modernize-New SIPRI Yearbook out now," https://www.sipri.org/media/press-release/2021/global-nuclear-arsenals-grow-states-continue-modernize-new-sipri-yearbook-out-now（last visited, June 29, 2021）.

16．　United Nations Security Council Resolution 2231（2015）on Iran Nuclear Issue, https://www.undocs.org/S/RES/2231（last visited, June 30, 2021）.

17．　The Wall Street Journal 日本語版、2021年 5 月21日、https://jp.wsj.com/articles/with-iranian-help-hamas-builds-made-in-gaza-rockets-and-drones-to-target-israel-11621563492（2021年 6 月25日取得）

第8章　国際原子力機関 (IAEA) と核の民生利用
——原子力安全、核セキュリティ、核不拡散（3S）の課題

鈴木　達治郎

1　はじめに

　2011年3月に発生した、東京電力福島第一原子力発電所事故は、世界の原子力情勢に大きな影響を与えた。この影響もあり、世界の原子力発電の情勢は予想されたほどの大きな伸びにはならない状況となっている。しかし、原子力市場における中国、ロシアの台頭や、核兵器転用可能な核物質の増加等が、核拡散リスクや核セキュリティへの懸念を高めている。このような国際情勢の下、3S（安全、核セキュリティ、保障措置）を担う、国際原子力機関 (IAEA) の役割はますます重要となっている。本章では、原子力民生利用の国際情勢の分析に基づき、3Sでどのような課題があるか、そして IAEA にとっての課題や役割は何かについて検討を加え、今後の示唆を得る。

2　世界の原子力市場の構造変化とその意味

　2021年6月現在、世界で31カ国と1地域（台湾）が「運転中」の原子力発電所を保有、その合計は443基、3億9311万 kW、さらに52基、5452万 kW が建設中である (IAEA 2021)。運転中の原発をみると、米・仏・日・韓の4カ国で4割以上のシェアを占めるが、中・ロ・印といった、新興国トップ3カ国がトップ10入りをしている点が注目される。また建設中の原発をみると、中国、インド、韓国、スロベニア、アラブ首長国連邦 (UAE) がトップ5で、約6割を占める。この数字にみられるように、世界の原子力発電の大勢が既存の原発先進

国から新興国にシフトしていることが明らかである。

　一方、世界の総発電量に占める原子力発電のシェアは、1990年代前半に17.5%のピークから徐々に減少し、2017年以降は約10%前後で停滞（19年は10.35%）している（Schneider et al. 2020）。IAEAによる50年までの予測をみても、停滞傾向は明らかである。高成長ケースでも、原子力発電の発電比率は、現在の10.4%から11.2%に微増であり、低成長ケースだと、5.7%にまで減少すると予測されている（IAEA 2020）。このように、世界の電力供給に占める役割は減少する方向が明らかとなっている。

　輸出市場の動向も、21世紀に入り、大きく変化してきた。米国型軽水炉を主力とした輸出市場は、欧米日メーカーの衰退により、ロシアまたは中国を中心とする輸出市場に構造転換しつつある。2020年現在、ロシアは世界で22基以上の受注契約を達成しており、原子炉輸出市場で独占的ともいえる立場を確立しつつある（Platte 2020）。中国は最近になって、輸出市場に進出し、パキスタンで2基受注しており、さらに「一帯一路」政策にも原子炉輸出を含めて、新興国市場に乗り出そうとしている（Hibbs 2018）。この中国とロシアが、最近原子力協力を促進させる動きをみせており、21年5月には、ロシア製原子炉4基が中国に建設されることが決定した（NHK 2021a）。これに対し、これまで世界の原子炉輸出市場の中心となってきた米国・フランス、その提携先である日本も苦戦している（鈴木 2019）。唯一韓国はUAEで4基受注に成功しているが、国内の原子力政策の転換により、この受注競争にも影がさしている（韓国中央日報 2018）。天然ウラン、ウラン濃縮市場においても、カザフスタンやロシアの台頭など、燃料供給市場での構造変化も大きい。

　このような構造変化は、本章が主題としている、3Sの「国際規範」に大きな影響を与え得る。これまでの国際規範を支えてきたのが、米国を中心とする西側諸国であり、その国際体制の中心にあるのがIAEAであった。したがって、国際原子力市場の構造変化とともに、IAEAの果たす役割と課題を検証することが、今こそ求められているのである。

3　原子力安全性をめぐる課題

(1)　福島事故後の安全性強化をめぐる議論

　原子力安全に関する基準策定は IAEA における重要な役割として規定されている（憲章第3条A.6)[1]が、1996年に発効した「原子力安全条約（Convention on Nuclear Safety）」では報告義務は課すものの、各国内での原子力規制は各国の規制当局に任せられていた。2011年の福島原発事故を踏まえて、今後どこまで国際的な法的義務を課すべきか、について議論が行われたが、結局、条約改正には至らず、現行条約の運用強化にとどまり、11年6月、「ウィーン宣言」として発表された（外務省 2011）。

(2)　今後の IAEA の役割

　上記にみられるように、原子力安全向上における IAEA の役割は増してはいるものの、法的拘束力のある規制措置をとることができるわけではない。そういった中で、今後役割を増すと思われるのが、運転安全評価チーム（Operational Safety Review Team：OSART）のような専門家による評価であろう。

　たとえば、福島第一原発の「汚染処理水」問題は、今後の IAEA の役割を占うよい事例ともいえる。2021年4月、日本政府が汚染処理水の海洋放出を決定したのに対し、地元住民や漁業関係者の反対、さらには韓国・中国政府も「遺憾の意」を表するなど、国内外で大きな反響を呼ぶ事件となった（NHK 2021b）。この問題に対し、21年8月、日本政府と IAEA は、処理水の海洋放出をめぐり、IAEA が9月より検証を始めることで合意に達した（時事通信 2021）。

　このように、拘束力はないものの、IAEA が安全面における客観的な評価を行う専門家集団としての役割が今後も増すと思われる。

4　核セキュリティの課題

　核セキュリティの関心は、米オバマ政権時に開催された核セキュリティ・サミットで一時高まったものの、トランプ政権になってからは、関心が低くなり、

核セキュリティへの努力もやや停滞気味になっている。ここでは大きく三つの課題を挙げる。

(1) 核物質在庫量の増加

第1に、「直接兵器転用可能な核物質在庫量[2]の増加」である。2019年末現在、高濃縮ウランは1330トン、分離プルトニウムは538トン、両者で11万発以上の核物質が存在している（長崎大学 2021a）。高濃縮ウランは着実に減少しつつあるが、分離プルトニウムについては、毎年増加している。中でも民生用の再処理から回収された分離プルトニウムが増加しており、総量538トンのうち、約6割の308トンが民生用だ（長崎大学 2021b）。

この増大する分離プルトニウムに対し、笹川平和財団の研究会が最近日本政府に対し以下の提言を行っている（笹川平和財団 2019）。

第1の提言が「プルトニウム国際貯蔵」である。日本政府は、自ら定義した「余剰」プルトニウムを IAEA の管理下に置く、という提言である[3]。このような措置により、日本の持つプルトニウムに対する懸念の解消や透明性を向上させることができる。第2の提言は、現在の国際規範でもある「国際プルトニウム管理指針」[4]の強化である。現在の指針では、在庫量を減少させることは明記されていない。そこで、日本の原子力委員会が決定した「プルトニウム在庫量を減少させる」政策（原子力委員会 2018）を、この国際指針の強化として採用するよう提言するものである。この原則を国際プルトニウム指針に組み込むことで、在庫量削減が新たな国際規範となる。このようにプルトニウム在庫量管理や削減についても、IAEA の役割を活用することが可能だ。

(2) 先進技術のもたらすリスク

第2に挙げられるのが、新技術への対応、特にサイバー攻撃が大きなリスクとして注目され始めた。

すでに、デジタル化が進められている既存の原子力施設では、外部の回線とは隔離された固有の内部回線のみでシステムを独立させる対策、いわゆる「エアーギャップ」を採用しているが、これでは不十分との提言がすでに専門家よりなされている（Livingstone et al. 2015）。2016年までに世界で20件以上のサイ

バー攻撃が核施設に対して行われており、その核施設のサイバー対策はさらに強化されるべきと米専門家は提言している（Nuclear Threat Initiative 2016）。

　こういった情勢に対し、IAEAはサイバー対策用に新たな技術ガイドライン（拘束力のない基準）を2018年に発表した（IAEA 2018）。このガイドラインでは、コンピューターシステムのライフサイクル全般にわたって、詳細な内容を設定している。サイバー攻撃の他にもドローンやAIといった、先端技術が核セキュリティの新たな脅威として注目され始めており、ここでもIAEAの役割はガイドラインの設定等で重要とみられている。

⑶　内部脅威対策

　第3に挙げられるのが、内部脅威に対する制度的・組織的対応である。過去の核物質盗難や核テロの事例をみても、ほとんどのケースで内部の協力者が存在していることが知られている。

　2016年に開催された最後の核セキュリティ・サミットにおいて、参加24カ国は「内部脅威への緩和策」と題する文書に合意・署名し、その後IAEAの文書（INFCIRC／908）として採用された（IAEA 2017）。原子力安全に関する評価チーム（OSART）と同様、核セキュリティには国際核物質防護諮問サービス（International Physical Protection Advisory Service：IPPAS）が存在しており、今後はOSARTと同様、IPPASの役割も重要となるだろう。

5　IAEA保障措置の課題

　IAEAの保障措置は、1990年代に未申告施設・活動への対応が不備であったことから、「追加議定書」を導入し、かつ鑑識技術開発等、先端技術の採用も含めて、かなりの強化がされてきた。しかし、現状でも三つの大きな課題が考えられる。

　第1に、新興国への水平拡散である。原子力発電の新たな導入国が増加する（いわゆる水平拡散）場合、特に政治的に機微な地域への水平拡散は、IAEAにとって直接大きな負担となる可能性がある。さらに、対象となる核施設や核物質も増加している状況下で、限定された予算では、水平拡散する原子力発電保有国

への対応が後手に回る可能性がある[5]。

　第２に、非遵守への対応である。非遵守の事例は徐々に増加しており、またその判断は機械的に行われるわけではない。実際には、黒でも白でもない「灰色」のケースが多く、非遵守に関するIAEA理事会の意思決定の透明性や信頼性確保が大きな課題となり得る（Findley 2015）。

　第３に、新しい保障措置活動のあり方である。たとえば、「包括的共同作業計画（JCPOA）」（通称「イラン核合意」）で規定された保障措置は、NPTで要求されている包括型保障措置でも、追加議定書でもない、新しい検証制度（核燃料サイクル全体のモニタリング、疑惑施設への査察、過去の軍事施設への査察等）を提唱しており、今後の疑惑国への検証措置として注目される（The White House 2015）。

6　おわりに

　原子力の民生利用の中心は従来の欧米先進国から、ロシア・中国・中東といった、新興工業国や政治的に機微な地域に拡大していくとみられる。輸出市場も大きく構造変換する可能性が高い。その中で、安全性、核セキュリティ、保障措置の３Ｓを担うIAEAの役割は極めて重要である。しかし、IAEAの役割にも限度があり、各国政府の努力、あるいは事業者の協力も不可欠である。福島事故以降、国民の信頼を得ることが、３Ｓの確保にとっても不可欠な要素となる。世界の市民の信頼を確保できるような、新たなガバナンス体制が求められる。

【注】
1）　IAEA憲章第３条６「健康を保護し、並びに人命及び財産に対する危険を最小にするための安全上の基準を設定し、又は採用すること」。https://www.mext.go.jp/component/a_menu/science/anzenkakuho/micro_detail/__icsFiles/afieldfile/2009/04/23/s320807_14.pdf（2021年８月27日取得）。
2）　直接兵器転用可能な核物質とは、高濃縮ウラン（U235の濃度が20％以上）と分離プルトニウム（使用済み核燃料から再処理により回収されたプルトニウム）を指す。
3）　IAEA憲章（第３条Ｂ２項）に核物質の管理権限を有することが規定されている。
4）　現在の「国際プルトニウム指針」は1997年12月に、プルトニウム保有国の９カ国（米、ロシア、英、仏、中国、日本、ドイツ、ベルギー、スイス）が合意した自主的な管理指

針である。プルトニウム管理に関する基本的原則を示すとともに、その透明性向上のため、参加国が自国のプルトニウム保有量を毎年公表することを定めた。https://www.iaea.org/sites/default/files/infcirc549.pdf（2021年8月27日取得）。

5）　2021年のIAEA予算をみると、総予算が5億9600万ユーロ、そのうち確保されている一般予算は3億8350万ユーロに限定されており、残りは自主的な支援・寄附で賄うことになる。原子力安全とセキュリティ予算は3770万ユーロ、検証（保障措置）予算は1億5100万ユーロであり、これらは一般予算に含まれている。IAEA (2020) "The Agency's Budget Update for 2021," GC (64)/2, July 2020, https://www.iaea.org/sites/default/files/gc/gc64-2.pdf（2021年8月27日取得）。

【参考文献】

1．　NHKニュース（2021a）「中国の原発にロシア製の原子炉、中ロの原子力協力が加速」（2021年5月20日）https://www3.nhk.or.jp/news/html/20210520/k10013042371000.html（2021年8月27日取得）

2．　NHKニュース（2021b）「福島第一原発、処理水海洋放出の方針決定、海外の反応は」（2021年4月13日）https://www3.nhk.or.jp/news/html/20210413/k10012972881000.html（2021年8月27日取得）

3．　外務省（2011）「原子力安全に関するIAEA閣僚会議宣言」ウィーン（2011年6月20日）https://www.mofa.go.jp/mofaj/gaiko/atom/iaea/meeting1106_declaration.html（2021年8月27日取得）

4．　韓国中央日報（2018）「韓国が注力したサウジ原発に異常兆候…他の受注はなく」（2018年6月18日）https://japanese.joins.com/JArticle/242366（2021年8月27日取得）

5．　原子力委員会（2018）「我が国におけるプルトニウム利用の基本的考え方」（原子力委員会決定）（2018年7月31日）http://www.aec.go.jp/jicst/NC/iinkai/teirei/siryo2018/siryo27/3-2set.pdf（2021年8月27日取得）

6．　笹川平和財団、新たな原子力・不拡散に関するイニシャティブ研究会（2019）「プルトニウム国際管理に関する日本政府への提言」（2019年5月）https://www.spf.org/security/publications/20190604.html（2021年8月27日取得）

7．　時事通信（2021）「処理水放出、9月検証開始、梶山経産相、IAEAと合意―東電福島第一原発」（2021年8月19日）https://www.jiji.com/jc/article?k=2021081901044&g=eco（2021年9月1日取得）

8．　鈴木真奈美（2019）「日本の原発輸出政策はなぜ失敗したのか」イミダス（2019年7月10日）https://imidas.jp/jijikaitai/a-40-134-19-07-g776（2021年8月27日取得）

9．　長崎大学核兵器廃絶研究センター（RECNA）（2021a）「世界の核物質データ」（2021年6月）https://www.recna.nagasaki-u.ac.jp/recna/topics/28412#2　ここでは、高濃縮ウランを広島原爆（64kg/発）、プルトニウムを長崎原爆（6kg/発）で換算している（2021年8月27日取得）

10．　長崎大学核兵器廃絶研究センター（RECNA）（2021b）「2021年版核物質データポスター解説」（2021年6月11日）https://www.recna.nagasaki-u.ac.jp/recna/bd/files/FMhandout_20210611.pdf（2021年8月27日取得）

11.　Findlay, Trevor（2015）*"Proliferation Alert! The IAEA and Non-Compliance Reporting,"* Project on Managing the Atom, Harvard Kennedy School, October 2015, https://www.belf ercenter.org/sites/default/files/legacy/files/Proliferation%20Alert.pdf（last visited, August 27, 2021）.

12.　Hibbs, Mark（2018）*"The Future of Nuclear Power in China,"* Carnegie Endowment for International Peace, https://carnegieendowment.org/files/Hibbs_ChinaNuclear_Final.pdf（last visited, August 27, 2021）.

13.　International Atomic Energy Agency（2020）"Power Reactor Information Systems（PRIS）," https://pris.iaea.org/pris/（last visited, August 27, 2021）.

14.　International Atomic Energy Agency（2020）"Energy, Electricity, and Nuclear Power Estimates for the Period up to 2050, 2020 Edition," September 2020, https://www-pub.iaea.or g/MTCD/Publications/PDF/RDS-1-40_web.pdf（last visited, August 27 2021）.

15.　International Atomic Energy Agency（2018）IAEA Nuclear Security Series No. 33-T, "Computer Security of Instrumentation and Control Systems at Nuclear Facilities: Technical Guidance," https://www-pub.iaea.org/MTCD/Publications/PDF/P1787_web.pdf（last visited, August 27, 2021）.

16.　International Atomic Energy Agency（2017）"Communication dated 22 December 2016 received from the Permanent Mission of the United States of America concerning a Joint Statement on Mitigating Insider Threats," INFCIRC/908, January 9, 2017, https://www.iae a.org/sites/default/files/publications/documents/infcircs/2017/infcirc908.pdf（last visited, August 27, 2021）.

17.　Livingstone, David, and Baylon, Carline et al.（2015）"Cyber Security at Civil Nuclear Facilities: Understanding the Risks," The Royal Institute of the International Affairs（Chatham House）, October 5, 2015, https://www.chathamhouse.org/publication/cyber-security-civil-nuclear-facilities-understanding-risks（last visited, August 27, 2021）.

18.　Nuclear Threat Initiative（2016）"Outpacing Cyber Threats, Priorities for Cybersecurity at Nuclear Facilities," December 7, 2016, https://www.nti.org/analysis/reports/outpacing-cyber-threats-priorities-cybersecurity-nuclear-facilities/（last visited, 27 August, 2021）.

19.　Platte, James E.（2020）"Exporting Nuclear Norms: Japan and South Korea in the International Nuclear Market," [*The Journal of Indo-Pacific Affairs*], June 8, 2020, https://www.airuniversity.af.edu/JIPA/Display/Article/2210987/exporting-nuclear-norms-japan-and-sout h-korea-in-the-international-nuclear-mark/（last visited, August 27, 2021）.

20.　Schneider, Mycle and Froggatt, Antony, eds.（2020）*"The World Nuclear Industry Status Report 2020,"* September 2020, https://www.worldnuclearreport.org/IMG/pdf/wnisr2020-v 2_lr.pdf（last visited, August 27, 2021）.

21.　The White House（2015）"The Iran Nuclear Deal: What you need to know about the JCPOA," https://obamawhitehouse.archives.gov/sites/default/files/docs/jcpoa_what_you_ need_to_know.pdf（last visited, August 27, 2021）.

第3部
人間の安全保障とガバナンス

第9章　国家ガバナンスと地域ガバナンス

吉川　元

1　はじめに

　冷戦の終結を機に始まった自由（人権）と民主主義の価値のグローバル化は21世紀に入るとアジアはもとより世界各地で停滞し、近年、後退し始めている。本章では、フリーダムハウス（Freedom House）の調査報告に基づいて民主化・自由化の近年の世界的傾向を略述したうえで、アジアで自由化・民主化が進まない原因を脆弱国家の安全保障システムと地域ガバナンスの制度化との関連で考察する。

　フリーダムハウスは、民主化の基準「政治的権利」、および自由化の基準「市民的自由」のそれぞれの保障の現状評価を軸に、国家を「自由な国」「部分的自由な国」「不自由な国」の三つのカテゴリーに分類する[1]。最新版の調査報告書（Freedom in the World 2021）によれば、自由化を進める国の数が自由化の後退する国の数を上回る最後の年である2005年を境に、その後2020年まで連続して自由化は後退し、しかもこの年は過去最悪を記録している[2]。5年前と比較すると調査対象195カ国中、「自由な国」は86カ国から82カ国へ減少、「部分的自由な国」は59カ国のまま推移し、「不自由な国」は50カ国から54カ国へ増加した。しかも「不自由な」国の数は過去最多である[3]。

　近年、「不自由な国」が増加する背景には、ロシアと中国の二つの不自由な大国の勢力拡張や、それまで民主化・自由化を主導してきたアメリカのソフトパワーがトランプ政権の自国中心主義政策により低下したことの影響がある。さらに新型コロナウイルス感染症（COVID-19）の世界的流行で人の国内移動が制限される中、集会やデモの自由が制限され、また人の国際移動も制限された

ことから国際監視と国際支援が弱まり、そうした状況の隙を突いて世界各地で政治的権利および市民的自由の侵害が深刻化したのである。

　アジア（フリーダムハウスの地域区分では、アジアは「アジア・太平洋地域」）についてみてみよう。Freedom in the World の2019年版と2021年版をもとに過去３年間（2018〜20年）の民主化・自由化の傾向をみてみると、アジア・太平洋では39カ国中、「自由な国」は46％から44％に減少し、「部分的自由な国」は33％のままで、「不自由な国」は21％から23％へ増加している。中東（「中東と北アフリカ」）では18カ国中、「自由な国」は22％から17％へ減少し、「部分的自由な国」は67％から72％へ増加し、「不自由な国」は11％のままである。

　国別でみると、「不自由な国」として、たとえばタイ（政治的権利５点＋市民的自由25点＝合計30点）は、「部分的自由な国」から「不自由な国」へ転じ、ミャンマー（13＋15＝28点）は再び軍事政権下に入り、「不自由な国」になった。イラク（16＋13＝29点）とアフガニスタン（13＋14＝27点）では、平和構築が進まず、両国とも「不自由な国」のままである。カンボジア（５＋19＝24点）は、主たる援助国が中国（−２＋11＝９点）とサウジアラビア（１＋６＝７点）にとって代わられたことから「不自由な国」のままである[4]。

　核開発を行った国をみてみると、軍事・経済大国の中国は「不自由な国」のままであり、コロナ禍の中で香港の自由と民主主義の灯は消えていった。人口最大の民主国家インド（34＋33＝67点）は、ナレンドラ・モディ政権下で「自由な国」から「部分的自由な国」へと転じた。印パ紛争のもう一方の当事国パキスタン（15＋22＝37）は「部分的自由な国」のままである。北朝鮮（０＋３＝３点）は世界の「不自由な国」49カ国中、下から３位で、アジアでは最下位に位置する。

2　国家ガバナンスと地域ガバナンス

(1)　脆弱国家の国家安全保障

　アジアでは自由化も民主化も停滞するどころか、むしろ後退している。その原因として、第１に、アジアの多くの国に共通するガバナンス制度の脆弱性と、それに起因する脆弱国家特有の国家体制安全保障戦略の影響、第２に、地域ガ

バナンス制度の未発達が挙げられる。

　植民地支配から独立したアジアの多くの国は、西欧的な国家モデルに基づい
て人民主権の憲法を導入し、自由で民主的な国家の建設に取り組んだ。ところ
がアジアの多くの国は国民統合が未発達なことから領域の一体性（国民的一体
感）が確立されず、統治基盤（統治正当性）も確立されていない脆弱国家である。
こうした国では反政府勢力、あるいは分離主義勢力の存在が国家安全保障上、
主要な内部脅威である。政府は統治基盤を強化するためにこれらの勢力への抑
圧を強め、自由で民主的な国づくりの道を自ら閉ざして開発独裁の道を歩み始
め、その行き着く先が権威主義体制または一党独裁の社会主義体制であった。
しかもアジアには多国間の地域ガバナンス制度が未発達で、地域共通のガバナ
ンス規範も形成されていない。自力で域内の国際関係を組織した経験がないア
ジアは、冷戦期には東西の覇権争いの草刈り場となっていった。

　今では露骨な侵略戦争も領土併合もまれなことになり、冷戦のイデオロギー
対立が終焉したことから、冷戦の終結後は、外部脅威よりも内部脅威が国家の
安全を脅かすことになった。中でもユーゴスラビアとソ連で一党独裁体制が崩
壊する過程で両国を中心にエスニック政治が復活し、その延長に「新戦争」(Kal-
dor 2006) とも呼ばれる民族戦争（エスニック戦争）が勃発したことから多民族
国家はエスニシティという新手の内部脅威にさらされることになる。しかもイ
ンターネット、フェイスブック等のSNS、動画サイトの普及によって国外の
ディアスポラを国内のエスニック政治へ誘う環境が整ったことから、エスニッ
ク政治と国外ディアスポラが連携するディアスポラ政治が展開されるようにな
る（Sheffer 2003）。統治正当性や領域正当性が未確立の国家ではイスラーム原
理主義の台頭に象徴されるようにディアスポラ政治の展開によって国家体制安
全保障が脅威にさらされるようになり、その結果、民族マイノリティへの迫害
が強化され、政治的権利も市民的自由も抑圧されていく。冷戦の終結後にも「不
自由な国」や「部分的自由な国」の数がいっこうに減らない主要な原因はエス
ニック政治やディアスポラ政治の台頭にあるといえる。

(2)　地域ガバナンス制度

　東西対立の二極構造が崩壊した後の国際社会では、ガバメント（政府）がな

くともガバナンス（秩序）を保つことができると考えられるようになり、グローバル・ガバナンス論が台頭する（大芝他 2018；吉川他 2013）。実のところ西欧、北欧、北米のように地域ガバナンス制度（地域機構）が重層的に形成されている地域では、「安全保障共同体」（Adler 1998）が建設され、安定した社会秩序が保たれているため平和が定着している。

アジアにおける地域ガバナンスの制度化について議論が始まるのは、冷戦終結後のことである。欧州安全保障協力会議（CSCE）型の安全保障体制を提唱したソ連のミハイル・ゴルバチョフのウラジオストック演説に始まり、カナダやオーストラリアの「アジア版 CSCE」提案に触発されて、様々な安全保障機構構想が提案された（Mack 1995；李 2019）。

ところがアメリカの反対で、アジアの多国間安全保障機構の設立構想は沙汰止みになる。東欧民主革命後、北大西洋条約機構（NATO）の東方拡大問題とCSCE の国際機構化をめぐってアメリカとソ連との間で交渉が行われていた頃、アメリカのジェームズ・ベーカー国務長官は、オーストラリアのギャレス・エヴァンス外相に宛てた極秘文書で地域安全保障対話、あるいは「アジア型ヘルシンキ・プロセス」のアジアへの導入を不適切だと強く批判している[5]。アジアではアメリカの地位は圧倒的に優勢であり、アジアで覇権を維持するためにもアメリカの自立性を阻むような多国間安全保障機構化に強く反対したのである（Katzenstein 2005：51）。

アジアでは、アメリカの反対もさることながら、内政に干渉されることを嫌う中国の反対、さらには日本の指導力を警戒する東南アジア諸国の反対もあり、アジアの地域ガバナンス制度の構築は進まない（Kikkawa 2020）。地域ガバナンス制度が形成されていないことから、アジアでは冷戦の二極構造の崩壊後にも勢力均衡システムにとどまりやすい状況が続いたのである（Buzan and Segal 1994：17-18）。

それゆえにアジアの各国政府は、一方で国家体制安全保障のために自由と民主主義を制限し、他方で国家安全保障上の理由で軍事力の強化に努めている。ここにアジアで民主化・自由化が停滞し、軍事化が進む構造がある。

3　地域ガバナンスと国際機構

(1)　中東のガバナンス制度と地域機構

　核不拡散条約（NPT）で核兵器の保有が公式に認められている5大国以外の核保有国、すなわちイスラエル、インド、パキスタン、北朝鮮、そして現在、核開発に取り組んでいるイランは、いずれもアジア・中東の紛争地帯に位置する。このような紛争地帯には平和・安全保障を目的とする地域機構は存在しないか、存在していてもそれは地域レベルのガバナンス規範を確立するまでには至らない緩やかに組織された機構である。

　それでは地域の構成主体であるアジア各国のガバナンス制度と地域ガバナンス制度との間に、また地域ガバナンス制度の有無と地域平和との間にどのような関係性があるのだろうか。この点について中東、東南アジアおよび東アジアの三つの下位地域を例に考察してみよう。

　世界有数の紛争地帯である中東は、軍事色の濃い非民主的な国家で占められている。イスラエルを除き中東は軍部独裁、または君主制の国家から構成されており、フリーダムハウスの評価では「自由な国」はイスラエルのみで、「部分的自由な国」はクウェート（政治的権利14点＋市民的自由23点＝37点）とレバノン（13＋30＝43点）の2カ国、他のすべての国は「不自由な国」に位置づけられている。安全保障部門の文民統制が実現していない中東諸国では、事実上、軍と治安機関が国家安全保障戦略において重要な役割を担うとともに、国政に軍と治安機関の利益が自ずと優先される。地域機構はいくつか存在するものの、今日まで地域共通の民主的なガバナンス規範は確立されておらず、いずれも相互にガバナンス制度の尊重と内政不干渉を最重要規範に位置づける保守的な地域機構である（北澤 2012）。

　たとえば、世界でもっとも歴史のある地域機構のアラブ連盟は、その設立目的を次のように定めている。各加盟国は他の加盟国の「統治制度」を尊重し、「（他の加盟国の）統治制度の変更を目的とするいかなる試みも慎む」（アラブ連盟規約第8条）。またサウジアラビア、アラブ首長国連邦（UAE、5＋12＝17）、バーレーン（2＋10＝12点）、クウェート、オマーン（6＋17＝23点）、およびカター

ル（7 +18＝25点）の6カ国によって創設された湾岸協力会議（GCC）は、「イスラームの教義」に基づく「共通の特徴を有し、同質の統治体制」を基盤にする安全保障機構である（GCC 設立憲章の前文）。GCC は王制という共通のガバナンス制度の維持のための安全保障機構であり、自由主義・民主主義規範の加盟国への浸透を阻むことを共通の目標とする。脆弱なガバナンス制度ゆえに GCC 諸国はアメリカと二国間条約を結び、国家安全保障をもっぱらアメリカの軍事力に頼っているのである（Karns and Mingst 2010：212–213）。

(2)　東南アジアのガバナンスと地域機構

　東南アジアでは、立憲君主制のタイ、ブルネイ（7 +21＝28点）、社会主義(型)の一党独裁体制のラオス（2 +11＝13点）、ベトナム（3 +16＝19点）の4カ国は、フリーダムハウスの自由度の格付けはいずれも「不自由な国」である。インドネシア（30 +29＝59点）、フィリピン（25 +31＝56点）をはじめ他の国は「部分的自由な国」である。

　この地域には、東南アジア諸国連合（ASEAN）を中心に ASEAN＋3、アセアン地域フォーラム（ARF）、東アジア首脳会議（EAS）、アセアン防衛相会議（ADMM）など地域ガバナンス制度が形成されつつある。しかしながら、これらの機構は機能主義的な機構であり、今のところ緩やかな組織にとどまっている（Yeo 2018）。

　そもそも植民地から独立して間もない脆弱国家から構成された ASEAN は、強靭な国家の建設および強靭な域内国際関係の構築がその設立目的であった。1976年に採択された東南アジア友好協力条約に、基本原則として独立、主権、平等、領土保全と並んで「国家の一体性」の相互尊重（第2条 a）、すべての国が外部からの干渉、転覆または強制されずに存在する権利（第2条 b）、相互内政不干渉（第2条 c）を掲げているのは、脆弱国家の国家体制の安全を保障するための措置である。締約国は「国家の一体性」を保持するために外部干渉や内部破壊活動を受けることなく各国の「国家の強靭性」の強化に努め（第11条）、また「地域の強靭性」の強化に向けて協力することを謳っている（第12条）。強靭性とは事実上、分離主義勢力も反政府勢力も存在しない丈夫で安定したガバナンスを意味する。

冷戦の終結後の10年間、欧米発のグッドガバナンスのグローバル化に対して ASEAN 諸国は「アジア的人権」「ASEAN 方式」をもって抵抗した。ところが地域大国インドネシアの民主化が進むにつれて、ASEAN は方針を転換させ、欧州連合（EU）をモデルにした安全保障共同体創造に向けて内政不干渉原則の緩和や多数決による意思決定手続きを導入することを検討した。しかし、方針転換の試みは後発加盟国のミャンマー、ラオス、ベトナムの強い反対で実現しなかった。近年、タイでは二度にわたる軍事クーデターがあり、市民的自由が著しく制限されたのをはじめ、カンボジアのフン・セン政権の権威主義体制の強化など、加盟国の民主化は足踏み状態にあり、後退の動きすらみられる（上村 2019）。

(3)　東アジアのガバナンスと地域機構

軍事化が進む東アジアには、民主国家（日本、韓国、台湾）、「不自由な国」に位置付けられている共産党一党独裁国家（中国）、世襲制全体主義国家（北朝鮮）といった多様な統治様式が存在する。それに加え、同地域は中国、北朝鮮のほか、東アジア地域の安全保障に深く関与するアメリカとロシアの4カ国の核保有国が対峙する軍事的危険地帯でもある。日中間の尖閣諸島／魚釣島問題、日韓の竹島／独島問題、さらには東南アジア一帯を巻き込む南沙諸島の海洋安全保障問題など、領土紛争と海洋安全保障問題が原因で東南アジアから東アジア一帯にかけて軍事的緊張が続き、しかも中台戦争の危機、朝鮮半島の危機など、いつ何時、偶発戦争に発展しても不思議ではない危機的な状況が続いている。

このような厳しい国際安全保障環境下にある東アジアには、いまだに平和と安全保障を担う地域機構が組織されていない。それどころか、自由化・民主化に抗う国が上海協力機構（SCO）を組織し、加盟国の政治・安全保障分野、経済技術協力、電力エネルギー協力など各分野の地域協力を始めている。上海協力機構はもともと旧ソ連と中国との間の国境地帯の紛争予防について協議するフォーラム（上海ファイヴ）に起源がある。同フォーラムは、2001年、「テロリズム」、「過激主義」（すなわち反政府主義）、「分離主義」対策に関する国際協力を目的とする上海協力機構へと発展し、内政不干渉と人民の自決権を盾に自由化・民主化に対する防波堤となっている。同機構は、17年のインドとパキスタ

ンの正式加盟によって、広域ユーラシア安全保障機構へと発展する可能性も秘めている（湯浅 2019）。国家体制安全保障戦略に基づく地域機構である上海協力機構は、それが分離主義対策や反政府勢力対策に関する地域安全保障機構である限り、グッドガバナンスの受容を拒む反グローバル化の諸勢力から支持され続けるであろう。

4　おわりに──アジアの行方

　アジアの大半の国は、グッドガバナンス制度のグローバル化に抗うかのごとく、人権尊重や民主化への取り組みには消極的である。武力行使が禁止され、侵略戦争が激減した結果、国家安全保障上の脅威、少なくとも外部脅威は低減した。しかしながらアジアの多くの国は実際にはいまだに国民統合の途上にあるか、あるいは統治基盤が確立されていない脆弱国家である。こうした国家では、第二次世界大戦後に国際社会で確立された政治的権利の尊重や市民的自由の保障を迫る国際社会の圧力は、国家体制安全保障への脅威に他ならない。加えて、多文化主義、民族マイノリティ権利の尊重、さらには権力分掌システムといった近年、国際社会で考案された民族共生のための制度は、国民統合が進んでいない国にはとうてい受け入れられるものではない。それだけにアジアの多くの国が、主権尊重のみならず、権力者の意のままに国家を統治することを認める人民の自決権、外部干渉を認めない内政不干渉、分離独立を認めない領土保全といった脆弱国家のガバナンス制度を支える国際規範に固執せざるを得ないのである。

　アジアのガバナンス制度は多様で、しかも多くの国が国家体制安全保障戦略を採用しているだけに、そのことが自由化・民主化の障害となっている。また地域ガバナンスの制度構築の遅れはアジアの軍事化の要因でもある。武器貿易のグローバル化のメカニズムが存続する限り、そして勢力均衡システムから抜け出せない限り、アジア・中東における安定した地域ガバナンス制度の構築の見通しは立たない。自由化・民主化を促す国際安全保障環境をいかに整え、地域ガバナンスの制度化と規範の確立に向けてどこから取り組んでいくかが我々の課題である。

【注】
1) フリーダムハウスでは、国家の自由度の格付けを、政治的権利と市民的自由を基準に「自由な国」、「部分的自由な国」、「不自由な国」に分類している。政治的権利に関して、A. 選挙過程（3項目）、B. 政治的多元主義と政治参加（4項目）、C. 政府の機能（3項目）の三つのカテゴリーの評価基準を設ける。市民的自由に関しては、D. 思想・表現の自由（4項目）、E. 集会・結社の自由（3項目）、F. 法の支配（4項目）、G. 個人の自主性と個人の権利（4項目）の四つのカテゴリーの評価基準を設ける。これらの評価基準に基づいて各項目を最低点1から最高点4で評価する（政治的自由の最高点は40点、市民的自由の最高点は60点）。参照、表1評価項目。

表1 評価項目

大項目 （配点）	中項目 （配点）	小項目 （配点はすべて各4点）
政治的権利 （40点）	A. 選挙過程 （12点）	A1. 現在の政府のトップや他の主要な当局者は、自由で公正な選挙で選ばれたか
		A2. 現在の国家の立法部の代表者（国会議員）は、自由で公正な選挙で選ばれたか
		A3. 選挙法と選挙制度は公正で、選挙管理機関が選挙を公平に実施しているか
	B. 政治的多元主義と政治参加 （16点）	B1. 人民は、異なる政党や他の競争的な政治集団を自らの選択で組織する権利を持ち、政治システムにそうした競争的な政党や集団の盛衰への不当な妨害はないか
		B2. 反対派が支持を増やしたり、選挙によって権力を獲得したりする真の機会があるか
		B3. 人民の政治的選択が、政治とは無関係な勢力、あるいは非政治的手法を用いる他の政治集団の支配から免れているか
		B4. 人口の中の多様な構成集団（エスニック、宗教、ジェンダー、LGBT、他の有意な集団を含む）が、正当な政治的権利と選挙の機会を有しているか
	C. 政府の機能 （12点）	C1. 自由に選出された政府のトップと国の立法部の代表（国会議員）が、政府の政策を決定しているか
		C2. 官僚の腐敗に対する予防措置は、十分にして有効か
		C3. 政府は公開性と透明性をもって運営されているか
	追加的項目質問	政府または統治者は、特定の文化を破壊したり、他の集団に有利なように政治的バランスを変えたりするためにエスニック集団の構成比を故意に変えようとしていないか ●政府または統治者が、国・地域のエスニック集団の構成を故意に変えるために、特定の人々に経済支援またはその他の支援を行っていないか ●政府または統治者が、国・地域のエスニック集団の構成を故意に変えるために、人々を特定の地域から追い出したり、特定の地域に入植させたりしていないか ●政府または統治者が、国・地域のエスニック集団の構成を故意に変えるために、特定の人々を逮捕したり、投獄したり、殺害したりしていないか
市民的自由 （60点）	D. 思想・表現の自由 （16点）	D1. 自由で独立したメディアがあるか
		D2. 個人が、公的または私的に、宗教信条または無信仰を、自由に実践したり表明したりすることができるか
		D3. 学問の自由があり、教育システムは広範な政治教化から免れているか
		D4. 個人が、監視や懲罰の恐れなしに、政治的な話題や微妙な話題について、自らの見解を自由に表明することができるか

E．集会・結社の 自由 （12点）	E 1．集会の自由があるか
	E 2．NGO、特に、人権やガバナンスに関係する活動に従事する団体の活動の自由があるか
	E 3．労働組合やそれに類する専門組織、労働団体の自由があるか
F．法の支配 （16点）	F 1．独立した司法制度があるか
	F 2．民事・刑事事件で、法の適正な手続きが広く通用しているか
	F 3．物理的強制力の違法な使用に対する規制があり、戦争や反乱に対する規制措置が講じられているか
	F 4．法律、政策、実践において、人口の中の多様な階層への平等な待遇が保証されているか
G．個人の自主性 と個人の権利 （16点）	G 1．個人が、居住、雇用、教育の場所の変更を含む、移動の自由を享受しているか
	G 2．個人が、国家や非国家的アクターからの不当な干渉なしに、財産を所有し、私的ビジネスを行う権利を行使できるか
	G 3．個人が、結婚相手の選択、子供の数の選択、家庭内暴力からの保護、服装・外見への統制からの自由を含め、個人的かつ社会的な自由を享受しているか
	G 4．個人が、機会の平等と経済的搾取がないことを享受しているか

評価法　各国または地域の自由の格付けは、政治的権利の合計点（ 0 -40点）と市民的自由の合計点（ 0 -60点）を、次の表の通り均等に評価し、「自由な国」、「部分的自由な国」、「不自由な国」の格付けを行う。

Status		Political Rights score						
		0 - 5 *	6 -11	12-17	18-23	24-29	30-35	36-40
Civil Liberties score	53-60	PF	PF	PF	F	F	F	F
	44-52	PF	PF	PF	PF	F	F	F
	35-43	PF	PF	PF	PF	PF	F	F
	26-34	NF	PF	PF	PF	PF	PF	F
	17-25	NF	NF	PF	PF	PF	PF	PF
	8 -16	NF	NF	NF	PF	PF	PF	PF
	0 - 7	NF	NF	NF	NF	PF	PF	PF

F ＝自由な国、PF＝部分的自由な国、NF＝不自由な国
横列＝政治的権利、縦列＝市民的自由
*政治的権利に関する評価点について、10の小項目質問においてすべてまたはほとんどの小項目で 0 点の評価がなされる場合、またそれぞれの質問について、大部分またはすべてが 0 点評価を受け、また追加項目質問において、マイナス評価を受けた場合、国または地域の政治的権利スコアの合計がゼロ未満（－ 1 から－ 4 ）になる可能性がある。出典 Freedom in the World Research Methodology 2020, https://freedomhouse.org/sites/default/files/2021-02/Freedom_in_the_World_2020_Methodology.pdf（2021年 8 月21日取得）。

2 ）　Freedom in the World 2021: Democracy under Siege | Freedom House, https://freedomhouse.org / report / freedom-world / 2021 / democracy-under-siege（last visited, March 14, 2021）.

3 ）　Freedom in the World 2021: Democracy under Siege | Freedom House, https://freedomhouse.org / report / freedom-world / 2021 / democracy-under-siege（last visited, March 14, 2021）.

4) Freedom in the World 2021 : Countries & Regions | Freedom House, https://freedomho
use.org/report/freedom-world/2021/democracy-under-siege/countries-and-regions（last vis-
ited, March 14, 2021). 以下、各国の評価点は、本出典による。

5) *Australian Financial Review*, May 2, 1991.

【参考文献】

1． 大芝亮・秋山信将・大林一広・山田敦編（2018）『パワーから読み解くグローバル・ガ
バナンス論』有斐閣

2． 上村淳（2019）「ASEAN の変容」広島市立大学広島平和研究所編『アジアの平和と核』
共同通信社

3． 北澤義之（2012）「アラブ連盟の安全保障分野における機能と改革」吉川元・中村覚共
編『中東の予防外交』信山社、263-284頁

4． 吉川元・首藤もと子・六鹿茂夫・望月康恵編（2013）『グローバル・ガヴァナンス論』
法律文化社

5． 湯浅剛（2019）「上海協力機構（SCO）の発展」広島市立大学広島平和研究所編『アジ
アの平和と核』共同通信社、268-280頁

6． 李鍾元（2019）「東アジア共同体形成の現状と課題」広島市立大学広島平和研究所編『ア
ジアの平和と核』共同通信社、281-295頁

7． Adler, Emanuel（1998）"Seeds of Peaceful Change: The OSCE's Security Community-
Building Model," in Adler, Emanuel and Barnett, Michael, eds., *Security Communities*,
Cambridge: Cambridge University Press, pp. 119-160.

8． Buzan, Barry, and Segal, Gerald（1994）"Rethinking East Asian Security," *Survival*, Vol.
36, No. 2, pp. 3-21.

9． Kaldor, Mary（2006）*New and Old Wars: Organized Violence in a Global Era*, Cambridge:
Polity Press.

10． Karns, Margaret P. and Mingst, Karen A.（2010）*International Organizations: The Politics
and Processes of Global Governance*, Colorado: Lynne Rienner Publishers.

11． Katzenstein, Peter J.（2005）*A World of Regions: Asia and Europe in the American Impe-
rium*, Ithaca and London: Cornell University Press.

12． Kikkawa, Gen（2020）"Comparative Analysis of the Regional Security System of Europe
and Asia: Dilemmas of the Asian Security System" in N. Ganesan, ed., *International Per-
spective on Democratization and Peace*, Bingley: Emerald Publishing, pp. 171-188.

13． Mack, Andrew and Kerr, Pauline（1995）"The Evolving Security Discourse in the Asia-
Pacific," *The Washington Quarterly*, Vol. 18(1), pp. 123-140.

14． Sheffer, Gabriel（2003）*Diaspora Politics: At Home Abroad*, New York: Cambridge Univer-
sity Press.

15． Yeo, Andrew（2018）"Overlapping Regionalism in East Asia: Determinants and Potential
Effects," *International Relations of the Asia-Pacific*, Vol. 18, No. 2, pp. 161-191.

第10章　北朝鮮のガバナンス

宮本　悟

1　はじめに

　朝鮮半島の正統政府をめぐって1948年に成立した南北朝鮮それぞれの政治体制の約70年の歴史を振り返れば、南の大韓民国（韓国）は不安定であってクーデターやデモなどで民主主義体制と権威主義体制の体制転換が何度も繰り返されてきたが、北の朝鮮民主主義人民共和国（北朝鮮）は一貫して全体主義体制を維持してきた。

　北朝鮮は、全体主義体制が安定して維持されている、政治学上でも興味深いケースである。20世紀には多くの全体主義体制が生まれたが、ほとんどが敗戦によって強制的に体制転換させられたり、体制構築時の指導者層が去った後に次世代の指導者層で対立が発生して権威主義体制に転換したりした。しかし、北朝鮮は、体制構築時の指導者層が死去した後も、世代交代しながら全体主義体制が維持されている珍しいケースである。

　北朝鮮でも、体制構築時の最高指導者の死去後、経済システムが機能不全になり、社会のガバナンスが不安定化した時期もあった。しかし、現在ではそれも乗り切って、政治体制を維持し、安定した社会のガバナンスを回復している。北朝鮮はどうやって、政治体制と社会のガバナンスを維持しているのだろうか。

　それは、国際要因や経済要因、国内要因が複合的に絡み合ったものであろうが、本章では、ほとんど理解が進んでいない北朝鮮の政治体制や社会のガバナンスの維持を可能にしている国内要因について論じる。

2　北朝鮮の政治体制の類型

　北朝鮮は、国名に民主主義を掲げているが、政治学上の民主主義体制の範疇には入らない。北朝鮮の辞典によれば、北朝鮮における民主主義の概念は「勤労人民大衆の意志を集大成した政治」である。「真の民主主義は、唯一、社会主義的民主主義である」とされ、政治学上の民主主義体制である自由民主主義を民主主義とみなしていない（社会科学出版社 2017b：388）。

　北朝鮮では、明確に自由民主主義を否定している。自由民主主義とは「第二次世界大戦後、現代帝国主義者たちの要求に合わせて、より狡猾で反動的に変色したブルジョア民主主義。極端な個人利己主義と黄金万能主義（腐敗した資本主義）に基づいた《自由》、《平等》、《人権》などのスローガンの下で、社会主義的民主主義を悪辣にけなし、侵略と内政干渉を振り回す反動的なブルジョア民主主義である」と、悪質な政治体制として定義されている（社会科学出版社 2017c：70）。

　北朝鮮では自由主義は否定的な概念である。自由主義とは「個人の《自由》を無原則に掲げながら、組織生活と組織規律を嫌い、自分の好きなように行動しようとする間違った思想と態度。個人の自由を絶対的に尊重するという理由で、自由意思に従う行動は干渉してはならないとしながら、国家と民族の運命はものともせず、個人の利益内容を満たして、自身の安逸と享楽を追求しようとするブルジョア個人主義的思想である」と定義されている（社会科学出版社 2017c：70）。

　北朝鮮では、西側諸国と反対に、個人の自由を保障しないことを民主主義としている。北朝鮮では、自らを社会主義的民主主義と呼んでいるが、これは「勤労人民大衆の意志を集大成し、社会のすべてのメンバーが国家と社会の住人としての地位を有し、住人の役割を果たそうとする彼ら自身の政治。集団主義に基づき、社会的集団の社会政治的生命と社会共同の利益を擁護しながら個人の自由と平等を正しく結合させていく」と定義されている（社会科学出版社 2017b：1163）。

　集団主義によって個人の自由よりも集団（社会・国家）の利益が優先されて

いるため、個人の自由は保障されない。集団主義は、現行憲法の第63条でも「朝鮮民主主義人民共和国で公民の権利と義務は《一人は全体のために、全体は一人のために》という集団主義原則に基づく」と定義されている（国家情報院 2020a：38）。

　そのため西側諸国において個人の権利として考えられている人権の概念は、北朝鮮では否定されている。北朝鮮における人権の意味は、主権国家の権利であり、外国からの内政干渉や侵略を防ぐことである（朝鮮中央通信 2021）。ゆえに、グローバル化も「1990年代初め冷戦の終息とともに、米国から出てきて流布された反動的な思想である」と定義して、受け入れていない（社会科学出版社 2017b：1763）。

　北朝鮮の政治体制は、政治体制を民主主義体制、権威主義体制、全体主義体制に分類したホアン・リンスの定義に従えば、全体主義体制に入る。全体主義体制は、「①一元的であるが一枚岩ではない権力中枢があり、②排他的で自律的な、しかも多少なりとも知的に洗練されたイデオロギーがあり、③政治的、集団的な社会活動に対する市民の参加と積極的な動員が奨励され、要請され、報酬で報いられ、単一政党と多くの一枚岩的な第2次集団を通して誘導される」と定義されている（リンス 1995：27-28）。

　北朝鮮は、その全体主義体制の特徴をすべて備えている。①朝鮮労働党による一党独裁制であるが、党内部では対立があって粛清もあり、②「金日成・金正日主義（主体思想）」と呼ばれる朝鮮労働党のイデオロギーが存在し、③マスゲームやパレード、生産運動（戦闘ともいう）など、ほぼ毎年のように何かの動員が行われており、ほぼすべての成年男女は朝鮮労働党の下にある何らかの社会団体に所属している。

　20世紀には、ナチズム下のドイツやファシズム下のイタリア、スターリン時代のソ連、毛沢東時代の中国などが全体主義体制として知られているが、21世紀でも全体主義体制を維持しているのは世界でも北朝鮮ぐらいであろう。

　ただし、個人の自由が保障されないにもかかわらず、国外でのイメージと違い、ナチズム下のドイツのように、全体主義体制下の住民は歓喜さえ感じていることがある。それは全体主義体制下の一党独裁制が意外に社会のガバナンスを構築できることがあるからである。

3　朝鮮労働党の党勢拡大と、伝統社会との一体化

　北朝鮮は一党独裁制であって、1972年の社会主義憲法制定以来、朝鮮労働党の指導的立場が制度化されている。ただし、議会である最高人民会議に代議員を選出している政党は三つある。朝鮮労働党と朝鮮社会民主党、天道教青友党である。朝鮮社会民主党や天道教青友党は建国以前のソ連軍占領期から存在するが、現在では朝鮮労働党の友党として実質的に朝鮮労働党の指導下にあるので、野党ではない。全体主義体制である北朝鮮では、議会における政党間の競争性は存在しない。

　1972年の社会主義憲法制定以前も、実際は朝鮮労働党の一党独裁制であった。それは、46年にすべての政党や政治団体を連合させた北朝鮮民主主義民族統一戦線（後の祖国統一民主主義戦線、以下、統一戦線）が結成され、その統一戦線の中で、朝鮮労働党の前身である北朝鮮労働党が最大の規模を持ったことに起因する（宮本 2001：82）。いいかえると、与党連立政権が結成され、その中でもっとも大きな政党であった北朝鮮労働党が指導的立場を持ったのである。48年9月9日に北朝鮮が建国された頃には、北朝鮮労働党が他の党や社会団体に対する圧倒的な指導的立場を確保していた。

　さらに、米軍と韓国政府に非合法組織とされた南朝鮮労働党の党員が、ゲリラ闘争で韓国警察と韓国軍に敗れて北朝鮮に次々に亡命すると、1949年6月30日に南北朝鮮労働党が合併してさらに規模が拡大した現在の朝鮮労働党が誕生した。以降、朝鮮労働党が北朝鮮における支配政党になった。

　朝鮮労働党成立後の党首は、金日成（1949～94）、金正日（1997～2011）、金正恩（2012～現在）であり、金日成とその子孫だけである。党首の呼称も、党中央委員会委員長（1949～66）、党中央委員会総書記（1966～94）、党総書記（1997～2011）、党第一書記（2011～16）、党委員長（2016～21）、党総書記（2021～現在）と変化してきた。

　ただし、北朝鮮は個人独裁制ではなく、一党独裁制であり、それを支えているのは、党首の資質や肩書ではなく、支持基盤となる圧倒的な規模の朝鮮労働党の党員数である。では、現在の朝鮮労働党の党員数はどれほどの規模なので

あろうか。

　朝鮮労働党は、第4回党大会で1961年8月1日時点の党員数を133万1563人と発表して以来（国土統一院 1980b：72）、正確な党員数を発表しておらず、現在の党員数は分からないが、60年末の人口が約1078万9000人と発表されているので、当時でも人口の約12％が党員であったことが分かる（朝鮮中央年鑑 1961：321）。

　現在の状況については、2020年8月19日に発表された「朝鮮労働党中央委員会第7期第6回総会決定書」で、21年1月に開催される予定の第8回党大会では1300人に1人の代表者を選出するとなっていたので、ここからおおよその党員数を推算できる（『労働新聞』2020年8月19日）。実際に21年1月5日から12日まで開催された第8回党大会では5000名の代表者が参加したが、250名は党中央指導機関のメンバーであって、実際に選出されたのは4750名であった（『労働新聞』2021年1月6日）。そこから現在の党員数は約617万5000名と推算できる。現在の北朝鮮の人口が約2500万人であることを考えると、人口の約25％が党員ということになる。正確な党員数は分からないが、人口に比して、一つの党の党員数がもっとも多い国の一つであることは間違いないであろう。

　そのため、北朝鮮社会のガバナンスの維持を可能にしているのは、朝鮮労働党の膨大な党員数と社会の隅々まで掌握している党組織である。朝鮮労働党そのものが北朝鮮社会だといっても過言ではない。

　ただし、朝鮮労働党が党勢を拡大する過程で、従前の伝統社会を受け入れていったため、現在でも北朝鮮では伝統社会の慣習がかなり色濃く残っている。独特の集団主義や厳罰主義、家族の連座、家庭における女性の役割重視、出身地域や身分（朝鮮語：出身成分）の差別、外部者に対する警戒、移動の自由の制限などは、その例と考えられる。頼母子講や賄賂、賭博、農民市場のように非公式領域として半ば放置されているものもある。そのために、近代社会で発展した個人の権利としての人権の概念はほとんど形成されていない。朝鮮労働党の統治イデオロギーも、結成当初のマルクス・レーニン主義から離れて、北朝鮮社会の実情に合わせた独特のイデオロギーに代えられていった。

　脱北者の記録を調査した伊藤亜人が「北朝鮮における堅固な社会主義体制とは、非社会主義的な非公式領域を否定してこれを排除することによって成立し

たものではなく、実際には、むしろこれと一体化することで成立している」と
論じているように、北朝鮮社会のガバナンスの維持を可能にしたもう一つの要
因は、党勢を拡大する朝鮮労働党が伝統社会と一体化していったためといえよ
う（伊藤　2017：436）。

4　朝鮮労働党によるガバナンス

　北朝鮮では、政府機関など統治機構だけでなく、社会団体や企業、農場、学
校、軍隊など社会の隅々に至るまで党組織が設置されている。北朝鮮について、
朝鮮労働党と政府と軍隊を並列して統治機構と論じる向きが多いが、これは韓
国の権威主義体制の枠組みで北朝鮮をみた誤解である。実際には、北朝鮮の政
府と軍隊は、朝鮮労働党の一部門にすぎない。

　朝鮮労働党組織には、党中央委員会を中心とした各部局などの党中央指導機
関がある。また、地方の行政区域に沿って、地方党委員会である道党委員会、
市党委員会、郡党委員会が組織されている。軍隊には、朝鮮人民軍党委員会が
組織されている。これらは統治機構を指導する役割を果たしている。

　だが、社会のガバナンスで重要なのは、生産・事業単位である企業や農場、
学校などの社会の末端に組織されている基層党組織である。基層党組織は、実
情は村落共同体のような地域コミュニティに近い存在であり、コミュニティの
メンバーの社会活動から冠婚葬祭や争いごと、交友関係に至る私生活も管理し、
相互扶助の役割も果たしている。ただし、あくまで朝鮮労働党の末端組織であっ
て、自治組織ではない。

　基層党組織には、初級党、分初級党、部門党、党細胞があるが、もっとも末
端の組織は党細胞である。党細胞は、軍隊の中隊・小隊にも組織されている。
党規約は、最近では2021年1月9日に改正されたが、党細胞の規定はほとんど
変わっていない。党細胞は、党生活の拠点であり、党員と大衆をつないで群衆
を党の周りに集める基本単位であり、党員たちと勤労者たちを組織的に動員し
て、党の路線と政策を徹底させるための党組織とされている。だが、上記のよ
うに、実態は伝統社会と一体化した地域コミュニティに近い。

　2021年改正党規約によると、党細胞は、党員5名から30名の単位で組織され

る。31名から60名までの独立単位では分初級党が組織される。61名以上の単位では初級党が組織される。党細胞と初級党（または分初級党）の間で、31名以上の生産・事業単位では部門党が組織される。初級党、部門党、党細胞だけで基層党組織を合理的に組織できない場合には、初級党と部門党の間に60名を超えても生産・事業単位に分初級党を組織することになっている。

党細胞の最高指導機関である党細胞総会（党代表会）は、1カ月に一度開催される。初級党、分初級党、部門党の総会は、3カ月に1回以上開催される。これらの基層党組織は、党員が非党員と直接に接触する場でもあり、党員や勤労者たちに最高指導者に対する忠誠を誓わせ、党の路線や政策を忠実に執行するように指導したりする。同時に、党員たちの政策や党幹部に対する不満や要望を吸い上げて、末端党員たちを政治に参加させる機能を持っている（利益表出機能）。

5　住民の政治参加

全体主義体制と権威主義体制の大きな相違点の一つに、政治参加の程度がある。全体主義体制ではより多くの住民が政治に参加することを求めるので包摂的であるが、権威主義体制では住民が政治に関心を持たないように求めるので閉鎖的である。全体主義体制である北朝鮮では住民が政治に対する強い関心を持つと同時に、国家、党、最高指導者に対する忠誠心が求められる。これが権威主義体制であった韓国の朴正煕政権や全斗煥政権などとは大きく異なる点である。

しかし、北朝鮮での政治参加は選挙によるものではない。北朝鮮では自由選挙がないためである。北朝鮮の選挙制度では一つの選挙区に1人しか候補者がいない。そのために投票方式は、1人の候補者を信任するか否かの選択肢しかない信任投票になる。候補者名があらかじめ記載された投票用紙（選挙票）を受け取ったら、そのまま投票箱に入れて信任を示すか、候補者名に横線を引いた上で投票箱に入れて不信任を示すかである（国家情報院 2020a：90-101）。候補者名に横線を引きに行くと、不信任であることが周りにも分かるため、憲法上は秘密投票になっているが、実情は公開投票である。実際に横線を引きに行く

人は皆無であり、100％の信任で候補者が当選することが常態化している。また義務投票制をとっており、海外にいても大使館や領事館で投票することになっているため、投票率も100％に近い場合がほとんどである。この選挙制度は朝鮮労働党の一党独裁制を支えているだけで、住民が政治に参加して不満や要望（朝鮮語：申訴請願）を表明することには役に立たない。

　北朝鮮での政治参加は、毛沢東時代の中国やナチズム下のドイツなどの全体主義体制にもみられるように大衆運動（ポピュリズム運動）の動員に支えられている。

　大衆運動によって住民は政治に参加しようとするため、朝鮮労働党は大衆に政策や方針を指導する。党組織や社会団体では、仕事と生活を反省し、相互批判する生活総和という集会が開かれている。毎週土曜日に実施され、さらに月、四半期、年単位でも開催されている（団体によって少し異なる）。住民のほぼ全員が参加しており、朝鮮労働党や最高指導者の路線や方針に忠実であったか、上司も部下もなく、お互いにチェックされる。

　その代わりに、朝鮮労働党は、大衆の不満や要望に応えようとする。その不満や要望を調整するのも朝鮮労働党の機能である（利益集約機能）。その大衆からの申告や通報によって、朝鮮労働党の重要幹部が粛清されることがよくある。最近では2021年6月29日に開催された朝鮮労働党中央委員会第8期第2回政治局拡大会議で、中央と地方の一部の幹部の不正に関する通報があったことが発表され、実際に党中央指導機関の最高幹部の一部に失脚や降格があった（『労働新聞』2021年6月30日）。

　北朝鮮では、住民が朝鮮労働党の政策や幹部の行為に不満や要望がある場合にはいくつかの申告方法がある。ただし、これらの申告方法は、西側諸国では「密告」と認識されているシステムでもある。

　代表的なものを挙げると、一つは、党組織への申告である。党員は、党中央委員会から党細胞に至るまでの党組織に不満や要望を申告することができる。また脱党を要求することもできる。正当な理由と根拠があれば、どの党員に対しても批判できる。党員の不満や要望を処理する権限はもともと党中央検閲委員会にあったが、2021年改正党規約によって党中央検閲委員会は廃止となり、党中央検査委員会に移譲された（『労働新聞』2021年1月10日）。党組織に申告さ

れた不満や要望は、その党組織で処理できなければ、党中央検査委員会が処理することになる。

　二つ目は、1998年6月17日に最高人民会議常設会議（現在の最高人民会議常任委員会）が採択した「申訴請願法」に基づいて、政府機関、企業所、社会団体に不満や要望を申告することである。これは党員でなくても可能である。法成立が98年という飢餓が蔓延した時期であることを考えると、この頃には党組織だけではガバナンスを維持できなかったことがうかがえる。

6　自由度・民主化度

　北朝鮮では、自由主義は否定的な概念であり、政治体制は自由民主主義ではなく、社会主義的民主主義という全体主義である。そのため、自由度も民主化度も世界最低水準のはずである。

　フリーダムハウスの最近の調査結果（Freedom in the World 2021）によると、北朝鮮の自由度は政治的権利が0／100で、市民の自由度が3／100である。もちろん、世界最低水準であり、エリトリアとトルクメニスタンに続いて、ワースト3である。自由主義を否定している北朝鮮の公式見解と矛盾しない。

　市民の自由度が3／100あるというのは、1995〜2000年に続いた「苦難の行軍」という飢餓が蔓延した時代を経て、自由市場が容認され始め、男女平等の実現や食糧事情の改善が評価されているのだが、低評価であることには変わりない。

　ただし、フリーダムハウスの評価は、北朝鮮の公式見解や社会主義国家のイメージからつくられており、伝統社会やそれに起因する非公式領域が北朝鮮社会に残っていることは見過ごされている。西側諸国からみると北朝鮮社会では著しい人権侵害があるが、それは貧困や伝統社会を指していることも多い。

　北朝鮮の貧困は、伝統社会の自給自足による平等主義が朝鮮労働党の経済政策（自立的民族経済建設路線）の基本概念になったことに一因がある。貿易が発展しない原因でもある。冷戦期に社会主義諸国間の経済協力機構であるコメコン（COMECON）にすらオブザーバー資格のままで加盟しなかったほど、北朝鮮は貿易や国際分業に消極的であった。現在でも自由貿易やグローバル化には

否定的である。

　社会主義国家であるため思想の自由はない。ただし、朝鮮労働党の統治イデオロギーは、北朝鮮社会の実情に合わせたものになっているため、北朝鮮社会では社会規範のようなものになっている。朝鮮労働党の統治イデオロギーに忠実ではないと党組織で批判されると、最高幹部であろうと社会から隔離されて、山村や収容所などで思想・労働教育が課せられる。伝統社会以来の厳罰主義であるため、重大な逸脱行為の場合には公開処刑もあり得る。ただし、社会復帰して元の地位に戻ることもよくある。現在の党中央指導機関の最高幹部たちの中にも、過去に思想・労働教育を課せられた経験があった者が確認できる。

　飢餓の時代（苦難の行軍）に際しては、その社会規範からの逸脱も数多く行われた。伊藤亜人が調査したように、むしろ社会規範に忠実な幹部に犠牲が多かった（伊藤 2017：431）。一般住民たちは、社会規範を逸脱して非公式領域で食糧を確保していった。中国に越境する人たちもいた。しかし、伊藤亜人が指摘するように、北朝鮮から出て行かず「体制の中に身を置いて生活する道を選ぶ人々が多数を占めている」ことも事実である（伊藤 2017：440）。非公式領域が多く残されていたことが、北朝鮮の全体主義体制と社会のガバナンスの維持につながったといえよう。

7　おわりに——民主化の可能性

　北朝鮮社会のガバナンスは、膨大な党員数を持つ朝鮮労働党が、政府機関から企業や学校、軍隊に至る社会の隅々に設置した党組織によって成り立っている。党組織は、住民が政治に参加するように政策や方針を指導するとともに、住民の不満や要望を吸い上げる利益表出機能があり、各々の社会組織間の利害関係を調整する利益集約機能がある。幹部の腐敗や不正の申告があれば審議して処罰を下すこともできる。さらに伝統社会やそれに起因する非公式領域も多く残しているため北朝鮮社会では受け入れやすい。北朝鮮の全体主義体制と社会のガバナンスが維持されてきた理由はそこにある。そのために、北朝鮮が近いうちに民主化する可能性はほとんどない。

　全体主義体制から権威主義体制に、権威主義体制から民主主義体制に徐々に

移行することはあるだろうが、全体主義体制から突然民主化することは、外部からの物理的な強制力でもない限り難しい。ただし、内戦による北朝鮮の体制転換はあり得る。朝鮮労働党が組織的に分裂して内戦に至れば、勝利した側によって体制転換は起こり得るだろう。ただし、それが民主主義体制になるかは分からない。

　朝鮮労働党の組織的な分裂の兆候は現在みられない。朝鮮労働党が組織的に分裂しないようにしているのは、中央指導機関とそれをまとめる最高権威であり、忠誠の対象としての最高指導者である。社会の隅々に設置された党組織は、その忠誠を維持する機能も果たしているのである。

【参考文献】

1．伊藤亜人（2017）『北朝鮮人民の生活——脱北者の手記から読み解く実相』弘文堂
2．国土統一院（1980a）『朝鮮労働党大会資料集』Ⅰ輯、国土統一院
3．国土統一院（1980b）『朝鮮労働党大会資料集』Ⅱ輯、国土統一院
4．国土統一院（1980c）『朝鮮労働党大会資料集』Ⅲ輯、国土統一院
5．国土統一院（1988）『朝鮮労働党大会資料集』Ⅳ輯、国土統一院
6．国家情報院（2020a）『北韓法令集』上、国家情報院
7．国家情報院（2020b）『北韓法令集』下、国家情報院
8．社会科学出版社（2017a）『朝鮮語大辞典（増補版）』1巻、社会科学出版社
9．社会科学出版社（2017b）『朝鮮語大辞典（増補版）』2巻、社会科学出版社
10．社会科学出版社（2017c）『朝鮮語大辞典（増補版）』3巻、社会科学出版社
11．社会科学出版社（2017d）『朝鮮語大辞典（増補版）』4巻、社会科学出版社
12．朝鮮中央通信（2021）「朝鮮民主主義人民共和国外務省スポークスマン談話」『朝鮮中央通信』（5月2日）http://www.kcna.kp/（2021年5月2日取得）
13．朝鮮中央年鑑編集委員会（1962）『朝鮮中央年鑑』1961年版、朝鮮中央通信社
14．宮本悟（2001）「北朝鮮における建国と建軍——朝鮮人民軍の創設課程」『神戸法学雑誌』51巻2号（9月）44-90頁
15．リンス、ホアン・J（1995）『全体主義体制と権威主義体制』高橋進監訳、法律文化社
16．Freedom House（2021）Freedom in the World 2021: Democracy under Siege, https://freedomhouse.org/countries/freedom-world/scores（last visited, May 5, 2021）.

第11章　インドとパキスタンのガバナンス

奈良部　健

乗京　真知

1　はじめに

　インドとパキスタンは、かつて英領インドとして一つの植民地だった。1947年 8 月、英領インドからヒンドゥー教徒が多数派のインドと、イスラーム教徒が中心のパキスタンが分離し、独立した。国境部のカシミール地方の領有などをめぐって過去に三度の戦火を交え、核保有国となった両国の対立は今も、南アジア地域の安全保障の脅威となっている。

　インドは独立後、ジャワハルラル・ネルー初代首相の下、憲法の制定や普通選挙制の導入、州の再編や統合が進められ、国家制度の基盤がつくられた。ネルーを筆頭にインドの指導者たちは、英米流の議会主義や言論の自由などの伝統を重んじ、文官優位を保ってきた。軍部との密接な関係やクーデターが起こりがちな他のアジア諸国とは、一線を画したといえる。

　国民会議派は独立運動を闘ってきたことから、全国的な支持を得ており、1960年代半ばまでは会議派の「一党優位体制」と呼ばれてきた。会議派が緩やかに衰退していくのは、ネルーの娘インディラ・ガンディー首相の就任した66年以降である。ガンディーは75年に非常事態を宣言し、民主主義制度に危機が訪れた。政治的自由は剥奪され、野党党首らを投獄した。非常事態宣言は、反政府運動を抑圧するために出された。73年の第 1 次石油ショックにより、原油の多くを輸入に依存していたインド経済は打撃を受け、インフレが人々の不満を高めていたためである。こうした強権政治やはびこる汚職への反発が、会議派の衰退の背景にあった。

　会議派が多数派をとることができなくなると、地域政党が台頭し、多党化や連立の時代を迎えた。伸びてきたのが、ヒンドゥー至上主義を掲げるインド人民党である。「強いインド」を訴える同党は、1998年の総選挙で最多議席を獲得した。アタル・ビハリ・バジパイ首相によって連立政権が樹立され、「中国の脅威」を理由に核実験を行った。2004年の総選挙で会議派に政権を譲り渡すが、14年に復活し、グジャラート州首相のナレンドラ・モディによる政権が発足した。

　一方のパキスタンは、民主主義の定着が遅れた。最大の要因は、インドとの戦争や対テロ戦で肥大化した軍部による、度重なる政治介入だった。軍部は建国から74年の間に、三度のクーデターを起こし、計33年にわたって政権を掌握した。

　軍部による政治介入の代表例は、ペルベズ・ムシャラフによる軍事独裁体制である。陸軍参謀長だったムシャラフは、1999年10月にクーデターでナワズ・シャリフ首相率いるパキスタン・イスラーム教徒連盟シャリフ派（PML-N）政権を崩壊させた後、陸軍参謀長を兼務したまま大統領に就き、9年間にわたって国を支配した。

　2007年12月、ムシャラフ大統領を批判し、民主化を訴えていた野党のパキスタン人民党（PPP）のベナジル・ブット元首相が暗殺されると、ムシャラフ大統領の関与を疑う声が強まった。08年2月の総選挙では、ムシャラフ大統領が推す与党が惨敗し、第1党になったPPPがシャリフ派と連立し、ムシャラフ大統領を辞任に追い込んだ。

　軍部の政治介入と並んで、パキスタンの政治を不安定化させてきた要因としては、文民政権の腐敗体質も挙げられる。2008年の民政移管によって生まれたPPP政権も、13年の政権交代で生まれたシャリフ政権も、金にまつわる疑惑や縁故主義がつきまとった。政権の意向をくむ捜査機関の捜査は手ぬるく、仮に収監されても政治取引で放免される特権階級の横暴に、国民は怒りを募らせた。その不満を代弁したのが、国民的な人気を誇るクリケットの元スター選手のイムラン・カーン党首が率いる野党パキスタン正義運動（PTI）だった。18年7月の下院選での勝利を経て、PTI政権が発足した。

2 インド・パキスタンの政治制度

(1) インド

元首は大統領だが、政治の実権は首相にある。

首相は大統領が任命し、任期は 5 年。2014年 5 月にインド人民党が勝利し、同党を率いたグジャラート州元首相のモディが首相に就任した。この時の総選挙では、30年ぶりに単独政党が過半数を獲得したが、19年の総選挙ではさらに議席を増やして大勝し、同年 5 月から 2 期目に入った。

大統領は内閣の助言の下、行政権や軍の最高指揮権を持つ。上下両院および州議会議員による間接選挙で選ばれる。再選は可能で、任期 5 年。2017年 7 月に、カーストの最底辺層のダリット（被差別民）出身のラム・ナト・コビンド前ビハール州知事が就いた。

インドの国土は日本の約 9 倍の328万7469平方 km、人口は13億6641万人で、中国に次ぎ世界で 2 番目に多い。多数派のヒンドゥー教徒が約 8 割を占め、イスラーム教徒（14%）、キリスト教徒（ 2 %）、シク教徒（ 2 %）、仏教徒（0.7%）、ジャイナ教徒（0.4%）と多くの宗教がある。連邦公用語はヒンディー語と英語で、憲法の付則には22の指定言語が記されている。28州と、デリー準州政府を含む 9 連邦政府直轄地から構成される連邦制をとる。行政は、州首相以下の州政府が行う。

連邦議会は上院と下院の 2 院制である。上院の定数は最大250で、大統領が有識者ら12人を指名し、そのほかは各州議会議員による間接選挙で選ばれる。任期は 6 年で、 3 分の 1 の議席を 2 年ごとに改選する。下院の定数は最大550で、うち543議席は州と連邦政府直轄地から小選挙区制で選ばれる。

(2) パキスタン

元首は大統領だが、政治の実権は首相にある。

首相は下院の投票で選ばれ、任期は 5 年。2018年 7 月の下院選でクリケットのスター選手だったカーンが率いるパキスタン正義運動（PTI）が第 1 党に躍進し、少数政党との連立を経て、カーンが首相に就任した。

　大統領は上下両院などの間接選挙で選ばれ、任期は5年。ムシャラフ陸軍参謀長は1999年のクーデターで権力を掌握して大統領に就任し、大統領の下院解散権を復活させるなど権限強化を進めたが、民政移管後の2010年4月の憲法改正で大統領の権限がそがれ、現在は外交儀礼への出席など象徴的な役割にとどまっている。18年9月からPTI元幹事長のアリフ・アルビが大統領を務めている。

　日本の約2倍にあたる国土79.6万平方kmに、世界5番目の人口2億777万人が暮らし、その約96%が国教のイスラーム教を信じている。国語はウルドゥー語で、インドのヒンディー語に近い。四つの州（パンジャブ、シンド、バルチスタン、カイバル・パクトゥンクワ）や首都イスラマバードのほか、インドと領有権を争うアザド・カシミールやギルギット・バルティスタン地域がある。アフガニスタン国境地帯には連邦直轄部族地域（FATA）があったが、2018年5月にカイバル・パクトゥンクワ州に編入された。

　連邦議会は、上院と下院で構成される。上院議員の定数は96で、州議会議員らによる間接選挙で選ぶ。任期は6年で、3年ごとに半数を改選する。

　下院の定数は342で、うち272が小選挙区制で選ばれ、残りは60が女性枠、10が非イスラーム教徒枠として割り当てられる。任期は5年である。

3　自由度・民主化度

　フリーダムハウスのインドとパキスタンの評価を見比べると、その「自由度」に大きな差があることが読み取れる。フリーダムハウスは1998年版以降、インドを「自由」と評価してきた。多党制による堅固な選挙民主主義を維持してきたとしている。

　しかし、2021年版で評価を見直し、「限定的自由」とした。その理由は、「ヒンドゥー至上主義を掲げるモディ政権や与党インド人民党（BJP）が、少数派イスラーム教徒への差別的な政策や暴力を引き起こしている」というものである。このほか、「憲法の定める表現や信仰の自由にもかかわらず、ジャーナリストやNGO、政府に批判的な評論家、政府への抗議行動を起こす人々への締め付けや嫌がらせが増えている」ことを指摘している。

　総合評価（100点満点）では、2018年版までは76〜78点で推移してきたが、第
2次モディ政権の発足した19年版で75点、20年版で71点、21年版では最低の67
点と、下降傾向にある。

　パキスタンをみると、フリーダムハウスは、ムシャラフによる軍事独裁が始
まった1999年から9年連続で、パキスタンを「自由でない」と評価した。しか
し、2008年にムシャラフが大統領を辞任し、選挙で選ばれたパキスタン人民党
（PPP）政権が発足したことから、09年版以降は「限定的自由」に評価を見直し
た。その後、PPP政権は13年までの任期5年を全うした。任期満了に伴う同
年の総選挙では、パキスタン・イスラーム教徒連盟シャリフ派（PML-N）が勝
利し、シャリフ政権が発足した。

　フリーダムハウスの2014年版は「民主的な選挙で選ばれた（PPPの）政権が
任期を全うしたのも、憲法の手続きにのっとって（シャリフ政権への）政権交代
が起きたのも、パキスタンの歴史で初めてのことだった」と総括し、民主主義
の制度が根付きつつあると指摘した。

　安定した経済成長と高い支持率で、シャリフ政権が任期を折り返した時期を
反映した2016年版と17年版では、パキスタンの情勢を「比較的安定している」
と評価した。軍トップのラヒル・シャリフ陸軍参謀長が政治への関与を減らし、
もっぱら対テロ作戦に重きを置いたことで、軍部と文民政権の摩擦が減り、内
政の混乱が少なくなったことが背景にある。ただ、17年版と18年版に総合評価
（100点満点）で43点が付いたのをピークに、その後は下落の一途をたどってい
る。

4　近年の民主化傾向

(1)　国内要因

　インドでは選挙による政権交代があり、クーデターの歴史はない。長期的に
は、安定した民主主義制度を築いてきた。

　ただ、2014年の総選挙で国民会議派に勝利したインド人民党（BJP）のモディ
政権が発足してからは、ヒンドゥー教の文化による国家統合を目指す「ヒン
ドゥー至上主義」によるイスラーム教徒への排他的な政策運営がみられるよう

になった。特に、19年5月の第2次モディ政権の発足以降は、その傾向に拍車がかかった。BJPの支持母体はヒンドゥー至上主義を掲げる「民族奉仕団（RSS）」で、モディは青年時代からRSSの活動家だった。

　第2次政権発足から3カ月後の2019年8月、インド側のジャム・カシミール州に憲法が認めてきた自治権の剥奪を表明した。同州はインドで唯一、イスラーム教徒が多数派を占めているが、長年にわたってインドからの分離や独立を求めるテロや暴動が起きていた。BJPは、憲法の自治権規定が「国民統合を阻害している」と主張し、撤廃を目指してきた。政権は自治権剥奪への反対運動を押さえ込むため、治安部隊を増派したり、インターネットを遮断し、地元の政治家やジャーナリストを拘束した。

　2019年11月には、インド北部アヨーディヤにあるイスラーム教礼拝所（モスク）跡地について、ヒンドゥー教徒側とイスラーム教徒側が争った土地所有権をめぐる訴訟で、最高裁がヒンドゥー教徒団体に土地の引き渡しと寺院建設を認める判決を出した。モスクはムガル帝国時代の16世紀に建てられたが、ヒンドゥー教徒は叙事詩「ラーマーヤナ」の主人公ラーマ神の生誕地と考えている。1992年には、「モスクはヒンドゥー教寺院を破壊して建てられた」と主張するヒンドゥー至上主義者らがモスクを破壊し、両教徒による大規模な衝突が起き、全土で2000人が死亡したとされる。寺院再建運動はRSSが主導し、インド人民党はこの宗教意識の高まりを利用して支持基盤を広げてきた。判決を受け、2020年8月にはアヨーディヤでラーマ寺院再建の定礎式が行われ、モディ首相やRSSのモハン・バグワト総裁らが出席した。判決を出した最高裁長官はBJPに近い存在とされ、退任後は同党の上院議員となった。

　政権は2019年12月、イスラーム教徒に差別的とされる改正国籍法を成立させた。14年末までにパキスタンやバングラデシュ、アフガニスタンから宗教的迫害を理由にインドに来た移民に対し、インド国籍を与える内容である。だが、その対象はインドで多数派のヒンドゥー教のほか、キリスト教、仏教など六つの宗教の信徒で、イスラーム教徒は除外された。改正国籍法への抗議活動は全国に拡大し、イスラーム教徒だけではなくヒンドゥー教徒の一部からも、法の下平等を定めた憲法に反するとの批判が起こった。デリーでは、賛成派と反対派の暴動が頻発した。イスラーム教徒の多い地区で投石や放火が相次ぎ、イ

スラーム教徒を中心に50人以上が死亡した。警察がヒンドゥー教徒側に加担した、との報道もある。

　新型コロナウイルスの感染が広がり始めた2020年3月には、デリーで開かれたイスラーム教団体の集会にインド国内やインドネシア、マレーシアから数千人が参加し、集団感染が起きた。参加者たちはインド各地に戻ったことで、感染が広がったと指摘されている。与党政治家らは、イスラーム教徒がウイルスを利用してヒンドゥー教徒に「コロナジハード（聖戦）」を仕掛けたと主張するなど、イスラーム教徒への非難がSNS上などで相次いだ。

　インド憲法は、あらゆる宗教を平等に扱うセキュラリズム（世俗主義）を定めているが、この国家理念が多数派のヒンドゥー教の重視へと傾いてきている。

　他方、パキスタンでは2016年を境に、民主化の後退が続いている。きっかけは、16年に明るみに出た「パナマ文書」の騒動だった。富裕層の資産隠しの実態を暴いたパナマ文書の中には、シャリフ首相一家の記述があり、シャリフ首相は裁判にかけられた。

　たとえ首相といえども裁判にかけられることは、独立した司法が機能していることを示しているようにみえるが、問題は軍部が裁判に影響を及ぼし、「シャリフ潰し」に活用したことだった。もともと軍部はシャリフ首相を反軍色の強いPPPへの対抗勢力として育ててきたが、政治キャリアを積んだシャリフ首相と軍部との間には、軋轢が目立つようになっていた。たとえば、シャリフ首相は軍部が敵視するインドとの融和を試みたり、ムシャラフの訴追を通じて過去の軍政の責任を追及したりする動きをみせていた。

　2017年7月、パナマ文書の裁判の判決で、最高裁はシャリフ首相の議員資格を剥奪し、失職させた。判決の根拠となったのは、軍部が最高裁に持ち込んだ情報であった。その後も様々な疑惑の裁判が提訴され、シャリフ派の財務相や外相が失脚した。

　2017年11月、野党のパキスタン正義運動（PTI）や宗教政党が、シャリフ派の追い落としを狙って、首都近郊で数万人規模のデモを起こした。デモ参加者は暴徒化し、首都機能は麻痺したが、軍部は出動を拒み、デモを容認した。インターネット上では、軍幹部がデモ参加者を励まし、現金を配っている様子とされる動画が拡散した。デモの混乱の責任を取る形で、シャリフ派の法相が辞

任した。18年５月には、シャリフ派の内相が何者かに銃撃される事件も起き、身の危険を感じたシャリフ派議員が、次々と野党に移籍した。

　この間、メディアへの締め付けも強まり、2018年３月下旬、軍批判を続けていた視聴率トップの民放局ジオ（Geo）の中継が各地で止まった。視聴率は約40％下がり、広告収入は激減した。同年５月中旬、有力英字紙ドーンがシャリフの単独インタビューを掲載したが、新聞の配達が各地で止まった。シャリフ派寄りの記者への脅迫や襲撃も続いた。軍部が意に沿わない報道機関に嫌がらせをするのは公然の秘密である。

　一方、軍部の後ろ盾を得た野党PTIは、各地で大規模な選挙集会を開いた。PTIのイムラン・カーン党首は、クリケットの元スター選手で知名度が高かった。選挙運動を優位に進めたPTIは、2018年７月の下院選で改選前に35だった議席を149に伸ばし、第１党に躍進した。少数政党と連立与党を結成し、PTI政権が発足した。

　2019年11月に退任予定だった軍トップのカマル・バジュワ陸軍参謀長の任期は、PTI政権下の法改正によって３年間延長された。本稿執筆中の21年前半まで、PTI政権と軍部の蜜月関係は続いている。

　2008年からのPPP政権、13年からのシャリフ政権、18年からのPTI政権と、文民政権が３期続いたことをみれば、表向きは民主主義が浸透しているような印象を受ける。ただ裏では、上記の通り、軍部が聞き分けのいい政党や政治家を使って内政を動かし、捜査機関や裁判所に裏で手を回すことで、立法・行政・司法の三権に大きな影響を与え続けている。軍優位の構図は弱まるどころか、むしろ強まっている。

(2)　国際要因

　南アジアの民主化度を揺さぶる最大の懸案は、カシミール問題である。インドとパキスタンはカシミール地方の領有をめぐり、1947年と65年に２度の戦争を起こした。国連が仲介して停戦し、カシミール地方のうちインドは「ジャム・カシミール州」を、パキスタンは「アザド・カシミール」と「ギルギット・バルティスタン」を、それぞれ実効支配することになった。

　また、1971年12月には東パキスタン（バングラデシュ）の独立をめぐって第３

次印パ戦争があり、99年には再びカシミール地方で両軍によるカルギル紛争が起きた。

　直近では2019年春に、カシミール地方で両軍による軍事衝突が起きた。きっかけは19年 2 月14日にインド側のジャム・カシミール州であった爆破事件だった。インド治安部隊約40人が死亡したこの爆破事件では、パキスタンの武装勢力「ジャイシェ・ムハマド」が犯行を認めた。ジャイシェ・ムハマドはインドにとって、01年のインド国会議事堂襲撃事件に関与したとされる因縁の敵でもあった。

　爆破事件から 2 週間近くたった 2 月26日、インドはパキスタン側にあるジャイシェ・ムハマドの拠点施設周辺を空爆した。英BBC などは「インド空軍がカシミールの停戦ラインを越えたのは、1971年以来初めて」と伝えた。これに対してパキスタン軍は翌27日、カシミール地方の停戦ライン（実効支配線）付近の上空でインド軍機 2 機を撃墜し、脱出した空軍パイロット 1 人を拘束した。

　パキスタンのカーン首相は同日の演説で「事態が悪化すれば私の手に負えなくなる。対話によって解決したい」と呼びかけた。インドのスシュマ・スワラジ外相は「インドは事態の悪化を望んでいない」と語った。パキスタンがパイロットをインドに返すことで手打ちした。軍事行動をエスカレートさせてしまったのは、相手より先に引けない事情が双方にあったからである。インドのモディ首相は、総選挙を 3 カ月後に控え、弱腰の対応を見せるわけにはいかなかった。一方、パキスタンは、2018年の総選挙で軍寄りのカーン政権が誕生し、軍部の発言力が強まっていた。

　カシミール地方の停戦ライン（実効支配線）周辺では、砲撃などの軍事衝突がここ数年で急増している。インド内務省によると、停戦違反による衝突や「テロリスト」による攻撃は、2015年の405件から年々増え、20年には12倍で最多の5133件となった。カシミール住民から英雄視された武装勢力のワニ司令官が16年、インド治安部隊によって殺害された後から、武装闘争が激化した。19年のインド政府によるジャム・カシミール州の自治権の剥奪と同州の連邦直轄領化も、緊張をさらに高めた。犠牲は治安部隊だけでなく、一般市民にも及んでいる。

　こうした中、インド軍とパキスタン軍は2021年 2 月25日、カシミールでの停

戦遵守で合意したとする共同声明を発表した。「両軍トップは平和を乱し、暴力につながる可能性のある中核的な問題点や懸念事項を互いに話し合うことで合意した」としている（インド政府情報放送省ホームページ）。

また、2021年4月にパキスタンのカーン首相が新型コロナウイルスに感染すると、インドのモディ首相が「早い回復を」とツイートして雪解けを印象付けた。本国に呼び戻していた互いの大使を任地に戻す可能性や、14年を最後に開かれていない南アジア地域協力の枠組み「南アジア地域協力連合（SAARC）」の首脳会合を再開させる道筋についても、協議が始まった。

ただ、今回の雪解けは、南アジアの不安定化を避けたい米国や湾岸諸国の強い働きかけを受けた両国による、一時的な「演出」という側面が否めない。対立の根底にあるカシミール問題の解決は容易でないうえ、過度な歩み寄りが国内で弱腰と受け止められれば、政権の命取りになりかねないからである。

実際、パキスタン軍トップのバジュワ陸軍参謀長は「（カシミールにおける）高い水準の作戦準備態勢」を維持すると公言し、警戒を解いていない。インド軍トップのビピン・ラワット国防参謀長も「我々は常に報復の準備はできている」と語った。両国は当面、弱腰と受け止められない範囲で外交や貿易の正常化を図りつつ、費用がかさむ国境地帯の衝突リスクを最小限に抑えることで、新型コロナウイルス感染症の収束と疲弊した経済の立て直しを優先するとみられる。

5　人間の安全保障は守られているか

国連開発計画（UNDP）が毎年、寿命や教育、所得などを元に算出する暮らしの豊かさの指標「人間開発指数（Human Development Index）」によると、インドは指数0.645で世界131位、パキスタンは指数0.557で154位と、いずれも低い評価を受けている。

近年のインドでは、言論や表現の自由をめぐる危機が指摘されている。新型コロナウイルス感染症への政府による対応を批判したジャーナリストや学者らが扇動の容疑で逮捕された。政府を批判すれば、「反国家的（anti-national）」という烙印を押され、SNSで非難された。「カシミールに自由を」と書かれたポ

スターを掲げた学生が立件されたこともあった。

　政権によるデジタル空間における言論の監視も強まっている。政権の農業関連法に反対する抗議行動が行われている地域でインターネットを一部遮断した他、政権に批判的なツイッターのアカウントの削除をツイッター社に求めた。

　NGOへの締め付けも強くなっている。国際人権団体アムネスティ・インターナショナル（本部・ロンドン）は2020年9月、インド国内での活動を停止すると発表した。アムネスティは当局から家宅捜索などの「嫌がらせ」を数年にわたって受けてきたと主張しており、実際に銀行口座を凍結されたため、職員への給与の支払いができなくなった。インド政府は外国貢献規制法で、当局の許可を受けていない団体が外国から資金を受け取ることを禁じている。アムネスティ側は「国内の寄付で活動している」と否定したが、欧米のNGOが活動を通じてキリスト教を布教し、それが反政府活動につながりかねないとみる政権側には、排除したい思惑があるとみられている。

　LGBT（性的少数者）への偏見や差別も残る。最高裁は2018年、「自然の秩序に反した」同性間の性交を禁じていた刑法の条文を違憲であると判断した。イギリス植民地期から続く法律をめぐって長年、法廷闘争が続いてきたが、「法律がLGBTへの嫌がらせの手段となってきた」と指摘し、LGBTの人たちは判断を歓迎した。ただ、実際には偏見や差別はなお根強く残っている。

　パキスタンでは、ジェンダー間の格差が依然として大きい。世界経済フォーラム（World Economic Forum）が2021年3月に公表したジェンダー・ギャップ指数で、パキスタンは世界ワースト4位だった。たとえば、15歳以上の識字率（2017年時点）をみると、男性が70％を超える一方、女性が約46％にとどまっていることが分かる。男性優位の考えが残る北西部などでは、女性の進学や社会進出を良しとしない家庭が多い。

　女性やトランスジェンダーを狙ったレイプ事件も社会問題になっている。警察は捜査に消極的で、ほとんどの被害者が泣き寝入りを強いられている。国連児童基金（UNICEF）によると、2018年の時点では、20〜24歳の女性のうち約18％が18歳未満で結婚させられていた。

　宗教的な少数派への風当たりも強い。イスラーム教スンニ派系の過激組織や宗教指導者が、少数派のキリスト教徒やヒンドゥー教徒などを狙った攻撃をあ

おっている。パキスタンにはイスラーム教や預言者を侮辱した者に厳罰を科す「冒とく罪」があり、その乱用ぶりが国際人権団体から批判されてきた。米国務省の報告書によると、2019年時点で少なくとも84人が冒とく罪で収監されており、うち29人が死刑判決を受けたという。

　表現の自由を阻害する要因は多い。隠然たる力を持つ軍部への批判や、多額の支援を受ける中国や湾岸諸国に絡む問題の指摘はタブー視されている。ジャーナリストや大学教授、ブロガーなどの失踪が後を絶たない。国際 NGO のジャーナリスト保護委員会（CPJ）によると、2000年以降に国内でジャーナリスト58人が死亡した。「国境なき記者団」が公表した21年の報道の自由度ランキングでは、世界180の国・地域の中で145位と低迷している。

　2018年からは軍部を批判する市民運動「PTM」が北西部を中心に盛り上がり、各地で数万人規模のデモが続いているが、当局はデモを強制排除したりPTM 幹部を一斉拘束したりして封じ込めようとしている。こうした自由や民主化の後退を監視する国際 NGO も、当局からビザ発給停止や事務所の閉鎖などの嫌がらせを受けている。

6　おわりに

　米国と中国の対立が深まる国際情勢の変化により、インドとパキスタンの安全保障も影響を受けている。インドは、パキスタンと中国に包囲されているという安全保障上の認識を持っている。パキスタンの核開発への支援を続けているとされる中国とは国境問題を抱え、1962年の国境紛争で敗れて以降、インドにとって中国は最大の脅威となっている。近年では、2017年に国境付近のドクラム地方で両国軍がにらみ合ったほか、20年にはラダック地方で衝突し、45年ぶりに双方に死者が出る惨事を招いた。21年にラダック地方のパンゴン湖周辺から両軍は部隊を撤収させたが、他の地域での部隊撤収は進まず、衝突の火種は残っている。ただ、インドにとって中国は主要な貿易相手国であり、自国の経済成長に欠かせないことから、インドは国境地帯の安定化を望んでいる。

　一方、インドは米国とは安全保障上の協力を深めている。2020年10月には、ニューデリーで外務・防衛担当閣僚会合（2 + 2）を開き、ミサイルや無人機

の精度向上につながる、衛星情報などを交換する協定に調印した。米国からの武器輸入も増やしている。21年3月には日本、米国、豪州、インドの4カ国QUAD（クアッド）の首脳会談が初めて開かれた。

　だが、インドは最終的にクアッドの首脳会談に参加したものの、軍事同盟化や対中包囲網の形成には慎重な姿勢をとり続けている。米国に接近しながらも、過度な依存は避け、中国や長年友好関係にあるロシアとの関係も損なわないようにする「全方位外交」やバランス外交を続けていくとみられる。

　パキスタンでは、伝統的な友好国・中国の主導で、「一帯一路」の基幹事業「中国・パキスタン経済回廊（CPEC）」によるインフラ整備が進む。中国の内陸部とアラビア海に面したパキスタン南部のグワダル港とを結ぶ輸送路や、港湾、発電所などの建設を、中国からの投融資で推し進めており、2015年4月に発表された第1フェーズの事業規模は約450億ドル（約5兆円）に膨らんだ。財政難に苦しむパキスタンは、中国から借金を重ねているほか、最新鋭の戦闘機や核ミサイルの開発の支援も受けていて、中国への依存が強まっている。

　パキスタンは、米国にとっても戦略的に重要な位置にある。米国は2001年からアフガニスタンに駐留米軍を置き、反政府武装勢力タリバーンと泥沼の戦いを続けてきたのだが、2021年には全面撤退に至った。パキスタンは駐留米軍の物資の補給路が通っていたり、タリバーン人脈を持っていたりするため、敵には回せない相手となっている。つまりパキスタン軍は、中国の支援を受けながら軍備を増強させつつ、米国のアフガン戦略上も優位な立場を保っており、南アジアにおける外交や安全保障分野での存在感をますます強めている。

　核兵器を保有するインド、パキスタン両国間で、ひとたび小競り合いが起これば、危険な報復の連鎖に陥りかねない状態は変わっていない。

【参考文献】

1．グハ、ラーマチャンドラ（2012）『インド現代史　上巻・下巻』明石書店
2．黒崎卓ほか編（2004）『現代パキスタン分析　民族・国民・国家』岩波書店
3．中野勝一（2014）『パキスタン政治史　民主国家への苦悩の道』明石書店
4．水谷章（2011）『苦悩するパキスタン』花伝社
5．インド政府情報放送省ホームページ、インド軍とパキスタン軍の共同声明 https://pib.gov.in/PressReleasePage.aspx?PRID=1700682（2021年6月29日取得）

6．　国境なき記者団、報道の自由度ランキング https://rsf.org/en/ranking（2021年 6 月27日取得）

7．　世界経済フォーラム、ジェンダー・ギャップ指数 https://www.weforum.org/reports/global-gender-gap-report-2021（2021年 6 月27日取得）

8．　パキスタン政府ホームページ https://www.pakistan.gov.pk/（2021年 6 月27日取得）

9．　パキスタン軍統合広報局ホームページ https://ispr.gov.pk/（2021年 6 月27日取得）

10．　米国務省、信教の自由に関する報告書 https://www.state.gov/wp-content/uploads/2020/05/PAKISTAN-2019-INTERNATIONAL-RELIGIOUS-FREEDOM-REPORT.pdf（2021年 6 月27日取得）

11．　CPJ、ジャーナリストの死亡に関する統計 https://cpj.org/data/killed/?status=Killed&motiveConfirmed%5B%5D=Confirmed&type%5B%5D=Journalist&start_year=1992&end_year=2021&group_by=year（2021年 6 月27日取得）

12．　UNDP、人間開発指数 http://www.hdr.undp.org/en/2020-report （2021年 6 月27日取得）

13．　UNICEF、児童婚の国別データ https://data.unicef.org/topic/child-protection/child-marriage/（2021年 6 月27日取得）

第12章　中国のガバナンス

鈴木　隆

1　はじめに

　今日、国際社会では、民主主義に関する規範的理解の一つに、グッドガバナンス（good governance）と呼ばれる考え方がある。これは、冷戦が終結した1990年代以降、主に国連や欧州連合（EU）でなされた議論に基づくもので、国家の良好な統治を実現するため、①人権の尊重、②民主主義（参加）、③言論の自由（自由化）、④法の支配（rule of law）、⑤少数者の権利保護を可能にする諸制度の確立と運用を重視する[1]。

　1949年10月の建国以来、非民主主義の政治が続く中華人民共和国（以下、中国）では、これら五つの項目の達成度はもともと低かった。しかし、2012～13年にかけて発足した習近平指導部の下、中国のグッドガバナンスの各要素は、以前にも増して悪化した。

　本章では、習近平政権下での中国のガバナンスについて、第2節で現今の支配体制の特徴を確認した後、第3節で上記①に関する国際的評価に言及する。次に、第4・5節で②～⑤の状況を検討する。最後の第6節で、中国の自由化と民主化に関する若干の展望を行う。

2　「デジタルレーニン主義」の支配体制

　21世紀に入って以降、中国では、セバスティアン・ハイルマンの言う「デジタルレーニン主義（Digital Leninism）」の特徴を持つ権威主義的支配が確立しつつある（Heilmann 2016）。すなわち、多数の監視カメラや高度な生体認証シス

テム、各種情報端末からの個人情報の収集、行動履歴の把握など、先端的な科学技術を駆使した社会管理体制の強化である。かつてサミュエル・ハンチントンは、21世紀の新しいタイプの権威主義体制として、高度な情報統制とコミュニケーション技術を有する「テクノクラシーの電子独裁（electronic dictatorship）」の出現を予言したが、今やそれが現実のものとなりつつある（Huntington 1993：11）。

　またこれに伴い、プライバシーを含む人権保障と、社会経済の近代化との間に一種の乖離状態が生じている。多くの中国国民は、前者よりも後者を優先し、この結果、社会経済の利便性・効率性の追求と、支配体制による抑圧能力の強化が同時的に進展している。

(1)　社会経済の利便性と効率性の向上

　2010年代の中国経済は、かつての高速成長が終わり、成長率は以前の2桁台から6％前後まで低下した。こうした状況に対し、中国政府は、発展の新たな動力として、科学技術イノベーションを重視している。

　2015年3月、全国人民代表大会（全人代）は、「中国製造2025」とその関連計画を採択した。その要点は、①工業化と情報化の融合、②5G（第5世代情報通信システム）の情報技術、ロボット、航空宇宙など製造業の重点分野の指定、③ビッグデータの産業応用などである。16年5月には、国務院が「国家イノベーション駆動発展戦略綱要」を発表し、50年までに、中国が「世界的な科学技術イノベーション強国」になることが謳われた。社会生活の現場でも、電子決済やシェアリングエコノミー、その他の先進的サービスが広く普及している。

　見逃せないのは、こうした「便利さ」を通じた身近な暮らしへの満足感が、支配の正統性の面で、成長鈍化による「豊かさ」への懸念を、部分的に補完している点である。加えて、上述の監視システムを活用した、個人の厳格な行動管理を柱とする新型コロナウイルス感染症（COVID-19）対策も、人々の一定の支持を集めている。今日の中国で、便利さは、豊かさとともに、中・低成長とポストコロナの時代における正統性の重要なキーワードと言える。

(2)　社会管理と抑圧能力の強化

　だが、社会経済の利便性向上は、個人レベルの行動・情報の統制を目指す当局の思惑と表裏の関係にある。たとえば、2017年6月に施行されたインターネット安全法は、ネットワーク運営者に対し、ユーザーの実名登録や警察・情報機関への協力を義務付けた。

　個人情報の管理についても、中国政府が運営する「全国信用情報シェアプラットフォーム」を基盤として、中央・地方の政府が保有する各種情報を一元的に収録したデータベースが存在する。アリババのグループ企業をはじめ、民間企業も、数値化した「信用」に基づく個人の格付けと、その点数の多寡に応じた各種サービスの提供を行っている。これら官民の機関が持つ膨大な量の個人情報が、治安対策に利用されていることはおそらく間違いない。

3　中国の自由と民主主義の国際的評価

(1)　「不自由」な中国と「自由」な台湾

　国際人権団体のフリーダムハウス(Freedom House)が、2021年に発表したデータによれば、今日の中国の「政治的権利」(Political Rights：PR)と「市民的自由」(Civil Liberties：CL)の等級は、それぞれ7と6で、国政の全体評価は「不自由」である（1〜7の数字で1がもっとも自由、7がもっとも不自由。「自由 Free：F」「部分的自由 Partly Free：PF」「不自由 Not Free：NF」の三つの分類[2]）。実のところ、このPR7／CL6／NFの組み合わせは、1998年から2020年まで変わっていない。江沢民から胡錦濤を経て、習近平に至る過去20年以上、中国国民は一貫して、最低レベルに近い「不自由」な状態に置かれている。

　付言すれば、台湾（中華民国）の場合、中華民国総統の直接民選挙が初めて実施された1996年以来、2000年代を通じて、PRとCLは1ないし2で「自由」を維持し、2016〜20年は、F分類は変わらずに、PR・CLはともに最高ランクの1を達成している。

(2)　習近平政権下での人権状況の悪化

　だが、PR7／CL6／NFの長期持続という概括的な指摘では、人権をめぐ

表1　習近平政権下での人権状況の悪化

査定対象年	状態	得点	政治的権利 (PR)	市民的権利 (CL)	PRの評価項目				CLの評価項目			
					選挙過程	主義と参加政治的多元	政府の機能	追加的事項	思想・表現の自由	集会・結社の自由	法の支配	私的自治と個人の権利
2013	NF	17	2	15	0	N/A	N/A	N/A	N/A	N/A	N/A	N/A
2014	NF	17	2	15	0	1	2	−1	4	3	2	6
2015	NF	16	1	15	0	1	2	−2	4	3	2	6
2016	NF	15	1	14	0	1	2	−2	3	3	2	6
2017	NF	14	0	14	0	0	2	−2	3	3	2	6
2018	NF	11	−1	12	0	0	2	−3	2	2	2	6
2019	NF	10	−1	11	0	0	2	−3	1	2	2	6
2020	NF	9	−2	11	0	0	1	−3	1	2	2	6

（補注）NF は「不自由」（Not Free）。得点（100点満点）は、PR（40点）と CL（60点）の合計。表中の「追加的事項」の内容は、「政府または支配権力が、文化を破壊したり、他集団への便宜によって政治的均衡を覆したりする目的のため、国・地域のエスニック構成を故意に変えようとしているか否か」である。
（出典）注2のフリーダムハウスのウェブサイトに記載された歴年の公表結果に基づき、筆者作成。

る具体的な様子やその時間的変化を十分に理解できない。それゆえ、表1には、習近平指導部が本格稼働した2013年から20年までのPRとCLのより詳しい得点評価を示した。この表からは、もともと低劣であった人権状況が、習近平政権の下、特に第2期政権がスタートした17年以降、急降下したことが分かる。その主因は、宗教・民族マイノリティへの迫害、言論・学問・信仰の自由の縮小である。

4　グッドガバナンスの全面的後退

(1)　寡頭制支配の進展

(ⅰ)　個人独裁の可能性

2012年11月の中国共産党第18回全国代表大会（以後、18回党大会の形式で略記）を経て、党総書記・国家主席・中央軍事委員会主席に就任した習近平は、反腐敗キャンペーンや党・政府・軍の機構改革、特定の政策分野を統括する複数の特設機関（「領導小組」）のトップ兼任などを通じて、自らの権力と権威を強化

した。

　習近平への集権化は、2016年後半からさらに加速した。同年10月の18期中央委員会第6回全体会議（6中全会）で、毛沢東・鄧小平・江沢民に次いで、4人目となる指導者の「核心」称号を獲得し、17年10月の19回党大会では、党の「指導思想」の一つに、「習近平の新時代の中国の特色ある社会主義思想」が付け加えられた。18年3月の全人代では憲法が改正され、国家主席の連任制限（2期10年）が撤廃された。

　現在までに、前任の江沢民や胡錦濤の時代に形作られた、指導部内の集団指導体制と2期10年の指導者交代の慣例は、事実上無効化された。国家主席の連任制限は、終身の党主席として絶大な権力を振るった毛沢東のような個人独裁の復活を防ぐため、鄧小平の主導の下、1982年制定の憲法で規定されたものである。82年憲法では、同じ目的から党主席制も廃止された。以上の経緯を踏まえると、党総書記と国家主席の任期が満了する2022〜23年以降も、習近平が政権に居座り続ける可能性は高い。党主席制の復活もあり得よう。

(ii)　一党支配の再強化

　党指導部は、国家と社会に対する共産党の優位性の確保にも余念がない。その象徴的事例は、前出の19回党大会における党規約の改正である。そこでは、政治体制全体に関わる大きな変更として、1982年9月の12回党大会以来踏襲されてきた「共産党の指導」の定義（「党の指導は、主に政治・思想・組織の指導である」）が、「党政軍民学、東西南北中、党は全てを指導する」という文言に書き換えられた。

　この新たな定義の思想的淵源は、1960〜70年代の毛沢東の言葉に求められる。毛いわく「工農商学兵政党、この七つの方面で党は全てを指導する。党は工業、農業、商業、文化教育、軍隊、政府を指導しなければならない」（62年1月）、「政治局が全てを管理する。党政軍民学の各方面、東西南北中の全国各地の全てだ」（73年12月）。このように、毛沢東個人崇拝と共産党への過度な権力集中の反省に基づき、80年代以来維持されてきた党規約での「党の指導」の抑制的表現は、「習近平の新時代」になって、少なくとも形式的には、毛沢東時代に先祖返りした（鈴木 2019：31）。

　現実政治の面でも、立法・行政・司法に対する党の統制強化が進んでいる。

2018年3月に公表された「党と国家の機構改革深化の方案」に従い、中央レベルの機構改革が行われた。この結果、1980年代の政治改革期に謳われた「党政分離」（党組織と国家機関の権限・機能の分離）のスローガンは、もはや死語と化した。一例として、87年の13回党大会で提起された政治改革案に基づき、党政分離や公務員制度の確立を目的として創設された国務院の国家行政学院は、共産党の高級幹部の教育訓練機関である中央党校に統合された。すなわち、党権力が国家権力を吸収したのである。

(2)　言論封殺と統治リスクの蓄積

　習近平にとって1989年6月の天安門事件の教訓とは、党政の幹部には綱紀粛正と汚職撲滅を、一般民衆には思想イデオロギー統制を、厳格に実行しなければならないということであった。この点、政権発足直後の2013年、共産党は、全国のメディアや大学に対し、「論じてはならない七つの事柄」という通知を出し、人類の普遍的価値、報道の自由、市民の権利、党の歴史的過ちなどに関する公的議論を禁止した。16年7月には、創刊以来四半世紀の歴史を誇る雑誌『炎黄春秋』が、当局の介入によって休刊に追い込まれた。同誌は、党のベテラン知識人集団に支持された体制内改革派の機関誌的存在であった。

　民主派知識人や人権活動家への圧迫も強まった。2015年7月、300名余りの人権派弁護士が一斉に拘束され、その後、実刑判決などが下された。19年8月には、民間シンクタンクの天則経済研究所が閉鎖された。1993年に創設された同研究所は、市場化と自由民主主義を志向する研究活動で知られていた。

　振り返ってみれば、江沢民と胡錦濤の時代には、治者─被治者間の双方向的な政治コミュニケーションの志向が、限定的とはいえ感得できた（例：「三つの代表」論による新興エリート層の入党容認、統一戦線政策の拡充を通じた社会諸集団との関係緊密化）。だが習近平時代には、テクノロジーによる抑え込みが可能となり、もともと細かった「下から」の利益表出チャネルが閉ざされ、放任的自由の空間さえ縮小し、「上から」の一方的な抑圧ベクトルに代わりつつある。それゆえ、中長期的にみれば、体制安定へのリスクが潜在化している可能性がある。

(3)　人権軽視の法整備

　習近平政権は、人権の尊重を前提とする法の支配ではなく、「中国的法治」すなわち、法による抑圧的統治を強化している。2014年10月の18期4中全会では、「社会主義法治国家の建設」が決定された。これと相前後して習近平は、国の安全保障の基本方針として「総合的国家安全観」の考えを発表した。そこでは支配体制を守るべく、国内外の伝統・非伝統的安全保障に関し、政治、経済、社会、文化、軍事、科学技術、情報、環境、資源などの幅広い分野を対象とする安全保障体系の構築が指示された。

　以後現在まで、この考えに基づき、国家安全法制の整備が推進されている。国家安全法（2015年7月）、国外非政府組織国内活動管理法（17年1月）、インターネット安全法（17年6月）、国家情報法（17年6月）、改正・宗教事務条例（18年2月）、香港国家安全法（20年6月）などが矢継ぎ早に制定された。普遍的な価値基準からみれば、これらの法規は、法の趣旨、条文の中身、法解釈の裁量と適用範囲の点で人権侵害を招く危険性が高い。要するに、総合的国家安全観は、人間の安全保障の一つの核である「尊厳ある生活」を脅かしている。

　このうち国家安全法は、外交・安全保障だけでなく、香港とマカオの「一国二制度」や少数民族統治、金融、資源エネルギー、食料、インターネットなどの多様な社会経済活動を、国家安全の規制対象としている。香港国家安全法は、その香港版である。国外非政府組織国内管理法は、中国で活動する海外NGOに対し、団体の登録や資金調達の明確化などを義務付けた。

5　グローバルパワーとしての存在感

　2019年の名目国内総生産（GDP）をみれば、中国は世界第2位で、3位の日本の約3倍の規模を誇り、1位の米国にも7割近くに達している。米中だけで世界経済の約4割を占め、COVID-19後の予測では、30年代初めに両国の順位は逆転する。米中2強時代の到来に伴い、人権をめぐる中国と各国との軋轢も増している。特に、中国国内のマイノリティ抑圧と中国的人権観の国際伝播は、21世紀における米中覇権争いの争点にもなりつつある。

⑴　香港と新疆ウイグルの人権侵害

⒤　「一国二制度」の形骸化

香港特別行政区では、逃亡犯条例修正（刑事事件容疑者の大陸本部への移送を可能にする）への反対をきっかけに、2019年3月以降、反香港当局・反中央政府の大規模デモが発生し、同年11月の区議会議員選挙では、民主派が圧勝した。危機感を高めた北京の指導部は、香港への直接介入を強め、20年6月には香港国家安全法が施行された。同法は、国家分裂や外国勢力との結託などを理由に、各種の自由を大幅に制限し、処罰の対象は外国人にまで及ぶとされる。

19世紀のアヘン戦争以降、英国の植民地であった香港について、1984年12月に締結された「香港問題に関する英中共同声明」では、97年の香港返還後も一国二制度の下での香港の「高度な自治」を認めていた。しかし、そこで明記されていた言論、集会、結社、学問の自由などはすでに空文に等しい。英国は、香港国家安全法を、法的拘束力を持つ上記声明に反するものと非難し、日本を含む各国も、香港住民の人権保障の観点から懸念を表明している。

⒥　民族・宗教マイノリティへの迫害

新疆ウイグル自治区のムスリム住民に対しても、深刻な人権蹂躙がなされている。2013～14年にかけて、新疆独立を目指す過激派の分離テロとされる事件が頻発したことを受け、指導部は、経済開発や宗教工作の強化を決定した。新たに制定された自治区過激化排除条例（17年4月施行、18年10月に改正法施行）では、漢語・思想教育の徹底、ムスリムの宗教・文化的な生活様式の規制、「過激主義に影響された人々への教育転換」を行うための「職業技能教育訓練センター」などの設置が指示された。欧米の人権団体によれば、21年までの過去数年間に、職業訓練や再教育などの名目で、100万人以上の人々に事実上の強制収容措置が実行されたという。

宗教排斥の対象は、イスラームにとどまらない。2018年2月施行の改正・宗教事務条例に基づき、キリスト教への圧迫も増している。その背景には、宗教を介した欧米の影響力浸透に対する指導部の警戒感がある。

⑵　「中国的人権」をめぐる国際対立

中国共産党政権によるこれらの非人道的行為に対し、米国では、2019年11月

に香港人権・民主主義法が成立した。同法は、香港の「高度な自治」の状況について、米政府の検証と議会への年次報告を義務付け、デモ弾圧に関わった当局者への制裁を規定した。20年6〜7月には、ウイグル人権法と香港自治法も成立した。中国政府は、内政干渉として強く反発している。

　香港や新疆での人権侵害をめぐり、国際社会は、陣営対立の様相も呈している。2019年7月、日本やイギリスなど22カ国が、中国のウイグル統治を批判する共同書簡を国連人権理事会に提出すると、ロシアや北朝鮮など37カ国が中国擁護の文書を発表した。20年6月にも、同じく人権理事会で、日本を含む27カ国が、香港国家安全法への懸念を示した共同声明を発表すると、キューバ、北朝鮮など53カ国が中国支持を表明した。

　また、近年では中国自ら、国連人権理事会などの国際場裡で、自国の政治・外交理念の普及を試みている。たとえば、2018年や20年の同理事会の会合では、中国の提案に基づき、「人類運命共同体の構築」なる言葉が盛り込まれた決議文が採択された。実のところこの語は、習近平が自身の演説で多用し、「習近平外交思想」のエッセンスの一つとされている。このように中国は、ハードパワーとともに、中国のソフトパワー向上にも努めている。他方、自国の政治的術語を、新たな人権理念概念として広めようとする中国側の動きに対しては、日本政府も、人権理事会の場で反対の意思を示している[3]。

6　中国の自由化・民主化の課題と展望

(1)　内部エネルギーの不足

　これまでの叙述から明らかなように、習近平政権下の中国では、民主的変革に向けた内部的動力に乏しい。このことは、国民の大多数を占める中国本土（China Proper）に暮らす漢族の人々の政治意識のありように如実に示される。具体的には、香港や新疆ウイグルでの人権弾圧に対する本土の漢族住民の冷ややかな眼差しは、中国の自由化・民主化をめぐる政治的分断の根深さを象徴している。

　たとえば日本のメディアは、香港や新疆の地域社会の様子、米国政府の対応などに主な関心を寄せている。しかし、習近平指導部にとって、それらは本質

的には副次的要素にすぎない。習の立場からすれば、最大限の注意を払うべき
は、当事者である上記周縁部の住民でも、米国を筆頭とする外国政府でもなく、
共産党政権を直接に打倒する力を持つほぼ唯一の政治主体である大陸本部の住
民の動静である。

　だが、大陸本部の主流世論は、エスニックな他者認識の強いムスリム住民は
もとより、香港市民の声にもさほど同情的ではない。なぜなら、香港の「高度
な自治を守れ」との主張は、本土の一般民衆の眼には、普遍的な属人的価値の
擁護というよりも、属地的な特権への固執のように映るからである。そして、
COVID-19を経た今日では、再度の感染拡大防止と経済安定が人々の第１の関
心事となっている。この結果、香港と新疆への冷淡な態度には、さらに拍車が
かかっている（鈴木 2020：122）。

(2)　外部契機の重要性

　したがって、中長期的にみた場合、中国自体のガバナンス改善と、中国権威
主義の対外的「魅力」対抗へのカギは、外部からの持続的な政治刺激である。
特に、米国のジョー・バイデン政権の対中政策と今後の米中関係の推移は重要
である。バイデンは、米中の覇権競争を念頭に置きながら、人権観念を含むソ
フトパワー角逐の面からも、中国の人権問題を追及する構えである。

　バイデンはまた、トランプ前政権の対台湾政策を基本的に踏襲している。台
湾の蔡英文政権に対し、トランプ時代には、関係強化のための様々な策が講じ
られ、米台関係は、以前よりも高いステージに上がった。2018年３月に成立し
た台湾旅行法は、1979年の断交以来、米国政府が控えてきた台湾との政府高官
の相互往来を事実上解禁した。2021年12月の台湾保証法は、米国から台湾への
武器売却の常態化、台湾の国際機関への加盟促進などを規定した。

　台湾の地政学的位置は、日本の安全保障戦略にとっても重要な意義を有する。
だが、そうした外交・安保上の功利的関心にとどまらず、台湾の自由民主主義
が国際的にも高く評価され、北東アジアにおける民主主義体制の良きパート
ナーであることは銘記すべきであろう。2019年５月には、アジアで初めて同性
婚を合法化した人権先進地であり、日本のLGBTQ問題を考えるうえでも、台
湾の取り組みには学ぶべき点が多い。なにより台湾は、中国大陸に住む漢族マ

ジョリティの「中華」ナショナリズムを過度に刺激することなく、彼らの政治意識を変え得るほぼ唯一の外部勢力である。

　それゆえ、我々は、大陸の自由化・民主化への意義——迂遠だが看過すべきでない——をも見据えつつ、個人として実行可能な活動と方法により（相互の観光訪問など身近な経済貢献も含まれるだろう）、互いの民主政治の発展のため、日本と台湾の協力を促進していくことが肝要である。

【注】

1）　ガバナンスは多義的な概念であるが、本章では、人権や民主主義の要素を重視するグッドガバナンスの議論に即して分析を進める（吉川 2019）。以下の文中で、単にガバナンスと呼ぶ場合も同じ。

2）　フリーダムハウスのウェブサイトを参照、https://freedomhouse.org/country/china/freedom-world/2021#PR（2021年5月29日取得）。

3）　たとえば、日本国外務省の関連ホームページを参照、https://www.geneve-mission.emb-japan.go.jp/itpr_en/statements_rights_20200622_1_00001.html（2021年5月29日取得）。

【参考文献】

1．　吉川元（2019）「民主主義による平和」広島市立大学広島平和研究所編『アジアの平和と核——国際関係の中の核開発とガバナンス』共同通信社

2．　鈴木隆（2019）「政治構想、リーダーシップ、指導部人事の特徴」大西康雄編『習近平「新時代」の中国』アジア経済研究所

3．　鈴木隆（2020）「長期化する『習近平時代』の論理と戦略——変わらない『和平演変』への恐れ」『外交』62号、120–123頁

4．　Heilmann, Sebastian（2016）"Leninism Upgraded: Xi Jinping's Authoritarian Innovations," *China Economic Quarterly*, Vol. 20, No. 4, pp. 15–22.

5．　Huntington, Samuel P.（1993）"Democracy's Third Wave," in Diamond, Larry and Plattner, Marc F. eds., *The Global Resurgence of Democracy*, Baltimore: The Johns Hopkins University Press, pp. 3–25.

第13章　イランのガバナンス

中西　久枝

1　はじめに

　イラン革命が起こってから2022年2月でイランは43周年を迎えた。革命直後は政権が長続きしないという見方が優勢であったが、その後43年が経過した。その間、11年の「アラブの春」後、特にエジプト、シリア、イエメンでは政変が起こったが、中東における民主化は、チュニジアを除き進展しなかった。

　こうした状況下、中東の大国、アラブでないイランがいまだに体制が維持されている事実は、イランのガバナンスが強靭であることを示している。イランの体制はなぜ強固なのか。イランの体制を司るガバナンスはどのように機能しているのか。本章は、それを統治構造、権力構造と機能などの側面から解き明かすこととする。

2　ガバナンス（政治制度）の歴史的発展とその特徴

(1)　イランの統治制度──共和国体制と「イスラーム法学者の統治」

　イランの国名は、イラン・イスラーム共和国である。イランの政治制度には、「共和国」の部分と「イスラーム」の部分とが同時に内包されている。前者は大統領制を採用する共和国であり、後者の方は「イスラーム法学者（ウラマー）の統治」体制である（富田 1993；Tamadonfar 2015：179）。行政権の大半は大統領に権限があるが、国権の最高権力は、最高指導者にある。法学者の統治とは、ウラマーがイスラーム法を解釈し、法が実施されているかを監督・指揮し、それに信徒が従うという統治制度であり、その頂点に立つのが最高指導者である。

また、司法と立法はイスラーム法を基準とすることが憲法第4条と第6条で謳われている（富田 1993：54）。

　最高指導者を選出、罷免、監督をする機関として、専門家会議がある。88名のイスラーム法の解釈（イジュティハード）の資格を持った法学者から構成される（土屋 2019：215）。8年に一度、国民による直接選挙によって議員が選出されるが、投票率は一般に低い。

　イラン憲法は三権分立（第5章第57条）を定めており、立法権は国民議会（以下、国会）と憲法擁護評議会（以下、護憲評議会）にある。立法は、国会が法案を立案するが、護憲評議会がイスラーム的であるか否かを判定する。国会と護憲評議会で法案が決まらない場合は、時として公益判別会議という1988年に設置された会議にかけられる。本会議は、最高指導者の諮問会議としての側面が強く（中西 2002：69-74）、ハタミ改革派政権時には国会と護憲評議会の調整役を務めたが、現在はあまり立法過程に関与していない。

　護憲評議会には、もう一つ役割がある。それは、国会および大統領選挙時の候補者資格審査である。国会議員も大統領選挙もともに、国民が直接投票して選出するが、護憲評議会が候補者の資格審査を行う権限を持つ。したがって、資格審査を通過した候補者のみが被選挙人リストに残り、選挙が実施される。護憲評議会は、イスラーム法学者がメンバーの大半を占める。そのため、候補者の資格審査には「イスラーム的基準」が適用され、資格審査の恣意性がイランの民主主義の問題であると指摘されている（Tamadonfar 2015：159）。

　行政権は、大統領にあり、組閣の権限を持つものの、閣僚メンバーは国会の承認が必要である。大統領は国民の直接選挙で選出され、任期は4年、再選は1回である。大統領の職務は、内政、外交、軍事であるとされているが、富田が指摘するように、共和国憲法が成立した1981年当時は、外交は儀典的職務にすぎなかった。大統領が外交を積極的に担い始めたのは、イラン・イラク戦争後の90年代に入ってからである。大統領は、国家安全保障最高評議会という国家安全保障の要にある組織の議長を務め、安全保障、国防、情報、外交上の政策決定過程でリーダシップを発揮する（Tamandonfar 2015：202）。

　イランの核開発をめぐる問題は、イランでは国家安全保障の最重要課題である。マフムード・アフマディネジャド政権期には、核開発問題全般がこの国家

安全保障最高評議会の管轄事項となっていた。核交渉の主たる管轄権が外務省に移ったのは、ハッサン・ロウハニ政権期以降であった。

　司法権としては、一般裁判所、特別裁判所の二つがある。一般裁判所は欧米の制度とあまり変わらないが、特別裁判所には、行政裁判所、軍事裁判所の他に、革命裁判所と宗教裁判所がある。イスラーム法上タブーとなっている犯罪や国家安全保障上の犯罪は、革命裁判所の管轄である。司法権の最高位にある司法長官は、最高指導者が指名し、国会で承認される。2021年6月の大統領選で選出された、イブラヒム・ライシ師は第2次ロウハニ政権下で司法長官であった。

　このように、行政権の長は大統領であるが、立法権と司法権の中枢に位置するのは、イスラーム法学者である。また、正規軍、革命防衛隊、治安部隊を指揮・統括する権限は最高指導者にある。立法のプロセスと最終判断および司法長官を指名する権限を最高指導者が掌握している点などは、まさに「イスラーム法学者の統治」制度を保障している。

(2)　民主化、自由化の動向

(i)　国内要因

　フリーダムハウスの2021年の指標によると、イランの民主化は総合評価の100点中16点、政治的権利が40点中6点、市民的自由が60点中10点と低い（Freedom House Iran 2021）。端的にいえば、護憲評議会による候補者資格審査が公正な選挙を阻んでいる点や政党政治が未熟である点などが民主化の課題だとしている。

　こうしたイランに対する評価は、イラン政治のある面を照射している。しかしながら、欧米でいう民主化を権威主義国家体制の多い中東において、同じ土俵で評価するのは難しい。イランは中東の中では湾岸諸国の王政国家と比べ、定期的な選挙が国民によって実施されている点においては一線を画す。最高指導者は国民に対し、積極的に選挙に行くよう常に呼びかけている。そこには、イランの選挙がいわゆる「民意」による総意に立脚するものだと示す意図があり、選挙制度が体制維持に貢献している面もある。他方、投票率の高い選挙も過去多く実施されており、国民の政治意識と選挙を通じた政治参加は中東の中では高い。

国会選挙の投票率といわゆる保守派が占める議席数との間には関係性がみられる。それは、投票率が低いときには保守派が過半数を占め、圧勝するという規則性である。2020年の国会選挙は、投票率は42.4%と国会選挙では史上最低の投票率だったが、全290議席のうち、保守派が218議席を獲得した（坂梨 2020）。

(ii)　国際要因

　それでは、イランの政治やガバナンスには、どのような国際的要因が働くのだろうか。過去5～6年の推移でいえば、イランのガバナンスには2015年の包括的共同行動計画（JCPOA）後のイランを取り巻く国際的な環境が大きく影響している。イランの核交渉チームは、ハタミ政権期から外交に携わっていた、いわゆる国際派と称されるムハンマド・ジャヴァード・ザリフ外務大臣とセイエド・アッバース・アラグチ外務次官らが含まれていた。また、16年にJCPOAの履行確認が国際原子力機関（IAEA）の協力の下で実施され、経済制裁の一部解除が開始され、イラン経済は一時的に回復しつつあった。こうした状況下、25歳以下の人口が全体の6割を占めるイランでは、ロウハニ政権への支持が特に若者層で高まっていた。17年の大統領選挙でロウハニ師が再選されたのは、JCPOAの達成とその履行による経済制裁の緩和という外部要因であった。

　2017年頃まではロウハニ政権の欧米との対話路線を支持してきた層も、アメリカの経済制裁の復活により、国内政治に幻滅し、投票会場に行かない人々が増えた。18年5月にアメリカが核合意から離脱し、制裁を解除しないのみならず、イランに対する追加制裁が続いた。そのため、「核合意は合意すべきでなかった」、あるいは「アメリカと交渉することが間違いである」といった、保守派のロウハニ政権への批判が激しくなった。20年の国会選挙時では、国民は、政治への倦怠感を投票率に示した。21年6月の大統領選挙では、投票率が革命以来大統領選挙で最低の48.2%まで落ち込んだ。

　投票率が低いときには、いわゆる組織票が選挙結果を左右する。組織とは、革命防衛隊や治安組織のバスィージおよび財団（ボニヤード）と呼ばれる革命系組織である。次節では、これらの組織がイランのガバナンスに果たす役割について光を当てる。

3　グローバル化への対応と人間の安全保障への対応変化

(1)　ウラマーの経済・社会基盤──財団

ウラマーが現代イランの権力構造の中枢に位置する背景には、歴史的経緯が
ある。端的にいえばイランがシーア派を国教としたサファヴィ朝ペルシャ以来、
イランの近現代史においては、ウラマーの宗教権力は、国家権力とは独立した
ものとして存在してきた。それは、サファヴィ朝が中央集権的な国家を確立す
る過程で、政治権力は国家が所有し、ウラマーの持つ宗教権力を国家権力から
は切り離したからである。それゆえウラマーは、社会的、経済的にコミュニ
ティー内の人々との絆を強めていった。ウラマーは、ワクフ（イスラームに独特
の財産寄進制度、あるいはその設定対象となる不動産）と「ホムス」と呼ばれる宗教
税を財源とし、国家とは独立した経済力を確保してきた。また、バザール商人
と相互依存的な関係を有することで、ウラマーは地元経済に根をはり、社会資
本を構築した（Keddie 1981：16-18）。

ウラマーとバザール商人のこうした連帯は、サファヴィ朝からカジャール朝、
さらにはパーレヴィ朝まで継続し、現代まで引き継がれている。1979年のイラ
ン革命後は、ウラマーが統治機構の中枢に入り、「法学者の統治」体制が確立
した。

ウラマーとバザール商人の経済的権益は、「財団」（ボニヤード）と呼ばれる
企業体でもあり、社会福祉団体でもあり、教育活動を担う組織でもある複合的
組織を通じて共有されている。こうした財団として革命前に存在していたパフ
レヴィ財団は、革命後国家が接収し、複数の財団を設立した。イラン革命は、
「被抑圧者の解放」と「社会的公正」を実現することを革命のイデオロギーと
したが、その主な実施主体の一つが財団である。財団は、免税特権を持つ非営
利団体であるが、実際には企業活動に従事している（Ehteshami 2017：154）。

財団の重要な役割の一つが、社会的弱者に対する社会福祉事業の実践を通じ
た富の再分配である。それぞれの財団名には受益者の名称がつき、「被抑圧者
および身体障がい者財団」や「殉教者財団」はその代表格であり、革命防衛隊
が運営しているといわれている（Forozan 2016：63）。

　イランは革命後、反アメリカ、反シオニズムを国家イデオロギーとし、それ
に基づく外交政策を打ち出した。したがって、アメリカ帝国主義およびシオニ
ストの支配下に置かれている人々は「被抑圧者」となる。対外的には、シオニ
ストの政権下で国を持つことができないパレスチナ難民も、イスラエルと交戦
した南レバノンの人々も、被抑圧者とみなされる。イラン・イラク戦争で戦死
した兵士は、殉教者であり、殉教者の家族たちは財団によってほぼ一生生活を
保障される。殉教した兵士の多くは、革命防衛隊とその義勇兵となったバスィー
ジ（治安組織）に属していた。殉教者の家族に対して様々な優遇措置を講じる
ことで、国家は権力基盤の強化を図った。財団はこうした政策の中核的な存在
である。そして、全財団の頂点に立つのが、最高指導者である（Forozan 2016：
54-56）。

　実際には、最高指導者の直下に財団長が指揮系統を司るが、この財団長は最
高指導者によって指名される。理事会の下に、行政、経済、教育、保健、住宅、
出版活動など、一つの国家が担う政府の役割にも近い活動が、政府の正規の省
庁とは別に存在する。財団が保有する予算は、国家予算の35％ともいわれてお
り（Forozan 2016：154）、財団はいわゆるインフォーマル経済を担っている。ま
たイランの中東域内での戦略として、イラク、シリア、イエメンにおける革命
防衛隊の活動に関連しつつ、多国籍企業化している（Jenkins 2016：169）。次項
では、革命防衛隊の役割について述べる。

(2)　革命防衛隊

　イランのガバナンスを語るときに重要な組織の中に、革命防衛隊がある。革
命防衛隊は、イラン革命後当初、ムハンマド・レザー・パーレヴィ体制から踏
襲されたイランの正規軍に対する牽制を意図し、ルーホッラー・ホメイニー師
が設立した準軍組織であった。独自の陸空海軍、特殊部隊、情報部などを有し、
イラン・イラク戦争時には正規軍とともに前線で戦う兵力として増強された。
革命防衛隊は、文字通り「イラン革命の防衛」[1]、すなわち国内および対外的な
脅威からイランのイスラーム共和国体制を防衛することが任務とされ、最高指
導者に忠誠を誓い、最高指導者の直接的な統括を受ける。

　革命防衛隊は、アフマディネジャド政権（2005〜2013年）下で特に肥大化した。

その過程に寄与したのは、民営化政策であった。実際には民営化というより大統領の親衛隊的な仲間への利益供与という面が強く、革命防衛隊系の会社を国営企業の下請け会社に仕立てる傾向があった（Forozan 2016：147-151）。

　革命防衛隊系の企業への優遇政策は、特にアフマディネジャド政権期の2006年から11年の間に次々と行われた。また同時期には、ハタミ政権下で経済安定化政策の一環として設立された「石油安定化基金」の私物化が起こった。この国家基金から、インフラ整備事業費として150億ドルもの金額が公共事業費として引き出され、革命防衛隊系の運営会社に渡ったという（Forozan 2016：71）。その後、大統領と彼の親族や友人に対する優遇政策は、10年には汚職問題として最高指導者によって問題視されるようになった。

　他方、革命防衛隊の対外的な役割に目を向けると、2011年のアラブの春後の中東情勢が背景となっている。シリアでは反体制運動のデモが内戦化し、同時に「イスラーム国」がシリアおよびイラクへ勢力を伸長し、両国の治安は悪化していった。こうした状況下、革命防衛隊は、特殊部隊の中に精鋭部隊ゴドス軍をつくりあげ、シリアおよびイラクのシーア派の戦闘に戦略、戦術上の支援を行い、現地での軍事訓練を実施した。イランのイラク、シリアにおける政治的、軍事的な影響力の拡大に寄与したのは、ゴドス軍であった（Ostovar 2016：206-207）。その司令長官のガーセム・スレイマニは、20年1月にアメリカによって暗殺された。イラン・アメリカの関係がさらに悪化したのはいうまでもない。

　イランとアメリカの関係は、2015年のJCPOAを18年にアメリカが離脱、20年にはイランによる合意の停止という過程を経て、21年6月現在、先がみえない状況が続いている。イランにとっての最重要課題は、経済制裁の解除である。

(3)　対イラン経済制裁下の人間の安全保障

　本書第7章で分析されているように、イランの核開発問題は国連安全保障理事会決議での制裁決議という形で2006年から12年の間に七つもの決議が採択された。また、安保理決議と並行して、アメリカは、イランに対し、1次制裁や2次制裁を続々と課してきた。その過程で制裁対象になったのは、革命防衛隊およびその隊員や職員および革命防衛隊系の企業であり、財団が運営する企業も含まれていた。その意味では、アメリカによる対イラン経済制裁は、表向き

のイランの政府組織と並列的なガバナンス装置である、財団および革命防衛隊の弱体化を意図したものである。

　他方、財団組織は、最低限の国民の生活を支え、貧困層や社会的弱者に対しては、チャリティ活動や生活保護などの優遇措置で、富の再分配機能を果たしてきた側面がある。アフマディネジャド政権期の補助金制度は、ロウハニ政権下で徐々に縮小した。それによっていわゆる国営企業で働く人々の生活が窮乏化した。2019年秋から21年の春にかけ、各地で反体制デモが頻発したのは示唆的である。イラン経済は現在、国民生活の窮乏を国家経済が下支えできる限界点を超えつつあるようにみえる。ここでいう「国家経済」には、財団と革命防衛隊系の企業連合などの並列的なガバナンス装置も含まれる。

　2021年6月の選挙で勝利したライシ師は、シーア派の聖地マシャドにあるイマーム・レザー廟を配下に置く財団組織の長であった。彼は19年11月アメリカ財務省外国資産管理局の制裁リストに入った。トランプ政権時代には最高指導者も制裁リストに追加されたことを考えるとこれも不思議ではない。しかし、イランの政治、経済、社会生活上大きな位置を占める財団という宗教的企業体を代表するライシ師が今後4年間行政の長となったことは、イランの体制維持を確保したい最高指導者にとって必然的な策であったようにみえる。それは革命後のこの43年間、最前線でイランの「革命の防衛」に関わったのが革命防衛隊と財団であったからである。

　他方では、今回の大統領選で史上最低の投票率と300万票の白票が投じられた点は統治体制の陰りでもある。護憲評議会の候補者資格制度は、欧米からみれば非民主的制度の象徴以外の何物でもない。しかしながら、国民の選挙参加は、最高指導者の立場からは「イスラーム的」民主主義の象徴であり、選挙が実施されることが体制維持にとっても重要であった。選挙の実施を担保することが共和制を安泰にする上で不可欠だからである。共和制の上位にあるウラマーの統治は、その基盤でもある共和制が強固なものであり、かつそれに対して統制をかけ得る限りにおいて、保障されてきた。他方、2021年の大統領選挙は、統制のみが目立ち、民意を反映させる共和国制度をないがしろにしたものだと多くの国民の目に映った。共和国とウラマー政治のバランスをとることで体制維持を目指すイランにとって、国家統治は政治的、社会的に課題を残し、

転換期を迎えている。

4　おわりに——今後の課題

　トランプ政権からバイデン政権へ移行した現在も、アメリカはイランに対する抜本的な制裁解除には踏み切らず、イラン経済は疲弊しきっている。経済制裁の解除が本格化しない限り、イラン経済は回復しない。イランのガバナンスは、大局的にみれば、シーア派イランの統治体制が、宗教勢力と軍事力とイスラーム的経済の融合により成立している。この融合的側面がイランの統治体制と経済のレジリエンスを維持してきたことはいうまでもない。それを担ったのは、改革・穏健・保守派の錯綜した、対立と協調関係の総合解である。イランの政治もガバナンスも極めてダイナミックである。イランには共和制国家の顔と「国家の中の国家」の顔の両方が存在するが、今やともに経済危機を迎えている。2021年8月に発足したライシ政権は、ロウハニ前政権の対話路線を継続するのだろうか。次期最高指導者ともいわれているライシ大統領がどうアメリカと渡り合うのかが注目される。

　人口の6割を占める25歳以下の人々は、自由を求めている。イランは革命以来、頭脳流出が激しい国の一つである。海外移住するイラン人の3割がアメリカに行くが、2015年から19年までの間にアメリカの永住権を獲得したイラン人は約5万5000人、アメリカの市民権を得たイラン人は約4万5000人である。国内の人的資本を確保するためにも、経済の立て直しのみならず市民社会の拡大が課題となっている。

【注】
1）　革命の防衛とは、「シャリーアと道徳の実践においてイスラーム法学者を支援すること」であると定義されている。

【参考文献】
1．坂梨祥（2020）中東情勢分析「イランにおける選挙と国会の役割の変容」中東協力センターニュース、4月、https://www.jccme.or.jp/11/pdf/2020-04/josei03.pdf（2021年6月25日取得）
2．土屋豪志（2019）「中東のガバナンス」広島市立大学広島平和研究所編『アジアの平和

と核——国際関係の中の核開発とガバナンス』共同通信社、213-224頁

3．富田健次（1993）『アーヤトッラーたちのイラン——イスラーム統治体制の矛盾と展開』第三書館

4．中西久枝（2002）「イランの市民社会」『イスラームとモダニティ——現代イランの諸相』風媒社

5．Corboz, Elvire（2015）*Guardians of Shi'ism: Sacred Authority and Transnational Family Networks*, Edinburgh: Edinburgh University Press.

6．Ehteshami, Anoushiravan（2017）*Iran: Stuck in Transition*, London & New York: Routledge.

7．Feizi, M., Ramezanian, R. & Malek Sadati, S.（2020）"Borda paradox in the 2017 Iranian presidential election: empirical evidence from opinion polls," *Economics of Governance* 21, pp. 101-113, https://doi.org/10.1007/s10101-019-00233-3（last visited, May 14, 2021）.

8．Forozan, Hesam（2016）*The Military in Post-Revolutionary*, Iran: The Routledge.

9．Freedom House（2021）Freedom in the World: Iran. Freedom House, https://freedomhouse.org/country/iran/freedom-world/2021（last visited, June 25, 2021）.

10．Hourcade, Bernard（2019）*Atlas of presidential elections in the Islamic Republic of Iran*（1980-2017）CNRS.

11．Jenkins, Wiliam Bullock（2016）"Bonyads as Agents and Vehicles of the Islamic Republic's Soft Power," in Akbarzadeh, Shahram & Dara Conduit（eds.）, *Iran in the World: President Rouhani's Foreign Policy*, New York: Palgrave Macmillan, pp. 155-175.

12．Keddie, Nikki R.（1981）*Roots of Revolution: An Interpretive History of Modern Iran*, New Haven & London: Yale University Press.

13．Ostovar, Afshon（2016）*Vanguard of the Imam: Religion, Politics and Iran's Revolutionary Guards*, Oxford: Oxford University Press.

14．Tamadonfar, Mehran（2015）*Islamic Law and Governance in Contemporary Iran: Transcending Islam for Social, Economic, and Political Order*, Lanhan, Boulder, New York & London: Lexington Books.

15．UNSC 2015/401（2015）Annex（of UNSCR 1929）UNSC, https://www.securitycouncilreport.org/atf/cf/%7B65BFCF9B-6D27-4E9C-8CD3-CF6E4FF96FF9%7D/s_2015_401.pdf（last visited, June 30, 2021）.

第4部
平和の組織化と国際機構

第14章　国際連合と平和──安全保障の分野を中心に

佐藤　哲夫

1　はじめに

　「アジアの平和とガバナンス」と題する本書は、アジアの脆弱な国際平和の構造と人間の安全保障体制との関係性を明らかにすることを目的とする。その第４部「平和の組織化と国際機構」では、平和と人間の安全保障との関連でアジアにおける国際機構の形成と発展の動向および現状を検討する。この第４部の冒頭に位置する本章は、グローバル・ガバナンスという観点から、国際連合（国連）の平和への取り組み、特に安全保障の分野での取り組みの経緯と現状を検討するとともに、以下に続く諸論文に関連する背景や枠組みなどを提供することを目的としている。

　以下では、まず「2　国連による安全保障の分析における留意点」を確認したうえで、二つの柱として「3　国連の集団安全保障制度の創造的展開」と「4　国連の平和維持活動の創造的展開」とを振り返る。それらを踏まえて、「5　国連による軍事的措置の現段階と課題」を検討する。そしてアジアとの接点として、「6　地域的国際組織との関係」をまとめ、最後に総括（「7　おわりに」）する。

2　国連による安全保障の分析における留意点

(1)　国際社会の統治可能性

　まず国際社会における統治システムのあり方に対する視点として、世界政府的な理念型を基準にすることは厳に慎まなくてはならない。統治システムのあ

り方は共同体・社会の性質に依存するのであり、ポイントは社会を統治する機構の統治能力にあるのではなくて、機構を支える社会の統治可能性にこそある（Claude 1971：411-449；佐藤 2015：201-202）。国際社会は、主権国家の併存や民族・宗教などに基づくまとまりが大きな影響力（忠誠心）を有し深刻な対立の潜在的な脅威となっている、多元的に錯綜した社会である。統治組織は何らかの社会的統一を基盤として初めて適正に運営されるのであり、政府と社会とのこの関係を逆転した場合、政府は必然的に権力的専制的性格を帯びることになる。機構万能主義・法至上主義に陥ってはならないし、社会秩序の維持は法の執行の問題に単純化することはできない。このように国際社会に適した統治システムの制度設計におけるポイントは、多元的な性格の国際社会を共同体に変革するという視点に立つことであり、以上のような大枠・背景を踏まえたうえで初めて、秩序維持のためには一定程度の強制・軍事力の行使の必要性が残ると考えるべきことである。

(2) 国連の公共性

　集団安全保障制度は従来の勢力均衡政策や同盟関係に基づく個別的安全保障とは原理的に異なる「公の制度」であり、そのような制度を運用する担い手としての安全保障理事会（安保理）も「公の機能」を果たす「公の組織」としての位置にある（佐藤 2015：335-385）。他方で「公」と「私」が錯綜していることにも留意する必要がある。平和や人権、環境などの国際社会の一般利益が具体化するにつれて国際社会は共同体化していき、国連は国際社会全体の組織化の契機となり骨組みとなるが、そこには常に対立が存続し、国際組織においては制度化と対立が絡み合い相互浸透している。

　たとえば湾岸戦争におけるイラクに対する安保理決議に示される国連の対応を挙げれば、典型的な侵略に対して安保理は、国連の成立以降初めて5大国の（積極的および消極的な）支持の下に軍事的強制措置を適用（許可）したが、これは国際秩序に国連が持ち込んだ制度化の要素の象徴的な適用例といえる。しかし他方で、アメリカを中心とする多国籍軍に対して武力行使における大幅な判断権を与え、安保理による監督は不十分であった。ここには、自国の政策決定および自国軍隊の行動に対する安保理の規制・介入を可能な限り避けたいとい

うアメリカの個別利益が強く働いていたと考えられる。各国の国益として示される私的な利益と国際社会の公益とをどのように調整していくのか、という視点が大切である。

3　国連の集団安全保障制度の創造的展開

(1)　国連憲章上の仕組みと冷戦下における機能麻痺

　国連の集団安全保障制度は憲章第7章に基づく（Simma 2012 Vol. II：1237-1350；佐藤 2005：277-293, 330-354）。冒頭の規定である第39条は、安保理が強制措置という強力な権限を発動する前提条件として、「平和に対する脅威、平和の破壊又は侵略行為」の有無を決定することを要求する。第41条は非軍事的強制措置を規定するが、第41条が挙げる経済制裁等は単なる例示である。第42条は軍事的強制措置を規定するが、軍事的強制措置の実施には兵力の確保が前提条件となり、第43条に基づく特別協定が未締結の間は第42条に基づく軍事的強制措置の決定は不可能であると考えられた。東西の対立という構造的障害により、冷戦下においては安保理による集団安全保障制度は十分に機能せず、第51条の集団的自衛権に基づく北大西洋条約機構（NATO）やワルシャワ条約機構を典型とする同盟政策が支配的となった。

(2)　冷戦終結後における創造的展開

(i)　平和に対する脅威

　憲章起草時の一般的な理解としては、「平和に対する脅威」は国家間における武力の行使を引き起こし得るという意味での脅威を指していたと思われる。しかし冷戦終結後において主流になったのは「国内的武力紛争」の事例であり、多くの場合、国際人道法の広範かつ重大な侵害によって「人道的危機」と大量の難民の流出を引き起こし、「平和に対する脅威」を正当化することになった。

(ii)　非軍事的強制措置

　制裁措置の適用では、1990年代におけるイラクに対する国連安保理の包括的経済制裁は一般大衆に食糧・医薬品の欠乏を引き起こし、国連による人権侵害ではないかとの批判がなされたために、制裁対象の人や主体を特定したスマー

ト・サンクションに変わった。しかしその結果、アルカイダ制裁リストなどの対象者の人権侵害として国内訴訟が多発し、制裁手続の改善が試みられてきた。また決議1373（2001）（国際テロリズムの鎮圧）と決議1540（2004）（大量破壊兵器の拡散防止）では安保理は立法的機能に踏み込んだが、緊急性の高い例外的事例として理解されている。安保理はさらに、旧ユーゴおよびルワンダ国際刑事裁判所という司法裁判所の設立にも踏み込んだ。国連憲章の採択は個人の処罰という刑事管轄権を伴う裁判所の設立を予想していなかった旨の批判がなされたが、国際の平和と安全という主要な任務の遂行のための手段として正当化された。他方で経費に比して裁判数が少ないとの批判もある。

(iii) 軍事的強制措置

第42条の軍事的措置については、第43条の特別協定による軍隊の調達方式とは切り離して、意思と能力のある多国籍軍を利用する許可（authorization）方式が確立した。湾岸戦争における決議678（1990）に対しては、許可する行為に対する安保理の指導と統制が全く欠けており第42条の基本前提に反するという批判がなされた。しかし決議678の後も数多くの類似決議が採択され、その意味で許可方式が確立したと考えられる。

4 国連の平和維持活動の創造的展開

(1) 冷戦下における形成と展開

冷戦下において誕生・確立した平和維持活動（PKO）は、以上に検討した侵略国の撃退を主な任務とする軍事的強制行動とは全く原理を異にする活動である（Simma 2012 Vol. I：1237-1350：佐藤 2005：294-329）。その基本原則は良く知られているように、関係国の同意、武器使用の制限、国内問題不介入・公平性・中立性の厳守、国連による指揮・統制などであり、日本が1992年に制定した国連平和維持活動協力法に定めるPKO参加5原則と基本的に重なるものである。

冷戦下に派遣された13のPKOは一定の成果を上げたと評価して良いであろう。しかし問題点としては、当該紛争が未解決の場合には派遣が半永久化してしまうことに加えて、内戦状況に派遣されたPKO（コンゴの場合が典型）では死者が多いことである。これは、そこでの任務遂行が国際紛争の停戦監視的な任

務の場合と比較して大きな危険を伴っていることを示している。

(2)　冷戦終結後における創造的展開

　PKO は冷戦終結後に至って大きく変容した。多くは宗教や民族対立に基づ
く内戦状況に派遣されたが、国家制度の崩壊を伴っている結果、軍事的・人道
的任務を超えて拡大され、国民和解の促進と包括的和平計画の実施など実効的
な政府の再建を含むことになった。1990年代においては、ブトロス・ブトロス
＝ガリ事務総長の「平和への課題」で提唱された「平和強制部隊」との類似性
もあるソマリアと旧ユーゴでの試みが失敗した後は、PKO は伝統的なものに
限定し、強制力の必要なものは多国籍軍に委ねるという役割分担が定着したか
にみえた。しかしその後、特に2000年以降の最近においては、PKO について
も「強力な平和維持」という憲章第7章に基づく派遣が一般化してきている。

5　国連による軍事的措置の現段階と課題

　国連による1990年代の平和活動は、冷戦下の状況と比較すれば、派遣された
件数および投入された財源と人的資源の点で急増し注目を浴びると同時に、創
造的に展開してきた。他方で、米英仏などの主要国が国防に充てた経費や兵力
に比べれば極めて微々たるものであったし、これらの国々は常任理事国として
地域紛争や人道的危機への対処に国連を利用しながらも、自国の国益が関わら
ない場合には十分な貢献をせず、結果として国連の平和活動の限定的な成果の
主因となったと考えられる（クワコウ 2007：25-48）。

(1)　軍事的強制措置

(i)　安保理の許可決議なしの武力行使

　許可方式が1990年代の数多くの事例を通して一般化・確立してきた一方で、
安保理の許可決議なしの一方的な武力行使の事例も一時期顕著になった。
NATO によるコソボ空爆（1999年）、9・11テロ後におけるアメリカによるアフ
ガニスタン侵攻（2001年）、大量破壊兵器の拡散防止を目的とする米英によるイ
ラク攻撃（2003年）である。このような動きは国連による安全保障を崩壊させ

る危険性の高いものである一方で、国連を排除した行動が膨大な対価を伴うとの苦い教訓を（イラクそしてアフガニスタンに関して）得たとも思われる（クワコウ 2007：141-146）。しかしながら他方では、2014年3月にロシアがウクライナのクリミアを違法に併合し維持していることにも留意する必要がある。国連総会は14年3月採択の決議68／262（賛成100、反対11、棄権58）により、クリミアの地位変更を承認しないようにすべての国と国際組織に求めるなどの対応をとったほか、米国や欧州連合が制裁を科している（Grant 2015）。

(ii)　人権と主権──保護する責任

　人道的干渉と国家主権の関係において NATO によるコソボ空爆に象徴される人道的危機を防止することを目指して、「保護する責任」の概念が議論されてきている（Simma 2012 Vol. I：1201-1236）。この概念はコフィ・アナン事務総長のイニシアチブを受けてカナダ政府が設置した「干渉と国家主権に関する国際委員会（ICISS）」が2001年に国連に提出した報告書において提唱したものであり、国家主権は人々を保護する責任を伴い、国家がその責任を果たす意思や能力を欠くときには国際社会がその責任を代わって果たさなければならない、そして国際社会の保護する責任は不干渉原則に優先する、という。

　この考え方は、2005年国連総会特別首脳会議の「成果文書」において、国家は大量虐殺、戦争犯罪、民族浄化および人道に対する犯罪から、その国の人々を保護する責任を負う、と認められた（国連総会特別首脳会議「成果文書」2005：paras. 138-139）。もっともここでは、安保理を通じ第7章を含む国連憲章に則り集団的行動をとるものとしており、常任理事国による拒否権行使の結果として安保理が対応できない場合については、不明確な点が残されている（Simma 2012 Vol. I：1210, 1235, paras. 22, 78）。この背後には、一方では多くの途上国がこの概念の強国による乱用を恐れ、他方では主要国も国益の関わらない事態に対して自国の軍隊を派遣するように国連により制約されることを嫌ったという事情があったといわれる（Luck 2011：20-23）。こうして、国際社会の保護する責任は事態ごとに関係国の利害関係次第に委ねられた感が残る。実際、11年のチュニジア以降のアラブの春の動きにおいても、リビアに関する安保理決議1973（2011）はリビア政府の文民保護の責任を指摘して飛行禁止区域の設定を第7章に基づき決定したが、シリアについては対応できずにいる。

(2)　平和維持活動——「強力な平和維持」の一般化とその課題

　2000年のブラヒミ報告書や最近の実行も踏まえたうえで、国連事務局は08年に、今後の活動指針として『国連平和維持活動——原則と指針』(通称：キャプストーン・ドクトリン) という文書を公表したが、そこでは第 7 章に基づく「強力な平和維持」と第 7 章に基づく純粋の強制とが区別され、前者は依然としてPKO の枠組み内のものとして位置づけられている。当事者に対して事前に合意していた和平取極・協定の遵守を勧誘するためとの枠組みの中で平和を強制するという趣旨での「強力な平和維持」は、受け入れ当局や主たる紛争当事者の同意に基づき戦術レベルで武力を行使できるとされる (『国連平和維持活動——原則と指針』2008：34-35)。

　第 7 章に基づく「強力な平和維持」では、限定的な武力行使が際限なくエスカレートするのを防ぐことが重要であるが、2015年 6 月に公表された平和活動ハイレベル独立パネル報告書は、「強力な平和維持」も依拠する三原則 (公平性、同意、限定的武力行使) の重要性を指摘する一方で、ソマリア (1993年) やコンゴ民主共和国 (2013年) でなされた標的攻撃作戦では、武力行使が戦術レベルから基本的に異なるレベルに移ることになると警告する (平和活動ハイレベル独立パネル報告書 2015：42-48) (PKO の正当性・公益性を損なう重要な争点として国連要員による性的な搾取と虐待があるが、これについても取り組みがなされてきている〈事務総長報告書 2021〉)。また、アフリカの内戦地域に派遣されるミッションに途上国の軍隊が提供されている結果として、活動先での暴力行為による死傷者数が近年増大し、13年以降深刻な状況が続いている。それを受けて、18年に国連平和維持要員の安全向上に向けた独立専門家による極めて実践的な報告書が出され (独立専門家報告書 2018)、現在、その実施に向けた対応がなされている。

(3)　拒否権行使の抑制の可能性

　21世紀に入って以降、ジェノサイド (集団殺害) や人道に対する犯罪などに安保理が対応する際に、自発的な拒否権抑制を求める動きが活発化してきている。現在につながるそれらの動きの中では、フランス・メキシコ・イニシアチブと ACT グループ (Accountability, Coherence and Transparency Group) 諸国の行動綱領が重要である。これらについて簡潔に紹介する。

　フランス・メキシコ・イニシアチブは、2012年以降に国連総会などでのフランス外務大臣や大統領により提唱され、メキシコが加わったものであり、20年3月段階で103カ国が支持を表明している。声明文（Political statement 2015）によれば、大量残虐行為（ジェノサイド犯罪、人道に対する犯罪および大規模な戦争犯罪）の事態は国際の平和と安全に対する脅威を構成し、国際社会の行動を必要とする。安保理がそのような事態を防止・終了させるために行動をとることは拒否権の使用により妨げられるべきではない。拒否権は特権ではなく国際的な責任であり、常任理事国は大量残虐行為の場合には拒否権の使用を控える旨の常任理事国間の集団的自発的な合意を提案する。

　ACTグループ諸国は27の中小国により2013年に結成され、安保理の説明責任、一貫性および透明性の改善を目指すグループである。15年に「ジェノサイド、人道に対する犯罪または戦争犯罪に対する安保理の行動に関する行動綱領」（Code of conduct 2015）をすべての国連加盟国に呼びかけた。そこではジェノサイド、人道に対する犯罪または戦争犯罪を防止・終了させるための安保理の時宜にかなった断固とした行動を支持するとともに、そのような際に信頼し得る決議案に反対しないことを誓約する。19年1月段階で119カ国が支持を表明している（List of supporters 2019）。

　これらは自発的な拒否権抑制を求めるものであるが、支持する国の数が国連加盟国の3分の2に近づいており、拒否権の不適切な行使がもたらす政治的なコストを高めることが期待される。他方で、自発的な拒否権抑制としての限界も否定し難い。その点で、近年までの国際法の発展を踏まえて、ジェノサイド犯罪、人道に対する犯罪および大規模な戦争犯罪という国際社会における中核犯罪（core crimes）については、これらを禁止する強行規範（jus cogens）の存在に加えてジェノサイド条約に基づくジェノサイドを防止する義務が国際司法裁判所により認定されてきていることが注目される。この防止義務の論理に基づいて大量残虐行為の事態における拒否権の不適切な行使の違法性を主張する見解（Trahan 2020：142-259）の説得力が増してきており、今後も注視する必要がある。

6　地域的国際組織との関係

　国連憲章は、第8章「地域的取極」において、国連と地域的国際組織との関係について規定している（Simma 2012 Vol. II：1429-1534）。そこでは、安保理は地域的国際組織による「地方的紛争の平和的解決の発達を奨励」する（第52条3項）一方で、「いかなる強制行動も、安全保障理事会の許可がなければ」、地域的国際組織によってとられてはならない（第53条1項）との規制を課している。

　第1に、どのような地域的国際組織がこれらの規定の対象となるかが問題となる。しかしこの点については、該当する国際組織の定義も、該当の有無の認定機関も明示されていない。また、自らの該当性を宣言する例（たとえば、欧州安全保障協力機構〈OSCE〉や米州機構〈OAS〉）がある一方で、憲章第51条の集団的自衛権に基礎を置く集団防衛組織（たとえば、NATO）が、第8章の地域的国際組織に該当し得るものとされることもある。このような状況から、所与の組織を前提にして第8章の地域的国際組織に該当するか否かを問題とするのではなくて、具体的な行為を前提として、当該行為が合法であるための法的基礎を問題とするようになっている。すなわち、第51条などに規定される集団的自衛権行使の要件が充足されない形で武力行使に訴える場合には、第8章に基づくための要件である安保理の許可の有無が問題とされ、逆に、安保理の許可がない形で武力行使に訴える場合には、集団的自衛権行使の要件の充足の有無が問題とされる（Simma 2012 Vol. II：1452-1453；Boisson de Chazournes 2017：143-156）。

　第2に、安保理の許可が合法性の要件とされる「強制行動」の内容が問題とされる。現在までの実行に基づいて、この点での分類を紹介すれば、次のようになろう。軍事力の行使に象徴される軍事的強制措置が「強制行動」の中核となる。他方で、欧州連合（EU）による経済制裁など、非軍事的強制措置は安保理の許可を必要とはしない。また、冷戦下に定着したすべての当事者の同意の下に派遣される伝統的な平和維持活動は、安保理の許可を必要とはしない。しかし、冷戦終結後に顕著となった内戦状況に派遣されるものについては明確で

ない。安保理による「強力な平和維持」として派遣する場合は、憲章第7章に基づく派遣とされている。また類似の事態にアフリカ連合（AU）によって派遣された場合に事後的に安保理が承認した事例などに鑑みて、安保理の許可は必要とされると考えられる（Simma 2012 Vol. Ⅱ：1481-1496；Boisson de Chazournes 2017：164-171）。

第3に、特に平和維持の分野では、国連と地域的国際組織とのパートナーシップの必要性と重要性が指摘されてきている。特にアフリカおいて、たとえばマリ共和国や中央アフリカ共和国に派遣されたミッションでは国連とAUとEUの間で様々な協力関係が展開しており、国連事務総長は「パートナーシップ平和維持の時代」への「パラダイムシフト」であり「事実上の三者間パートナーシップ」と表現している（Partnering for peace 2015：16-18）。もっとも、国連の有する正当性や財政支援を得ながらも安保理のコントロールへの抵抗に鑑みれば、同床異夢といえるかもしれない（Boisson de Chazournes 2017：254）。これら以外の地域となると、アフガニスタンやコソボ以外では必ずしも活発ではない。アジアにおいてもASEAN諸国による地域的平和維持活動の可能性について多少の議論があるにとどまる（Jones 2020）。

7　おわりに

現代においても国際社会は主権国家の併存を基礎とし、民族や宗教などが深刻な対立の潜在的な脅威となっている、多元的に錯綜した社会である。国連は国際社会全体の組織化の契機となり骨組みとなるが、国連の公共性においても国々の私益と国際社会の公益が絡み合い相互浸透している。

「公の制度」である集団安全保障制度も「公」と「私」が錯綜する中で創造的展開を遂げてきている。冷戦下における機能不全とは対照的に、冷戦終結後には許可方式に基づく形での活性化が指摘されたが、「保護する責任」の議論にもかかわらず安保理の機能停止事例が存続し、拒否権抑制の動きが注視されている。

他方で冷戦下に誕生した平和維持活動は、冷戦終結後には内戦への適応の結果、第7章に基づく「強力な平和維持」として派遣されるようになったが、要

員の安全向上を含む様々な問題への対応が求められている。そのような中で、国連と地域的国際組織とのパートナーシップの必要性と重要性が指摘されてきている。

＊本稿は、次の拙稿を基礎とし、本書の趣旨に基づいて大幅に削除・修正・加筆したものである。佐藤哲夫（2005）「国連による安全保障の70年と日本の対応」『法律時報』87巻12号21-26頁

＊＊本論文はJSPS科研費JP20K01317に基づく研究成果を含む。

＊＊＊本稿脱稿後に、篠田英朗（2021）『パートナーシップ国際平和活動　変動する国際社会と紛争解決』勁草書房に接した。

【参考文献】

1．クワコウ、ジャン＝マルク（2007）（池村俊郎・駒木克彦訳）『国連の限界／国連の未来』藤原書店
2．佐藤哲夫（2005）『国際組織法』有斐閣
3．佐藤哲夫（2015）『国連安全保障理事会と憲章第7章――集団安全保障制度の創造的展開とその課題』有斐閣
4．Boisson de Chazournes, Laurence（2017）*Interactions between Regional and Universal Organizations: A Legal Perspective*, Leiden; Boston: Brill Nijhoff.
5．Claude, Inis L., Jr.（1971）*Swords into Plowshares: The Problems and Progress of International Organization*（4th ed.）, New York: Random House.
6．Grant, Thomas D.（2015）"Annexation of Crimea," *American Journal of International Law*, Vol. 109, No. 1, pp. 68-95.
7．Jones, Catherine（2020）"South East Asian Powers and Contributions to Peacekeeping Operations: UN-ASEAN Partnering for Peace?" *Australian Journal of International Affairs*, Vol. 74, No. 1, pp. 89-107.
8．Luck, Edward C.（2011）"Sovereignty, Choice, and the Responsibility to Protect," in Bellamy, A. J. et al. eds., *The Responsibility to Protect and International Law*, Boston: Martinus Nijhoff Publishers, pp. 13-24.
9．Simma, Bruno, et al. eds.,（2012）*The Charter of the United Nations, A Commentary*（3rd ed.）, Oxford: Oxford University Press, Vol. I, Vol. II.
10．Trahan, Jennifer（2020）*Existing Legal Limits to Security Council Veto Power in the Face of Atrocities Crimes*, Cambridge: Cambridge University Press.

【関係重要資料】（last visited, June 30, 2021）

・（ブラヒミ報告書2000）, at https://www.un.org/en/ga/search/view_doc.asp?symbol=A/55/3

05
・（ICISS 報告書2001）, at https://web.archive.org/web/20070731161541/http://www.iciss-ciis
e.gc.ca/pdf/Commission-Report.pdf
・（国連総会特別首脳会議「成果文書」2005）, at https://www.un.org/en/development/desa/
population/migration/generalassembly/docs/globalcompact/A_RES_60_1.pdf
・（『国連平和維持活動——原則と指針』2008）, at https://peacekeeping.un.org/sites/default/
files/capstone_eng_0.pdf
・（Partnering for peace 2015）, at https://www.un.org/en/ga/search/view_doc.asp?symbol=S
/2015/229
・（平和活動ハイレベル独立パネル報告書2015）, at https://www.un.org/en/ga/search/view_
doc.asp?symbol=S/2015/446
・（Political statement 2015）, at https://www.globalr2p.org/resources/political-declaration-on-s
uspension-of-veto-powers-in-cases-of-mass-atrocities/
・（Code of conduct 2015）, at https://www.globalr2p.org/resources/code-of-conduct-regarding
-security-council-action-against-genocide-crimes-against-humanity-or-war-crimes/
・（独立専門家報告書2018）, at https://peacekeeping.un.org/sites/default/files/improving_sec
urity_of_united_nations_peacekeepers_report.pdf
・（List of supporters 2019）, at https://www.globalr2p.org/resources/list-of-signatories-to-the-a
ct-code-of-conduct/
・（事務総長報告書2021）, at https://peacekeeping.un.org/sites/default/files/2021_sea_report.
pdf

第15章　インド太平洋の安全保障環境
——アジア太平洋からインド太平洋へ

西田　竜也

　近年のアジアの安全保障環境の変化は著しい。その主要な変化の一つが、「自由で開かれたインド太平洋（FOIP）」構想が、注目を集めるようになったことである。本章では、FOIP 構想を手がかりとして、2019年から21年にかけての地域安全保障環境の変化と現状を明らかにする。

1　はじめに——FOIP 構想の背景と意味

　FOIP は、インド太平洋地域でルールに基づく国際秩序を構築し、自由貿易や航行の自由、法の支配など、地域の安定と繁栄を実現する前提となる原則の定着を目指す。FOIP 構想の起源として、2007年の安倍晋三首相によるインドの国会での「二つの海の交わり」という演説に求めるものもあるが、必ずしも同演説から始まったわけではない（防衛研究所 2020：192）。日米関係に加え、FOIPの中で重要とされる日本と豪州、日本とインド、そしてインドと豪州の間でも、この演説以前にすでに協力の進展はみられている。また、FOIP は、自由、民主主義、基本的人権の尊重、法の支配など普遍的価値を重視している。つまりFOIP は、これまでアジア太平洋を中心に考えられていた地域安全保障を、インド洋を含む形で拡大し、かつ、特定の価値観の推進を目的とする構想ということができる。

　FOIP が注目されたのは2010年代後半からであり、その要因はいくつか考えられる。まずは、中国の台頭である。中国の発展は、一時期の勢いは薄れつつも、自由民主主義国家と比べた場合引き続き突出している。そして、この中国

の台頭が、安全保障の面で顕著に表れているのが、海洋進出であり、21年1月のいわゆる「海警法」の制定はその典型である。この中国の海洋進出に対しては、日本や米国のみならず、最近では欧州諸国も警戒を示していることも新しい動きである。また、非民主的な制度を有する中国が影響力を増したこともあってか、この地域での自由と民主主義への脅威が大きくなる、また、自由民主主義に対する信頼が揺らぐ兆候もみられる。たとえば、香港、台湾やミャンマーでの政治情勢の変化などである。以下の節では、FOIPが近年注目されるようになった背景として、中国の経済および軍事面の現状、特に、南シナ海および東シナ海での海洋進出、そして、香港、ミャンマーそして台湾の政治状況につき考える。

2　中国の国力と影響力の拡大

(1)　中国の経済力と軍事力

　中国の経済力と軍事力は、一時期の二けた成長のような勢いはみられないものの、引き続き高い成長率を維持している。中国の2019年の国内総生産（GDP）は、約14.3兆ドルであり、日本（19年のGDPは約5.1兆ドル）の3倍弱、そして、米国（19年のGDPは約21.4兆ドル）の3分の2を超える水準に達した。また、中国のGDP成長率は、18年には6.8％、19年は6.1％を記録し、日本（18年0.3％、19年0.6％）や米国（18年は2.9％、19年は2.1％）よりかなり高い水準である（The World Bank 2021）。

　中国の国防費も、同様に引き続き高い水準である。2021年3月に行われた全国人民代表大会（全人代）では、21年の国防費が前年度より6.8％増の約1.4兆人民元（日本円で約22兆円余り）となった（田中 2021）。これは、日本の21年度防衛予算である約5.3兆円の4倍以上（防衛省 2020）、米国の21年度国防予算である約7410億ドル（日本円で約76兆円）の3割程度である（U.S. Department of Defense 2020）。ただし、中国の国防費は、公表される額を大幅に上回ると指摘する専門家もあり、注意が必要である。また、中国の軍事力向上を象徴するのが、航空母艦の建造と運用能力の向上である。ワリャーグを改修した空母「遼寧」に続く初の国産空母「山東」の就役式が、習近平主席が出席する中、19年12月

に海南島で行われた（防衛研究所 2020：57）。また、核兵器、ミサイル戦力など
は広範かつ急速に強化そして近代化され、宇宙、サイバー、電磁波といった新
たな領域での軍事化も進んでいる（外務省 2019：40）。

(2)　「一帯一路」、上海協力機構（SCO）とアジア信頼醸成措置会議（CICA）

中国は、経済力の向上に伴い、「大国外交」を進めている。2018年には、ボ
アオ・アジア・フォーラム、上海協力機構（SCO）サミット、中国・アフリカ
協力フォーラム、中国国際輸入博覧会等、各国首脳を招いた大規模な外交行事
を相次いで主催した（外務省 2019：40）。また、広域経済圏構想である「一帯一
路」構想も引き続き積極的に推進し、19年には首脳レベルで第2回「一帯一路」
国際協力ハイレベルフォーラムや第2回中国国際輸入博覧会を主催し、質の高
い「一帯一路」建設やさらなる市場開放を表明した（外務省 2020：38）。

2001年に6カ国で発足したSCOは、17年にインド、パキスタンが加盟し、
世界の人口の4割以上とGDPの4分の1近くを占めるまでに拡大した（湯
浅 2019：268, 274）。19年にはキルギスの首都ビシュケクで、そして20年には新
型コロナウイルスの影響で、ビデオ会議による首脳会合を行った。20年の首脳
宣言では、安全保障、貿易、経済協力、そして文化交流の幅広い範囲で協力を
謳い、引き続きテロリズム、分離主義、過激主義等を脅威と捉え、国連の重要
性を訴えている（The Shanghai Cooperation Organization 2020）。

アジア信頼醸成措置会議（CICA）（加盟国は27カ国・地域）は、アジア全域の相
互協力と信頼醸成を目的として設立され、第4回首脳会合で習近平国家主席が
「アジアの安全はアジアの国家と人民が築くべきである」と演説したことで脚
光を浴びた（大西 2019：244-246）。2019年には、タジキスタンの首都ドゥシャ
ンベで5回目の首脳会議を行い、国連の重要性や内政不干渉等国際法の諸原則
を確認し、安全保障から経済まで幅広い分野でCICAが役割を果たすとする首
脳宣言を採択した（Conference on Interaction and Confidence Building Measures in
Asia 2019）。

このようにSCOおよびCICAは、首脳会合も定期的に開かれ、安全保障か
ら経済、文化交流まで幅広い分野での協力が謳われているが、実際にどの程度
協力が進んでいるかは明らかではない。また、中国やロシアなどの大国の思惑

は一致せず、「同床異夢」の状態にあるという指摘もある（湯浅 2019：278）。

3　南シナ海および東シナ海での中国の海洋進出の現状

　東シナ海や南シナ海の海空域では、公海上の航行の自由や上空飛行の自由の原則などの国際法に反する、中国独自の主張に基づいた行動が続いている。まず、尖閣諸島周辺海域では、2013年11月に中国政府は、尖閣諸島を「中国の領土」として含むような「東シナ海防空識別区」を設定した。中国公船による尖閣諸島周辺への領海侵入は、20年には29日間延べ88隻に上り（18年は19日間延べ70隻、19年は32日間延べ126隻）（海上保安庁 2021）、接続水域を中国の潜水艦等が航行するケースもみられる。また、12年秋以降、航空自衛隊による中国軍機に対する緊急発進の回数は高い水準で推移している。さらに、東シナ海での日中間の排他的経済水域と大陸棚の境界が未画定である中、中国側の一方的な資源開発も続く（外務省 2020：45）。

　南シナ海でも、中国は現状を変更し緊張を高める一方的な行動と、その既成事実化を進めている。中国は南シナ海での「歴史的権利」を主張し領有権を求めてきたが、2016年のハーグでの仲裁裁判により、これらの主張は明確に否定された。また、南シナ海での中国の主張は、国連海洋法条約と相容れないにもかかわらず、係争地に南シナ海全域を射程とするミサイルを配備し、弾道ミサイルの発射実験を行うなど、シーレーンの安全を脅かしている（外務省 2020：67）。そして、18年以降中国と東南アジア諸国連合（ASEAN）の間で南シナ海行動規範の交渉が行われているが、いまだ合意には至っていない。最近では特に、「海警法」の問題が国際社会の懸念となっている。21年に中国は同法を施行したが、中国の管轄海域での取り締まりや武器使用の権限を明記しており、尖閣諸島沖や南シナ海で中国の統制が強まるおそれがある（冨名腰 2021）。

　中国による一方的な主張や行動に対して、国際社会は中国の主張が不当かつ無効であることを示す行動をとり始めている。米軍はこれまでも南シナ海域で「航行の自由」作戦を実施してきたが、最近では2021年2月に実施した（U.S. Navy 2021）。また、20年7月に米国政府は南シナ海における中国の海洋権益の主張は完全に違法であると批判し、16年の仲裁裁判所による判断を明確に支持

した（Pompeo 2020）。さらに、欧州各国も南シナ海でのプレゼンスを強化している。フランスは21年2月に攻撃型原子力潜水艦を南シナ海に航行させ（三井 2021）、同年に、英国もクイーンエリザベスを中核とする空母打撃群を（松山・成沢 2021）、ドイツはフリゲート艦を派遣した（畠山 2021）。

4　インド太平洋地域における自由と民主主義の後退

インド太平洋地域では近年、自由民主主義の後退とその反動と考えられる現象がみられる。以下では、香港、台湾、ミャンマーの状況につき概観する。

⑴　香港での民主化デモ

香港では2019年以降、民主化を求めるデモが活発になった。この民主化デモは、そもそも19年3月の逃亡犯条例改正案に反対するデモをきっかけとして始まったが、同年6月に同案の完全撤回や普通選挙などの実現を求めるデモへと発展した。そして、20年11月の香港区議会選挙では、民主派勢力が85%の議席を獲得し圧勝した（藤本 2020）。民主化デモへの香港市民の関心は極めて高く、20年6月16日には主催者発表で約200万人が参加しており、香港の人口（19年時点で752万人）を考えるとその規模の大きさが理解されよう（防衛研究所 2020：46）。そして、19年10月に逃亡犯条例改正案が完全に撤回されてもデモは終息せず、中国全人代常務委員会はデモへの対抗措置として20年6月に、「香港国家安全維持法」を香港の議会を通さずに可決した。また、21年3月に全人代が香港の選挙制度を改革し、香港立法会（議会）から民主派を事実上排除する制度に変更した。さらに、6月には政府や共産党に対して批判的であった香港紙「リンゴ日報」が、当局による圧力で廃刊に追い込まれるなど、香港での言論や報道の自由は後退している。

⑵　台湾での総選挙

香港での民主化運動と中国による強硬な対応は、台湾にも大きな影響を与えた。2020年1月の台湾での総統選挙では、現職の蔡英文総統と頼清徳副総統のペアが、史上最多の817万票（得票率57.1%）を獲得し圧勝した。当初、蔡英文

率いる民進党は国民党に対し劣勢であったが、香港での大規模デモとデモに対する厳しい中国の対応が、香港のデモを支持し、一国二制度に反対した蔡英文陣営への追い風になった（防衛研究所 2020：48）。また、一国二制度についても、「永遠に現状維持」と「現状維持後に独立」への支持が顕著に増加した一方、「現状維持後に統一」への支持は減少している（防衛研究所 2020：51）。

⑶　ミャンマーにおけるクーデター

　ミャンマーでは、2015年の総選挙でアウン・サン・スー・チーが政権の座を奪い、民主化への流れが強まっていたが、ミャンマー国軍が21年2月にクーデターを実行した。そして、1年間の「非常事態宣言」が発令され、全権をミン・アウン・フライン国軍総司令官が掌握し、スー・チー国家顧問兼外相、およびウィン・ミン大統領は拘束された。今回のクーデターについては、20年11月の総選挙でスー・チー率いる与党国民民主連盟に国軍系政党が大敗したため、国軍がさらなる民主化勢力の拡大を怖れて実行したとされる（新田 2021）。しかし、国軍のクーデターに対し国民は反発を強め、連日デモが行われ、参加者は多い時には数十万人に上る（新田・村松 2021）。21年6月現在も、国軍と民主派の武装組織との間で戦闘が続くなど、政治的に不安定な状態が続き、経済活動も停滞するなど、解決への見通しも立っていない。

5　FOIP 構想の課題とこれからの展望

　このように FOIP は、中国の影響力の拡大、特に海洋進出、そして自由や民主主義の停滞とともに注目されるようになったが、FOIP を支持する安倍晋三首相が積極的な首脳外交を進め、FOIP に対する関係国の理解を促進したことも貢献した。また、ドナルド・トランプ米大統領も「インド太平洋における米国の戦略的枠組み」という文書を3年間にわたり指針とするなど、FOIP は戦略的枠組みとして定着しつつある（The White House 2021）。

　しかし、安倍内閣は総理の健康上の理由から2020年9月に総辞職し、トランプ大統領も同年11月の大統領選で敗北した。FOIP を支えてきた首脳が政治の表舞台から去ったことで、FOIP の今後が注目される。その意味で、21年3月

に、新たに就任したジョー・バイデン米大統領が、日印豪それぞれの首脳とともに、日米豪印戦略対話（クアッド）を初めて実施した意味は大きい[1]。必ずしもFOIP＝クアッドではないが、FOIPの中核となる4カ国の首脳が会談を行ったことで、FOIP構想が進む可能性はある。しかし、日米豪印それぞれの、特に、中国に対する考え方は必ずしも一致しない。以下では、今後のFOIPの課題につきいくつか取り上げたい。

(1)　構想としてのFOIP

FOIPは戦略ではなく構想であるとしばしばいわれる。これは、FOIPの目的は、あくまでも法の支配、紛争の平和的解決、そして自由貿易の推進などの自由主義の諸原則の確保と維持であり、特定の国、具体的には中国に対抗した「封じ込め戦略」とは異なるとされる。むしろ、地域のすべての国を取り込み、ルールに基づく包摂的な秩序を形成することを目指した構想と説明される（防衛研究所 2020：194）。もし、そうであれば、今後はFOIP構想を実現するための具体的な戦略が必要になる。自由主義の諸原則を確保し、維持するためには政治、経済、文化そして場合によっては軍事的手段も考えられる。今後は、どの目的とどの手段を関連付けるのか等、戦略に関する具体的議論が必要になる。

(2)　クアッドの将来とアジアの平和

以上と関連して今後クアッドがどのように発展していくかは興味深い。2021年3月のクアッド首脳会合では、法の支配等国際法の諸原則を確認し、東シナ海や南シナ海情勢について一方的な現状変更の試みに強く反対する旨の発言がなされ、新型コロナウイルスのワクチン、重要かつ新しい技術、気候変動について作業部会を設置することで合意がなされた。その一方で、安全保障分野での具体的な協力には言及されていない（外務省 2021）。今後クアッドが特に中国との関係でどのような機能や役割を果たすかは注目に値する。

(3)　韓国と台湾の位置づけと役割

構想としてのFOIPを実現するためにクアッドは重要であるが、今後より多くの国から支持を集め、協力を得ることも必要である。特に、韓国や台湾は、

両国が地政学的に重要な位置にあり、相当程度の経済力および軍事力を有し、米国の同盟国もしくは緊密な友好国であることを鑑みた場合、インド太平洋地域の安全保障を考えるうえではポイントになるものと思われる。

6　おわりに

　中国の台頭とともに、これまでアジア太平洋を中心としていた地域安全保障概念がインド洋にも広がりつつあることが、明確になっている。とはいえ、FOIPはいまだ構想段階にあり、具体的な戦略や機構、制度は整備されていない。クアッドも同様であり、中国の王毅外相がクアッドを、対中抑止を目的とした「インド太平洋版の新たな『北大西洋条約機構』」と牽制する一方（中川 2021）、中国への対応で足並みの乱れを指摘する声もある（森 2021）。このように、FOIPやクアッドが今後どう発展するかは注目である。特に、この地域には、米国を中心とした同盟システムや、ASEAN 関連の政治、経済、安全保障関連の機構やフォーラムも存在する。こうした既存の国際システムとの役割分担をどのように考え、FOIP やクアッドが果たす役割や機能を明らかにし、戦略、制度や機構に発展させることができるかが今後の課題である。

【注】

1）　クアッドはこれまで2019年、20年にそれぞれ外相レベルで開催され、また、20年11月には初めて日米豪印の軍による共同訓練も行われている。

【参考文献】

1．　大西利尚（2019）「ユーラシアと国連・国際機構——CICA、SAARC、UNAMA」広島市立大学広島平和研究所編『アジアの平和と核——国際関係の中の核開発とガバナンス』共同通信社
2．　海上保安庁（2021）「中国海警局に所属する船舶等による尖閣諸島周辺の接続水域内入域及び領海侵入隻数（日毎）（平成24年 9 月以降）」https://www.kaiho.mlit.go.jp/mission/senkaku/senkaku.html（2021年 6 月20日取得）
3．　外務省（2019）『外交青書2019』日経印刷
4．　外務省（2020）『外交青書2020』日経印刷
5．　外務省（2021）「日米豪印首脳テレビ会議」https://www.mofa.go.jp/mofaj/fp/nsp/page1_000939.html（2021年 3 月15日取得）

6．田中靖人（2021）「中国全人代　国防費を着実に増額　AI活用などで質も向上」『産経新聞』3月5日付、https://www.sankei.com/world/news/210305/wor2103050019-n1.html（2021年3月15日取得）

7．冨名腰隆（2021）「中国で海警法が成立、武器の使用明記　尖閣諸島を意識」『朝日新聞』1月22日付、https://www.asahi.com/articles/ASP1Q75T3P1QUHBI021.html（2021年3月1日取得）

8．中川孝之（2021）「日米豪印クアッドは『新たなNATO』、中国が軍事訓練でけん制へ」『読売新聞』3月12日付、https://www.yomiuri.co.jp/world/20210312-OYT1T50260/（2021年3月15日取得）

9．新田裕一（2021）「ミャンマーでクーデター　国軍が全権掌握」『日本経済新聞』2月1日付、https://www.nikkei.com/article/DGXZQOGM010DQ0R00C21A2000000/（2021年3月1日取得）

10．新田裕一・村松洋兵（2021）「ミャンマー、数十万人抗議デモ　警官発砲で1人重体」『日本経済新聞』2月9日付、https://www.nikkei.com/article/DGXZQOGS09C740Z00C21A2000000/（2021年3月1日取得）

11．畠山嵩（2021）「ドイツ軍艦艇19年ぶり日本寄港　フリゲート艦『バイエルン』」『毎日新聞』11月5日付、https://mainichi.jp/articles/20211105/k00/00m/010/216000c（2021年12月4日取得）

12．藤本欣也（2020）「越年の香港デモ　求めるのは『5大要求』の完全実現」『産経新聞』1月1日付、https://www.sankei.com/world/news/200101/wor2001010024-n1.html（2021年3月10日取得）

13．防衛研究所（2020）『東アジア戦略概観』アーバン・コネクションズ

14．防衛省（2020）「我が国の防衛と予算（案）──令和3年度予算の概要」https://www.mod.go.jp/j/yosan/yosan_gaiyo/index.html（2021年2月20日取得）

15．松山尚幹・成沢解語（2021）「英空母クイーン・エリザベスが初めて日本寄港　対中国で連携」『朝日新聞』9月6日付、https://www.asahi.com/articles/ASP966W08P96UTFK00W.htm1（2021年12月4日取得）

16．三井美奈（2021）「仏国防相『EUのインド太平洋戦略目指す』　攻撃原潜が南シナ海を航行」『産経新聞』2月19日付、https://www.sankei.com/world/news/210219/wor2102190045-n1.html（2021年3月1日取得）

17．森浩（2021）「インド、『反中国クラブ化』に慎重　クアッド首脳会合で温度差」『産経新聞』3月13日付、https://www.sankei.com/world/news/210313/wor2103130016-n1.html（2021年3月15日取得）

18．湯浅剛（2019）「上海協力機構（SCO）の発展」広島市立大学広島平和研究所編『アジアの平和と核──国際関係の中の核開発とガバナンス』共同通信社

19．Conference on Interaction and Confidence Building Measures in Asia（2019）"Declaration of the Fifth Summit of Conference on Interaction and Confidence Building Measures in Asia: Shared Vision for a Secure and More Prosperous CICA Region," https://www.s-cica.org/page/political-declaration/（last visited, March 1, 2021）.

20．Pompeo, Michael R.（2020）"U.S. Position on Maritime Claims in the South China Sea,"

July 13, https://asean.usmission.gov/u-s-position-on-maritime-claims-in-the-south-china-sea/ (last visited, March 1, 2021).

21. The Shanghai Cooperation Organisation (2020)"The Moscow Declaration of the Council of Heads of State of the Shanghai Cooperation Organisation," http://eng.sectsco.org/docu ments/ (last visited, March 1, 2021).

22. U.S. Department of Defense (2020)"DOD Releases Fiscal Year 2021 Budget Proposal," https://www.defense.gov/Newsroom/Releases/Release/Article/2079489/dod-releases-fisca l-year-2021-budget-proposal/ (last visited, February 20, 2021).

23. U.S. Navy (2021) "7th Fleet Destroyer conducts Freedom of Navigation Operation in South China Sea," February 16, https://www.navy.mil/Press-Office/News-Stories/Article/2 505124/7th-fleet-destroyer-conducts-freedom-of-navigation-operation-in-south-china-sea/ (last visited, March 1, 2021).

24. The White House (2021), "U.S. Strategic Framework for the Indo-Pacific," https://trum pwhitehouse.archives.gov/briefings-statements/statement-national-security-advisor-robert-c-o brien-011221/ (last visited, March 1, 2021).

25. The World Bank (2021)"World Bank Open Data," https://data.worldbank.org (last visited, February 20, 2021).

第16章　安全保障共同体としての ASEAN
——ASEAN ウェイと人権・民主主義規範

井原　伸浩

1　はじめに

　2015年末、東南アジア諸国連合（ASEAN）共同体の創設が宣言された。同共同体は、ASEAN 政治・安全保障共同体（APSC）、ASEAN 経済共同体（AEC）および ASEAN 社会・文化共同体（ASCC）の三本柱からなる。このうち APSC が、安全保障共同体としての実態を有しているかについては論争がある。アミタフ・アチャリアは、カール・ドイチュの安全保障共同体論を下敷きに、コンストラクティビズム理論を用いてこれを肯定的に論じた。その際アチャリアは、ASEAN 特有の協力規範、いわゆる ASEAN ウェイ（ASEAN Way）を重視した。ASEAN ウェイに一致した定義はないが、①国家主権の尊重や内政不干渉などの国際法的規範と、②加盟国間で意見の相違が表面化することを避け、協議とコンセンサスに基づいて意思決定するといった、社会的手続き規範に大別される。こうした規範が、ASEAN 加盟国の利益やアイデンティティを再定義する上で、重要な役割を果たし得たというのである（Acharya 2014）。
　一方で、ASEAN を安全保障共同体とみなし得るかについて、あるいは加盟国が規範を共有しているかについて、懐疑的な見方も多い（たとえば Khoo 2015；Peou 2005）。とりわけミャンマーの人権・民主主義状況を ASEAN としていかに扱うかが検討されるとき、それは鮮明になる。ASEAN が内政事項をいかに扱うべきかについて、加盟国指導者で意見が分かれ、しかも、ASEAN ウェイと人権・民主主義規範に齟齬が生じやすいためである。たとえば1990年代後半には、タイやフィリピンがミャンマーの加盟に強い懸念を示したり、伝統的な

ASEAN の規範に修正を加え加盟国の内政問題も議論する「柔軟関与 (flexible engagement)」を主張したりした。これに対し、伝統的規範を守ろうとした加盟国は、防衛的なレトリックとして ASEAN ウェイの語を用いた。こうした経緯に鑑みれば、ASEAN ウェイは、集団的アイデンティティを醸成したというよりも「論争のシンボル」だったのである (Yukawa 2018)。

　以上に鑑み本章は、ASEAN 共同体の設立過程における ASEAN ウェイの位置付け、特にミャンマーの内政事項を ASEAN がいかに扱ってきたかを考察する。これを通じて、ASEAN ウェイや人権・民主主義規範が、ASEAN アイデンティティの構築にいかなる貢献、あるいは課題をもたらしてきたかを考える一助としたい。

2　ASEAN ウェイと人権・民主主義

　ASEAN の公式会議で、人権について初めて本格的な議論がなされたのは、1993年 7 月の第26回 ASEAN 外相会議 (AMM) である。その前月に世界人権会議でウィーン宣言および行動計画が採択されていたが、同会議の準備会合で示されたアジア諸国の意向は必ずしも反映されなかった。これに対し第26回 AMM の共同声明は、人権や基本的自由の促進・保護を政治・経済・文化システムにかかわらず国家の義務としたウィーン宣言の趣旨とは異なり、人権の促進・保護は、文化的、社会的、経済的、政治的状況を考慮に入れてすべきとしたり、政治問題化すべきではないと強調したりした。90年代に一部の ASEAN 加盟国指導者たちが強調した「アジア的価値」の主張がここにみられる。

　とはいえ、ASEAN 諸国においても不干渉原則が絶対的なものとみなされていたわけではなく、むしろ1990年代後半には、しばしばミャンマーをめぐって ASEAN ウェイが論争の対象となった。ASEAN は、同国に制裁を課したり国際的に孤立させるより、経済・人的交流などを進める「建設的関与 (constructive engagement)」を試みてきた。しかし、97年のミャンマーによる ASEAN 加盟前後頃から、柔軟関与がタイやフィリピンを中心に論じられるようになった。ミャンマー加盟は、同国の軍事政権に対する欧米諸国批判が、ASEAN にも向けられる結果をもたらし、特にアジア欧州会合 (ASEM) では、一時ミャンマーの

参加が拒否されるなど、同国への欧州側による激しい批判がASEANにもぶつけられた。ASEANもこれに対応する必要が認識され、たとえば2003年5月に国民民主連盟（NLD）の政治家やその支持者が襲撃され、アウン・サン・スー・チーが軍事政権に拘束された際には、翌月開催された第36回AMMでミャンマーの内政事項たる本件が議論された（湯川 2009：37）。AMMの共同コミュニケでは、「民主主義への平和的移行につながる国民和解とすべての当事者間の対話の努力を再開する」ことが求められ、アウン・サン・スー・チーやNLDメンバーに対する制限の早期解除を「期待する」とされた。

　この過程と、ASEAN共同体構築の本格的な議論の開始は、時期的にほぼ重なる。アジア通貨・経済危機へ効果的に対応できなかったASEANは、さらなる域内協力の深化に向け、1997年12月の第2回ASEAN非公式首脳会議で「ASEANビジョン2020」を発表した。ここでは、2020年までに東南アジア全体を共通の地域アイデンティティで結ばれた、「思いやりのある社会の共同体（a community of caring societies）」でつなぐ構想が示された。この共同体構想を実現すべくイニシアチブを発揮したのが、経済危機の混乱から落ち着きをみせつつあったインドネシアだった。同国が議長国となった2003年10月の第9回ASEAN首脳会議で、20年までにASEAN共同体の実現を目指すとした第2ASEAN協和宣言（ASEAN Concord II）が発表されたのである。なお、ここで設立するとされたASEAN安全保障共同体（ASC）はAPSCに、また、創設時期も20年から15年へと後に変更された。

　インドネシアの提示したASC構想は、民主化の促進を謳っていたがゆえに国際的注目を集めた。1990年代末に民主主義を受容し、人権の推進・保護を重視するようになった自国内の政治的価値を、インドネシアは構想に反映させようとしたのである。こうした提案は、他の加盟国からの拒否にあって採用されなかったが（スクマ 2008：31-32）、第2ASEAN協和宣言では、ASCの目的の一つに、域内諸国が民主的な環境で暮らせることが含まれた（なお、宣言では不干渉やコンセンサスの原則も強調されている）。

　その後、人権や民主主義をめぐる規範に関して、従来にない踏み込んだ言及が公式文書でなされていった。たとえば2004年11月の第10回ASEAN首脳会議で採択された、ASEAN安全保障共同体行動計画は、「民主」の語の他、人権

の促進・保護にも言及し、さらに、民主的制度と国民の参加の強化や法の支配なども謳った。さらに同計画は、ASEAN加盟国は違憲および非民主的な政権交代を容認しないとまで述べている。これに忠実に則れば、タイやミャンマーでのクーデターによって成立した政権は、ASEANによって容認されないこととなる。

　このように、ミャンマーに対する建設的関与が柔軟関与へと変化する過程で、ASEANウェイに一定の批判的見解が示され、その流れから、ASEAN共同体構築の議論でも、人権や民主主義といった加盟国の内政事項に踏み込んだ提案がなされた。しかし、次節でみるように、ASEANウェイの見直しは、その後揺れ戻しを経験することとなる。

3　ASEAN憲章

　2005年に、ミャンマーの議長国問題が浮上した。同国は06年後半から、域外国が参加するサブリージョナルな枠組みも含めてASEANの議長国を務めるはずだったが、これに欧米諸国が強硬に反発したのである。これを受けて一部のASEAN諸国がミャンマーに働きかけ、同国は自ら議長国を辞退することとなった。しかも、直後の05年12月にマレーシアで開催された第11回首脳会議の議長声明は、拘束者の解放をミャンマーに求めるものだった。これは不干渉原則と矛盾しかねなかったが、形式的にはミャンマーは議長国を自ら辞退しており、12月の議長声明も同国に制裁を科すものではない。同12月から本格化したASEAN憲章の策定過程からもみてとれるように、不干渉原則が否定されたわけではなかった。

　一方、同首脳会議では、ASEAN憲章の策定に関するクアラルンプル宣言も発表され、憲章に「民主主義、人権と義務、透明性とグッドガバナンスの促進、および民主的制度の強化」が含まれると明文化された。さらに同宣言で招集された賢人会議（EPG）の報告書が、以下の大胆かつ進歩的な提案を含んでいたことが注目された。すなわち、（ASEAN安全保障共同体行動計画で言及されたように）違憲・非民主的な政権交代の拒否を憲章に含めること、ASEANは、その目的、主要な原則、重要な合意への、加盟国による深刻な違反を是正する措置

を講じる権限を持つべきであること、地域統合を加速させるため、ASEAN ウェ
イを改善する必要があること（緊密な協力を必要とする分野での不干渉原則の修正や、
協議とコンセンサスによる意思決定に疑問が投げかけられた）などである。

　その後、ASEAN 憲章を起草するハイレベル・タスクフォースが設置された
が、人権条項の盛り込みをめぐってその会議は紛糾した。結局、人権の委員会
（commission）ではなく機関（body）を設立し、その取り決め事項（TOR）を後
で議論することで妥協が成立した（Bwa 2009）。後に人権を司る機関として
ASEAN 政府間人権委員会（AICHR）が設置されたが、それは「委員会」である
ものの、その名の通り ASEAN 加盟国「政府間」のそれだった。また、2009年
に発表された AICHR の TOR は、人権の推進において、国内や地域の特殊性
を念頭に置くことや、異なる歴史・文化・宗教的背景を相互尊重すること、さ
らに、権利と責任のバランスを考慮に入れることが盛り込まれ、人権の普遍性
に一定の制限をかけた。強制能力のある人権機関の設立は、ミャンマーをはじ
めとする一部加盟国から強硬に反対され、他の加盟国もそれを受け入れざるを
得なかった（Arendshorst 2009：111-5）。

　2007年11月の第13回首脳会議で署名された ASEAN 憲章は、EPG の大胆な勧
告が全面的には反映されなかった。たしかに憲章は、前文および第2条で、民
主主義、法の支配、グッドガバナンス、人権および基本的自由の尊重を ASEAN
の原則として位置付けているし、これらの強化・実現を第1条で ASEAN の目
的としている。ただし、前文では、これらの前段落に主権、不干渉、コンセン
サスなど伝統的な ASEAN の原則が記され、しかもそれらは「基本的重要性」
を有するものとされた。ASEAN の原則について規定された第2条でも、まず
強調されたのは「全 ASEAN 加盟国の独立、主権、平等、領土保全および国家
アイデンティティ」であり、ASEAN 加盟国および外部からの不干渉がこれに
続く。法の支配、グッドガバナンス、民主主義の原則および立憲主義や、基本
的自由の尊重、人権の促進および保護、社会的正義の促進は、これらの後に置
かれており、上記の伝統的な原則の優位性を示唆したものとされる（Davies
2017：101）。EPG の勧告にあった違憲・非民主的な政権交代の拒否も憲章では
採用されていない。さらに、EPG が勧告していた投票による意思決定導入に
よる ASEAN ウェイの見直しや、ASEAN の各種宣言、合意、規範、価値など

に対する深刻な違反があった場合の、当該国の権利および特権の停止について
も、憲章は言及していない。

　2007年9月のASEAN外相による非公式会議では、ミャンマー軍事政権が反
政府デモを武力鎮圧したことに対し遺憾の意が表明されるとともに、デモ隊へ
の武力行使を直ちに停止するよう求める声明が発表された。しかし、その2カ
月後に発表された上記憲章は、ASEANウェイが健在であることを示し、憲章
に反する人権侵害がミャンマー国内で生じても、同国のメンバーシップを停止
するといった強制的な措置がとられないことを示した（石田 2008）。建設的関
与であれ柔軟関与であれ、人権状況の改善や民主化はミャンマー自らが徐々に
実行するよう、ASEANが手助けすることを前提としたものにとどまったので
ある（Jones 2008）。

　こうして人権や民主主義がASEANの基本原則として確固たるものになりつ
つも、それはASEANウェイに大きな変更を加えるものではないことが明らか
になった。たとえば2009年の第14回ASEAN首脳会議で採択されたAPSCの
「ASEAN共同体青写真2015（ASEAN Community Blueprint 2015）」では、ASEAN
憲章にある民主主義、法の支配、グッドガバナンス、人権と基本的自由の尊重・
促進・保護の原則遵守の他、人々志向（people-oriented）のASEANを推進する
ことが確認された。一方、同青写真では、不干渉原則やコンセンサスによる意
思決定に言及がなかったが、ASEAN共同体創設時（2015年）に発表された青写
真2025にはあり、ASEANウェイに修正が加えられたとは言い難い。

4　ASEAN人権宣言

　2012年にはASEAN人権宣言が発表された。それはもちろん画期的な成果だ
が（たとえば勝間 2013：Davies 2013）、宣言には、人権や基本的自由ないしその
実現に、一定の規制をかける文言もみられる。たとえば人権や基本的自由は、
それと対応する義務とのバランスがとれていなければならないとされ（第6条）、
人権の実現は、異なる政治、経済、法、社会、文化、歴史、宗教的なバックグ
ラウンドを考慮した上で、地域的・国家的な文脈でなされなくてはならないと
もしている（第7条）。さらには、人権および基本的自由は、国家安全保障、公

共の秩序、公衆衛生、公共の安全、公共の道徳および民主的社会における人々
の一般的福祉上の要請により限定され得ること（第 8 条）も示されている（Ren-
shaw 2013：569）。

　さらに同年、ミャンマーのラカイン州で仏教徒とイスラーム教徒のロヒン
ギャ（Rohingya）族が対立したことを契機に多数の避難民が生じたが、ASEAN
はこれを人権問題として対処することができなかった。ロヒンギャは、ミャン
マー政府からその存在すら認められておらず、無国籍状態が続いている。
ASEAN は不干渉原則ゆえに、ミャンマーのこうした姿勢を尊重せざるを得ず、
実際、ASEAN の諸会議でロヒンギャという語は用いられていない。そのため、
AICHR もこの問題を取り上げられなかったし、ASEAN はこれを、人権問題と
してではなく、一部のロヒンギャ避難民が標的となったトランスナショナルな
犯罪（人身売買）の問題として扱った。2015 年 7 月に開催された不規則な人の
移動に関するトランスナショナルな犯罪に関する緊急 ASEAN 閣僚会議
（AMMTC）がそれにあたる。

　2015 年 11 月の第 27 回首脳会議で、同年 12 月 31 日付での ASEAN 共同体創設が
宣言された。議長声明では、APSC において「我々の国民は人権、基本的自由
（中略）の価値を受け入れ」たとされ、AICHR の新しい 5 カ年作業計画（2016～
2020）を実施することも謳われたが、これは「ASEAN の三つの柱の中で人権
の原則を主流化するため」とされている。また、ASEAN 共同体の構築は進行
中のプロセスであるとして、ASEAN 共同体ビジョン 2025 や、ASEAN 共同体
青写真 2025 などからなる「ASEAN 2025」が採択された。

　しかし、ミャンマーの内政事項をいかに扱うかは、その後も ASEAN 加盟国
間で意見が分かれており、扱うとしても慎重な取り扱いが求められている。ロ
ヒンギャ問題のような人道危機については、2017 年以降、ASEAN 首脳会議や
AMM でも議論され、ASEAN 防災人道支援調整センター（AHA Centre）を通じ
た人道支援も行われている。ただし、そこに至る過程では、非公式の性格が強
いリトリート（retreat）会議（ASEAN 諸国の外相らごく限られた参加者が快適な環境
下で自由な意見交換を行うという趣旨の下、正式なアジェンダや報告書は作成されない
会議〈Thuzar & Ha 2018〉）での議論から始められるなど（2016 年 12 月）、露骨な干
渉にならないための配慮がなされた。とはいえ、特に 17 年の国軍による武装勢

力の掃討作戦以降、70万人もの難民が発生した同問題について、ASEANが残虐行為を実質的に防げていない、あるいはミャンマー政府を非難できていないなどの批判は多い（たとえばJati 2017）。

　さらに2021年のクーデターや、これに抗議する市民の大規模デモに対する国軍の武力鎮圧について、ASEANとして暴力を停止する実効的な手立てを打てていない。同4月には、臨時ASEAN首脳会議が開催され、暴力の即時停止と全当事者による最大限の自制、全当事者間の建設的対話の開始、ASEAN事務総長の支援の下での、ASEAN議長国特使による対話プロセスの仲介促進、AHA Centreを通じた人道支援、特使および代表団によるミャンマー訪問と全関係者との会談という5項目からなるコンセンサスが形成された。しかし、本章の脱稿時点でASEANは民主主義や人権をはじめとする基本的規範の侵害を理由とした非難すらできていない。それはASEANウェイの存在ゆえであるし、加盟国の内政問題への干渉に消極的な加盟国が、一部にみられるためであった。

5　おわりに

　人権や民主主義といった規範は、ASEAN憲章に盛り込まれ、ASEAN共同体もこれに基づいて協力を深化させている。しかしながら、民主主義の遅れ、市民社会グループによる意思決定参加への制限、人権を守る制度の脆弱性については、ASEANに肯定的な論者の間でも、正面からの反論が欠如している（Stubbs 2019：933-938）。それはこうした規範やASEANウェイについて、加盟国が一致した姿勢を持てていないがゆえであり、そのため信頼性と効果の高いASEANの人権メカニズムが構築される見通しは、低いままといわざるを得ない（Acharya 2021）。ミャンマーで政情が安定せず、ロヒンギャ問題も収拾に時間がかかる見通しである以上、こうしたASEANの混迷は、当面続きそうである。

【参考文献】
1．石田正美（2008）「ASEAN・ミャンマー関係──相互依存から膠着へ」工藤年博編『ミャンマー経済の実像──なぜ軍政は生き残れたのか』アジア経済研究所、201-232頁

2．勝間靖（2013）「ASEAN 人権宣言（2012）——採択の背景と今後の課題」『アジア太平洋討究』No. 21、39–50頁

3．スクマ、リザール（2008）「ASEAN 安全保障共同体——原則と現実」大野圭一郎訳『国際問題』No. 576、28–36頁

4．湯川拓（2009）「ASEAN における規範の変容」『アジ研ワールド・トレンド』No. 170、36–39頁

5．Acharya, Amitav（2014）*Constructing a Security Community in Southeast Asia: ASEAN and the Problem of Regional Order*, 3rd Edition, New York: Routledge, 2014.

6．Acharya, Amitav（2021）*ASEAN and Regional Order: Revisiting Security Community in Southeast Asia*, New York: Routledge, 2021.

7．Arendshorst, John（2009）"The Dilemma of Non-interference: Myanmar, Human Rights, and the ASEAN Charter," *Nw. J. Int'l Hum. Rts*, 8. 1, pp. 102–121.

8．Bwa, Aung（2009）"The Jewel in My Crown," Koh Tommy et al. eds., *The Making of the ASEAN Charter*, Singapore: World Scientific, pp. 27–35.

9．Davies, Mathew（2013）"The ASEAN Synthesis: Human Rights, Non-intervention, and the ASEAN Human Rights Declaration," *Georgetown Journal of International Affairs*, 14. 2, pp. 51–18.

10．Davies, Mathew（2017）"Important but De-centred: ASEAN's Role in the Southeast Asian Human Rights Space," *TRaNS: Trans-Regional and-National Studies of Southeast Asia*, 5. 1, pp. 99–119.

11．Jati, Irawan（2017）"Comparative Study of the Roles of ASEAN and the Organization of Islamic Cooperation in Responding to the Rohingya Crisis," *Indonesian Journal of Southeast Asian Studies*, 1. 1, pp. 17–32.

12．Jones, Lee（2008）"ASEAN's Albatross: ASEAN's Burma Policy, from Constructive Engagement to Critical Disengagement," *Asian Security*, 4. 3, pp. 271–293.

13．Khoo, Nicholas（2015）"The ASEAN Security Community: A Misplaced Consensus," *Journal of Asian Security and International Affairs*, 2. 2, pp. 180–199.

14．Peou, Sorpong（2005）"Merit in Security Community Studies," *International Relations of the Asia-Pacific*, 5. 2, pp. 267–274.

15．Renshaw, Catherine Shanahan.（2013）"The ASEAN Human Rights Declaration 2012," *Human Rights Law Review*, 13. 3, pp. 557–579.

16．Stubbs, Richard（2019）"ASEAN Sceptics Versus ASEAN Proponents: Evaluating Regional Institutions," *The Pacific Review*, 32. 6, pp. 923–950.

17．Thuzar, Moe and Ha, Hoang Thi（2018）"ASEAN Retreat: Origins and Functions," *ASEAN Matters*, 1.

18．Yukawa, Taku（2018）"The ASEAN Way as a Symbol: An Analysis of Discourses on the ASEAN Norms," *The Pacific Review*, 31. 3, pp. 298–314.

第17章　環境問題と東アジア国際制度

沖村　理史

1　はじめに

　アジアにおける環境問題は深刻度を増している。様々な環境問題は、直接人間の健康に悪影響を与える場合もあれば、再生可能資源に影響を与え、被害地域の社会経済に影響を及ぼす場合もある。さらに、気候変動問題に代表されるように、気象災害による広範な被害をもたらすケースもある。環境問題によって人間の生活が脅かされている状態は平和な状態とはいえない。

　環境問題の原因に目を向けると、その国の産業発展や生活水準の向上に伴って生じる環境汚染もあれば、他国の環境汚染が国境を越えて及ぶ越境環境汚染、気候変動問題に代表される地球環境問題などもあり、それぞれに特性が異なる。さらに、国内環境問題、越境環境問題、地球環境問題に対処する能力としての技術力、経験知、資金なども、アジア諸国で大きく異なっている。それゆえ、豊かな国による国際環境協力や、越境環境問題、地球環境問題に対処する国際制度が必要になってくる。

　本章では、まず、環境問題と平和の関係について、主に人間の安全保障概念に焦点を当てながら検討する。続いて、東アジアを中心に国際環境制度の形成過程を概観する。最後に今後の制度化の課題について検討し、東アジアにおける環境問題をめぐる国際制度の到達点と課題を明らかにしたい。

2　環境問題と平和

(1)　環境問題と平和

　国連開発計画が1994年に提唱した人間の安全保障概念は、これまでの安全保障概念が狭い解釈がなされていたとして批判し、安全保障概念は国民国家よりも市民に関連付けられるべきだと主張した。その上で、人間の安全保障の脅威となるカテゴリーとして、経済、食糧、健康、環境、個人の身体、コミュニティー、政治の七つを挙げ、環境問題に由来する脅威もその対象領域としている。環境劣化の結果、その他の六つの分野が脅かされ、人々が平和な生活を送ることができない可能性があることを踏まえると、環境問題は人間の安全保障と深く関連しているといえる。

　この人間の安全保障概念の下、環境問題が原因となる人々への脅威が定着しつつある。他方、環境問題と安全保障を関連付ける議論は、環境劣化と紛争（Homer-Dixon and Blitt 1998）の観点からも議論されてきた。環境が劣化すると再生可能資源が不足し、暴力紛争が増えるというモデルは、その後の環境安全保障の考え方の一つとなっている。

　近年は気候変動による紛争の増加も懸念されており、ダルフール紛争がその一例だとされた。しかし、気候変動に関する政府間パネル（IPCC）は、気候変動が主因でダルフール紛争が生じたとまでは断言できず、歴史的要因、国内ガバナンスの要因、経済的要因などの複合的な要因が関連しているとしている（IPCC 2014：773）。IPCCはダルフール紛争について、気候変動を主要因と認めなかったが、気候変動により人間の安全保障が脅かされていること、および気候変動の結果人々の強制移動が増加することは認めており、気候変動を含む環境劣化は人間の安全保障や平和と大いに関連している（沖村 2021：200）。

　気候変動による環境劣化は多様であり、その典型として考えられている地域は、気候変動に脆弱な半乾燥地域や乾燥地域、さらに海面上昇や高潮の悪影響を受ける島嶼国や沿岸国などであり、アジア太平洋地域では対象となる地域の多くは途上国である。そのため、これらの地域に住む人々は気候変動によって自らの生活基盤が失われる脅威にさらされている。日本、韓国、中国など経済

発展が進む地域では、インフラ整備などにより適応が進んでいるものの、近年の異常気象の頻発化による様々な気象災害による被害は免れておらず、人々の平和な生活は脅かされているといえる。

⑵　東アジアにおける環境問題の多様性

　環境問題は、多様な問題が存在する。ここでは、東アジアにおける環境問題を、その特性に応じて国内環境問題、越境環境問題、地球環境問題に分けて考えることとしたい。

　東アジアでは、経済成長の負の側面としての多様な公害問題が頻出している。日本では、足尾を代表とする明治時代の鉱害、昭和の高度経済成長期における四大公害病などの産業型公害に続き、都市・生活型公害による大気汚染、水質汚染、土壌汚染が深刻化し、その克服を通じて環境対策技術を開発してきた。産業化が進んだ韓国や中国でも、時期は異なるものの同様の問題に直面してきた。国内環境問題は基本的には国内問題であり、当事国が問題解決にあたる事象である。しかし、環境政策の実践を通じて得られた経験知や環境技術は、東アジアにおけるニーズが大きく、国際環境協力しやすいテーマだといえる。

　また、東アジアでは、越境環境汚染も課題となっている。特に、酸性雨やPM2.5などに代表される越境大気汚染問題は、日中韓の共通の課題となっており、多国間環境協力の制度化が課題となっている。気候変動問題やオゾン層保護問題といった地球環境問題への対応については、国連気候変動枠組条約とパリ協定、ウイーン条約とモントリオール議定書などの国際制度が整備されており、これらの枠組みの内外で多国間環境協力が実践されている。

3　東アジアにおける国際環境制度

⑴　東アジアにおける国際環境制度形成

　東アジアでは、前節で紹介した環境問題の特性ごとに環境協力の枠組が存在している。1992年に開催された国連環境開発会議の前後に、東アジア諸国で環境問題に対応する動きが加速した。国連環境開発会議では、宮澤喜一首相が92年から97年の5年間に1兆円の環境ODAを供与すると表明し、中国やインド

ネシアなどの各国に環境 ODA を実施した。日本の環境 ODA は、アジア各国の国内環境問題の解決にあたり、一定程度の役割を果たした。

　また、東アジア地域での多国間環境協力の動きも、1991年に日本の環境庁がアジア太平洋環境会議を立ち上げたことを皮切りに、様々な動きがみられるようになった。各環境協力の内容は、条約に基づくもの、国際機関がイニシアチブをとって設立されたもの、政府間合意で環境協力が進んでいるもの、省庁間の会合や対話を通じて行われているものなど、多様な国際環境制度が存在している。北東アジアにおける環境協力の特徴は、①政府主導型、特に省庁主導型が多いこと、②国際的な政策対話の場は多いが、条約などの法的拘束力のある法的枠組みという形での制度化が進んでいないこと、③環境協力の実践は多様な形で進んでいること、が挙げられる（沖村 2015：94-97）。

(2)　越境大気汚染をめぐる国際制度形成

　東アジアの環境協力の国際制度化を検討する際に注目を集めているのが、酸性雨などの越境大気汚染問題であろう。1992年の国連環境開発会議を受け、韓国のイニシアチブで発足した北東アジア地域環境プログラム（NEASPEC）は、地域環境協力と持続可能な発展の推進を目的として、93年以降、事務レベル会合を毎年開催している。当初掲げられた活動領域は、エネルギーと大気汚染、生態系管理など国内環境問題が主であったが、近年は、越境大気汚染も対象に加え、石炭火力発電所からの大気汚染防止プロジェクトを実施している。また、99年からは、韓国が設立を提案した日中韓 3 カ国環境大臣会合（TEMM）が毎年開催され、地域内の環境問題に関する重要項目や今後の方向性を話し合うことを通じ、地域協力の強化を目指している。

　欧州での経験を踏まえ、越境大気汚染問題に焦点を当てた国際協力を進める動きも東アジアに存在している。日本のイニシアチブで1998年に発足した酸性雨モニタリングネットワーク（EANET）や韓国のイニシアチブで発足した日中韓共同研究プロジェクトである北東アジアにおける大気汚染物質の長距離輸送プロジェクト（LTP）がその典型である。

　東アジアの越境大気汚染問題に関しては、上記の四つの国際協力が対応している。主に、科学的アセスメントは EANET と LTP が、具体的な環境協力プ

ロジェクトは TEMM と NEASPEC が行っているが、活動は分断されている。そこでこれらの協力を統合する新たな仕組みが必要だという指摘もなされている（Shim 2017：21）。越境大気汚染問題をめぐる国際協力の制度化の現状をみると、日本や韓国の主導権争いの中で、ステークホルダーが自国や自組織にとって好ましい枠組みを選択的に用いるフォーラム・ショッピングをしている現実がある（高橋 2017：269）。

　さらに、東アジアの越境大気汚染問題の解決に向けては、今世紀に入り世界の工場として産業化が大きく進展している中国が果たす役割が大きい。中国は、国内で大気汚染が深刻化しつつあるが、越境大気汚染問題に対する国際制度の形成には一貫して消極的な姿勢を示してきた。EANET の本格稼働が当初の予定から遅れ、2 年間試行稼働にとどまったのもその一例である。近年では、2013年の北京を中心としたスモッグが国際的に有名になったことを契機に、中国は国内の大気汚染対策に本格的に取り組み始めた。13年から17年にかけて実施した大気汚染防治行動計画では、地域ごとに粒子状物質濃度を低下させる目標や石炭利用を制限する措置などが掲げられ、一定の成果をみせた（堀井 2018：32）。そのような中、17年の第19回 TEMM では LTP の報告を第20回 TEMM でレビューすることに合意し、越境大気汚染問題に対して中国が国際協力に基づく科学的アセスメントを受け入れることが期待された。しかし、第20回 TEMMでは、議長国の中国の反対で LTP の報告書が公開されなかった（Otsuka 2018：27-28）。このように、東アジアの越境大気汚染問題の国際制度形成に対する中国の消極的な態度に今のところ大きな変化はみられない。

⑶　地球環境問題をめぐる国際協力

　地球環境問題である気候変動問題については、これまでは、環境 ODA や京都議定書で定められたクリーン開発メカニズムを通じた二国間協力が中心であった。日本は現在もその延長線上にある二国間クレジット制度を通じて、東南アジア諸国を中心に17カ国との間で省エネルギーや再生可能エネルギーなどの環境協力を行っている。

　これに対し、近年は二国間協力における中国のプレゼンスが高まってきている。中国が「一帯一路」構想に基づき実施しているエネルギー関連プロジェク

トの中には、温室効果ガスを大量に排出するため先進国政府や世界銀行・アジア開発銀行などが融資を停止あるいは制限している石炭火力発電プロジェクトも多く含まれている。多くの途上国は石炭火力発電に対する投資を求めている。たとえば、バングラデシュ、インド、インドネシア、ベトナムの４カ国における中国の政策性銀行による融資の調査によると、これら４カ国は国内政策の観点から石炭火力発電が必要で、技術面や資金面でニーズに適した中国の融資を求めていることが明らかにされている（Gallagher et al. 2021）。その結果、中国の政策性銀行は「一帯一路」構想の下、途上国に数多くの化石燃料関連融資を行っており、その比率は全体の約３分の１を占めている（Gallagher 2021）。中国の影響力が強いアジアインフラ投資銀行による投資は、事業の環境面について環境ポリシーを定めたり、審査のガイドラインとして環境社会枠組みを定めるなど、ファイナンスする事業についてグリーン化を重視している（本郷 2020：106-107）。しかし、中国の政策性銀行によるプロジェクトは重要な動植物の生息地や保護地域における案件も多数みられるなど、環境に対する配慮が乏しい。また、「一帯一路」構想に基づく水力発電も、現地の生態系に悪影響を与えることもあり、「一帯一路」構想による中国のインフラ整備に対して、環境面から厳しい指摘がなされている（Lew et al. 2021：59-60）。

　気候変動問題に対する二国間協力は、日中、日韓、中韓といった東アジアの国同士の案件は少なく、むしろ、日本と途上国、あるいは中国と途上国といった二国間協力が中心であり、東南アジアや南アジア諸国を対象とした案件をめぐり、日中が競合関係にあるといえよう。ただし、その目的は異なる。日本が主導している二国間クレジット制度は、途上国でのプロジェクトに対する日本からのインフラや技術支援の見返りに温室効果ガス排出削減量を求めている。これに対し、中国のエネルギー協力は、米中対立の解毒剤としての途上国グループへの接近を強化するツールであり、「一帯一路」構想を軸とした途上国との関係深化をてこに、中国を中心とした新たな国際秩序を構築しようとする意図がみて取れるとされる（堀井 2020：18, 28-29）。

4　今後の国際制度化の課題

(1)　越境大気汚染問題

　すでに述べたように、東アジアでは、越境大気汚染問題と気候変動対策の双方で、日中韓の主導権争いが生じている。ホスト国が持ち回りとなっているTEMMでは日中韓の主導権争いが行われており、既存の仕組みを調整し制度化する取り組みは進んでいない。この背景としては、環境保全を名目とした主権譲渡への懸念や国家間の信頼醸成が進んでいないこと、および日本のイニシアチブの低下の中で各国が自国に有利な枠組みを主導することになったことが指摘されている（森 2012：214-218）。また、複数ある制度間の関係が補完的であるというより競合的であること、活動範囲でも日中韓にそれぞれ違う思惑や希望があったことも指摘されている（髙橋 2020：104）。

　制度化が進んでいないもう一つの背景として、適切な国際機関の不在が挙げられる。長距離越境大気汚染条約が形成された欧州では、越境大気汚染問題の発生地域をカバーする国際組織として、国連欧州経済委員会が存在した。アジアにおける同様の国際組織である国連アジア太平洋経済社会委員会（ESCAP）がカバーする地域は、アジア太平洋であり地域的な規模が大きすぎる。2010年にはESCAP東・北東アジアオフィスが立ち上がったが、事務局機能としては欧州における国連欧州経済委員会ほど経験がなく、現在ESCAP東・北東アジアオフィスが事務局となっているNEASPECは、期待されたほどの役割を果たせていない。NEASPECの下で18年から始まった北東アジアクリーンエアパートナーシップは、あくまでも自主的なプログラムであり、欧州のような国際環境条約の形成にまで至っていない。中立で適切な機関であるESCAP東・北東アジアオフィスの役割が弱いため、TEMMのような政策協議の場で問題を取り上げざるを得ない状況になっている。日本や韓国がEANETやLTPの強化を目指した主導権争いをする中で、中国は状況に応じた対応をとり、その他の国々はフォーラム・ショッピングを行っているのが現状だといえよう。

(2)　広域放射性汚染問題

　すでに顕在化している越境環境問題については、様々な制度形成の試みがなされているが、東アジアで制度化が進んでいない問題の一例として、原子力発電所の事故から生じる広域放射性汚染問題が挙げられる。日本、中国、韓国、台湾には、原子力発電所の保有、建設、計画基数ベースで、世界の29.3％が集中している。日本をはじめ、これらの国は老朽化している原発を抱え、原発の事故リスクに直面している。もし、ある国で原子力発電所の過酷事故が生じた場合、放射性物質は他国にも拡散する。原子力発電所の安全管理は各国が行っており、地域レベルでの原子力安全に向けた協力体制は、日中韓原子力安全上級規制者会合などの枠組みが形成されつつある。また、1990年から開催されているアジア地域原子力協力国際会議は、2000年以降アジア原子力協力フォーラムに改組され、大臣級会合、上級行政官会合、コーディネーター会合などを毎年開催している。しかし、これらの取り組みの内容をみると、原子力安全基準の共通化など実効性のある安全体制構築は、制度化が進んでいる欧州に比べて東アジアではまだできていない段階にある（柳ほか 2020）。

(3)　気候変動問題

　米中関係は、東アジアにおける環境協力にも影響を及ぼすものと考えられる。米中摩擦は経済や安全保障分野において、近年対立が激化しつつあるが、気候変動問題は例外的である。この背景として挙げられるのが、気候変動問題という共通の課題は、米中がともに協力しやすい分野である点である。米中が様々な側面で対決姿勢を強めていく中、協力できる分野を確保しておくことは、米中双方に利益がある。さらに、米中は世界第1位と第2位の温室効果ガス排出大国であり、両者が協力姿勢を示すことは、世界規模の気候変動対策を進めるうえで大きな原動力となる。2021年11月に開催予定の国連気候変動枠組条約第26回締約国会議では、強化した国内対策を提示することが求められており、米中が大国として責任ある姿勢を示すことは、他国に対して大きな影響を与える。実際、14年にバラク・オバマ大統領と習近平国家主席が気候変動対策において協調姿勢を示したことは、後のパリ協定の成立に大きな役割を果たした。

　ただし、ここで留意しておくべき点は、気候変動問題においては、国連気候

変動枠組条約交渉やG20が主たる国際交渉の場であり、地域レベルでの国際交渉の場が少ない点である。TEMMをはじめ、様々な地域レベルでの会合で、気候変動問題は常に取り上げられるテーマであるが、その合意の多くは、国際交渉の加速や既存の取り組みの強化などが中心であり、実質的な内容はあまりみられない。とはいえ、国連気候変動枠組条約交渉では、それぞれ異なる交渉グループに入っているため意見が対立しがちな日中韓が、地域レベルでの政策対話では、共通の課題を見出し解決を探ることは、立場の違いを超えて気候変動問題にともに対応する試みとなる。米中摩擦が深刻化しつつある現在、環境問題をめぐる対話というチャネルを確保しておくことは、広い意味でのアジアの平和とガバナンス維持を実現するためには、有益である。

5　おわりに

　環境問題をめぐる東アジアの国際制度化の現状と課題は、以下のようにまとめられる。第1に、国内環境問題に対する国際支援は、日本を中心に環境ODAなどを通じて行われてきた。近年は、中国が「一帯一路」構想に基づくインフラ投資を行っているが、中国の政策性銀行によるプロジェクトは化石燃料を対象としたものも多く、気候変動対策に逆行するとして批判を受けつつある。その一方で、政府間や省庁間の対話といった大規模な資金が不要な枠組みでは多様な実践が進んでいる。

　第2に、越境大気汚染問題に対する国際制度形成は、適切な国際機関の不在、日中韓の主導権争い、ステークホルダーのフォーラム・ショッピングの三つの要因が関連した結果、制度化が進んでいない。同様に地域レベルでの原子力安全に向けた協力体制も、制度化が進んでいない。とはいえ、両問題は、東アジア共通の問題であり、政府間や省庁間での対話の枠組みが継続している。

　第3に、気候変動問題に代表される地球環境問題では、地域レベルでの国際対話は国連気候変動枠組条約交渉やG20などの主たる国際交渉を補完する関係にある。地域レベルでの対話が実質的な問題解決に大きく貢献することは少ないかもしれないが、環境問題をめぐる対話というチャネルの維持は、米中摩擦が拡大しつつある中、アジアの平和とガバナンスを維持するために有益である。

【参考文献】

1．沖村理史（2015）「北東アジアにおける国際環境問題と国際環境協力」環境法政策学会編『アジアの環境法政策と日本』商事法務、86-101頁

2．沖村理史（2021）「気候危機を乗り越える国際制度——求められるグローバルな視点と協力」広島市立大学広島平和研究所編『広島発の平和学——戦争と平和を考える13講』法律文化社、195-211頁

3．髙橋若菜（2017）『越境大気汚染の比較政治学——欧州、北米、東アジア』千倉書房

4．髙橋若菜（2020）「マルチレベル・ガバナンスなき東アジアの環境協力——欧州との対比から30年を俯瞰する」『環境経済・政策研究』13巻2号、101-105頁

5．堀井伸浩（2018）「急進化する大気汚染対策の光と陰——『煤改気』と『煤改電』のもたらす歪み」『東亜』611号、30-41頁

6．堀井伸浩（2020）「中国の気候変動対策と国際秩序形成に向けた野望」『国際問題』692号、18-29頁

7．本郷尚（2020）「一帯一路とグリーンインフラ」亜細亜大学アジア研究所・アジア研究シリーズ　No. 106、91-115頁

8．森晶寿（2012）「東アジア地域における環境政策の共通化——期待と課題」森晶寿編『東アジアの環境政策』昭和堂、210-222頁

9．柳蕙琳ほか（2020）「東アジア地域の原子力リスクと原子力安全協力体制——欧州との比較の観点から」『環境経済・政策研究』13巻2号、79-84頁

10．Gallagher, Kelly Sims et al.（2021）"Banking on coal? Drivers of demand for Chinese overseas investments in coal in Bangladesh, India, Indonesia and Vietnam," *Energy Research & Social Science*, 71, 101827.

11．Gallagher, Kevin P.（2021）"China's Global Energy Finance," Global Development Policy Center, Boston University, http://bu.edu/cgef/#/all/Country-EnergySource,（last visited, July 25, 2021）.

12．Homer-Dixon, Thomas and Blitt, Jessica（1998）*Ecoviolence: Links Among Environment, Population, and Security*, Lanham: Rowman & Littlefield.

13．Intergovernmental Panel on Climate Change（2014）*Climate Change 2014: Impacts, Adaptation, and Vulnerability. Part A: Global and Sectoral Aspects*, Cambridge: Cambridge University Press.

14．Lew, Jacob J. et al.（2021）"China's Belt and Road: Implications for the United States," *Independent Task Force Report* No. 79, Council on Foreign Relations.

15．Otsuka, Kenji（2018）"Shift in China's commitment to regional environmental governance in Northeast Asia?" *Journal of Contemporary East Asia Studies*, 7-1, pp. 16-34.

16．Shim, Changsub（2017）"Policy Measures for Mitigating Fine Particle Pollution in Korea and Suggestions for Expediting International Dialogue in East Asia," Working Paper No. 150, JICA Research Institute.

17．United Nations Development Programme（1994）*Human Development Report 1994*, New York: Oxford University Press.

第18章　東アジア共同体形成の現状と課題

李　鍾元

1　はじめに

　本章では、1990年代以後、ASEAN＋3（日中韓）が掲げている「東アジア共同体」構想を中心に、東アジアにおける地域ガバナンス体制の試みを概観し、その現状を分析する。本書の前編にあたる『アジアの平和と核』（広島市立大学広島平和研究所編、共同通信社、2019年）の第21章の続編になるが、まずその概要を背景として要約し、その後の動向を付け加えることにしたい。

　「東アジア共同体」は依然として構想やビジョンにとどまっている。したがって、本章でも「東アジア」の地理的範囲や地域協力の枠組みをめぐる国際政治の力学など、地域ガバナンス体制づくりの大まかな構図に焦点を合わせる。

2　「東アジア共同体」構想の台頭

(1)　ASEAN＋3と「東アジア共同体」構想

　東アジアの地域形成にはASEANが招請外交の形で中心的な役割を果たしている。ASEANは1978年から域外国を招いてASEAN拡大外相会議を開いていたが、これを土台に、94年にはアジア初の地域安全保障対話メカニズムとなるASEAN地域フォーラム（ARF）を創設した。ARFにはASEAN諸国を中心に日中韓や米ロに加えて北朝鮮が加盟しており、域内の安全保障課題を包括する対話の場としての意義がある。

　「東アジア共同体」構想もASEANの招請外交の産物であった。1997年12月、ASEANは創設30周年記念会議に日中韓を招請し、ASEAN＋3首脳会議が開か

れた。当初はシンボリックな行事として企画されたが、その直前に発生したアジア通貨・金融危機と重なり、東アジア地域の危機対応を協議する首脳外交の場と化した。通貨危機が続く中、翌98年にも ASEAN に日中韓を交えた会議が開催され、99年より、ASEAN ＋ 3 （APT） 首脳会議として定例化した。

　APT が東アジア地域協力の制度化を進める過程で、その目標として掲げたのが「東アジア共同体」であった。1998年、韓国の金大中大統領の提案で、域内協力の長期政策を協議する民間有識者会合として東アジア・ビジョン・グループ （EAVG） が設置され、2001年に「東アジア共同体に向けて」と題する報告書を提出した。

　EAVG の提言は各国の政府代表で構成する東アジア・スタディ・グループ（EASG）の検討を経て、2002年の APT 首脳会議に EASG 最終報告書が提出された。そこでは東アジア共同体を実現するための具体的な行動計画として、17の短期的課題と 9 の中長期的課題が提示された。その長期課題の一つが APT 首脳会議を東アジアサミットに進化させることであった。

(2)　東アジアサミット（EAS）の創設

　東アジアサミットは東アジア共同体の実現に向けた重要なステップになるはずであった。しかし、皮肉にも、その過程で共同体創設への機運が失速することになる。中国が予想以上の勢いで台頭し、その対応をめぐって域内国の思惑が交錯し、外交的な角逐が激化したためであった。

　具体的には「東アジア」の範囲が争点となった。参加国をめぐって、中国やマレーシアは ASEAN ＋ 3 の現状維持を主張し、中国の影響力拡大を懸念した日本などはオーストラリア、ニュージーランド、インドを加えるよう求めた。最終的に拡大路線が支持され、2005年、東アジアサミットは ASEAN ＋ 3 ＋ 3の16カ国体制でスタートすることになった。「中国問題」に対応するため、「東アジア」が通常の地理的範囲を越えて、大洋州と南アジアにまで拡大したのである。

　さらに、2011年には米国とロシアが加盟した。05年の EAS 発足後も中国の台頭が止まらず、さらなるバランスを求めたインドネシアなどの働きかけと、「アジア重視」を掲げる米国オバマ政権の戦略が共鳴した結果であった。オバ

マ政権は、経済では環太平洋パートナーシップ協定（TPP）、政治・安全保障では EAS をアジア重視戦略の両輪として位置づけ、中国を牽制する地域枠組みの構築を目指した。

　米国の参加で EAS のあり方にも変化がみられた。当初の目標である東アジア共同体の推進より、南シナ海問題など地域的課題に重点が置かれた。日米を中心に、海洋秩序の確立などの問題が提起され、中国を牽制する場となった。米国の加盟を主導したインドネシアのスシロ・バンバン・ユドヨノ大統領によると、バラク・オバマ大統領が自ら電話で、「南シナ海問題を議題にする」よう要請し、それを了承したという（『朝日新聞』2017年8月6日）。2011年以後、EAS 首脳宣言では、従来の開発、教育、感染症などの地域共通の課題に加え、「海洋に関する国際法」や「国際規範」が強調されるようになった。

3　岐路に立つ「東アジア」
──「ユーラシア」と「インド太平洋」の狭間

　東アジア地域形成の初期には「東アジア」と「アジア太平洋」という二つの地域概念が競合する構図だったが、今や中国主導の「ユーラシア」と日米の「インド太平洋」が対峙する様相を呈している。その狭間で、東アジア共同体構築の動きは岐路に立っている。

　中国は、2008年の米国のリーマン・ショックや EU の財政危機を契機に、欧米主導の国際秩序が変容期に差しかかったという認識の下、BRICS の強化など、欧米に対抗する国際秩序の構築を模索した。09年にブラジル、ロシア、インドと中国によって創設された BRICs は、11年に南アフリカを加えて BRICS となり、15年には BRICS 開発銀行を設立し、世界銀行や国際通貨基金（IMF）に対抗する姿勢を示した。

　習近平政権の中国は巨大な経済力を土台に、「人類運命共同体」のスローガンを掲げ、ユーラシア大陸からヨーロッパやアフリカに至る広域圏の形成を目指す「一帯一路」構想を進めるとともに、東アジア諸国に対しては、個別の二国間関係の強化による分断を図っている。

　こうした動きに対抗して、米国と日本が進めている地域戦略が「インド太平

洋」構想である。以前から日米豪印の安全保障協力を唱え、太平洋とインド洋を結びつける発想を披歴していた安倍晋三首相は、2016年8月、ケニア・ナイロビでの演説で、「自由で開かれたインド太平洋」（FOIP）戦略を公式に表明した。

　当初、米国のオバマ政権は対中対決色の強い安倍首相の構想には消極的であった。しかし、2017年に成立したトランプ政権期に米軍部を中心に「インド太平洋」概念を公式に採用することになった。17年12月に発表されたトランプ政権初の「国家安全保障戦略報告書」では、地域情勢の枠組みとして、従来の「アジア太平洋」に代わって、「インド太平洋」が登場し、18年5月にはハワイに司令部を置く「太平洋軍」が「インド太平洋軍」に改称された。以後、国防総省や国務省の報告書ではFOIPが公式用語として定着し、バイデン政権も対中政策の柱として基本的に継承している。

　FOIPの核心として日米豪印4カ国戦略対話（QUAD）も公式化した。2007年、日本と豪州が主導し、バンコクでのARF会議の際に4カ国による初の非公式の高官級協議が開かれたが、その後、豪州の政権交代による離脱で一旦途絶えた。

　しかし、2017年、日米がFOIP構想を「共通戦略」として採択するに伴い、QUADも復活、強化された。同年11月、EASの際の4カ国外交当局による局長級戦略対話、18年1月、インドでの国防トップ会合を経て、19年9月、国連総会を利用して、初の外相会合が開催された。さらに、20年10月、東京で開かれた第2回QUAD外相会合では定例化に合意した。米国のバイデン政権はこれを継承し、21年3月には、オンラインで、初の首脳会合が実現した。

　中国と日米の間で戦略的競争が激化する状況に直面して、「東アジア」地域の分裂を回避すべく、域内諸国の努力は続いている。2019年、ASEAN首脳会議は「インド太平洋に関するASEANの展望」（AOIP）を採択し、独自の「インド太平洋」構想を打ち出した。非同盟外交の伝統を有し、域内大国でもあるインドネシアが主導したものであった。同文書で、ASEANは「対立の代わりに対話と協調のあるインド太平洋」を追求すると宣言した。AOIPの原則としては、「ASEAN中心性、包摂性、補完性、国際法とルールに基づく秩序、経済的関与の推進」が掲げられた。具体的には、EASなどASEAN主導の枠組み

を「対話と協力」のフォーラムとして活用する方向性が示された。AOIPは米国や日本のインド太平洋構想にも影響を与え、米国務省のFOIP報告書やQUAD共同声明などでは、「ASEAN中心性」や「地域包摂性」などの原則への支持表明が定着している。

4　東アジアサミットとASEAN＋3の現状

　2005年に東アジアサミットが創設されて以来、「東アジア共同体」の構築を目指すプロセスにおいて、ASEANは「原動力」(driving force) かつ「中心的役割」(central role)、ASEAN＋3は「主要な手段」(main vehicle)、東アジアサミットは「重要な役割」(significant role) を担うものと位置づけられてきた。ASEANの主導性に基づいた重層的な役割の定義である。

　EAS創設の過程では、北東アジアの日中韓を含め、名実ともに地域包括的な首脳会議への強化を目指す構想もあった。しかし、前述のような範囲をめぐる意見対立が露呈した結果、ASEAN主導の構造が維持されることになり、毎年、ASEAN関連会議の一環として、ASEAN議長国が主催する形が続いている。域内の共通課題について実質的な議論や拘束力のある決定はないが、5年の節目ごとに「宣言」を発表し、東アジア共同体構築の原則や方向性を確認するなど、モメンタムの維持に注力している。

　創設の基礎となった「クアラルンプール宣言」(2005年11月) では、EASを「この地域における共同体構築」のための「対話フォーラム」と規定し、①戦略対話と政治・安全保障協力、②開発、金融、エネルギー安保、経済統合および成長、格差是正などの促進、③相互信頼と文化的理解の促進、環境保護、感染症予防および災害被害軽減の促進など三つの分野を中心課題として提示した。台風で延期され、07年1月に開かれた第2回EASでは、エネルギー、教育、金融、災害被害軽減、鳥インフルエンザの五つがEASの「優先課題」と位置づけられ、10年のEAS創設5周年「ハノイ宣言」でも基本的な枠組みとして踏襲された。相次ぐ自然災害や感染症など域内共通の課題への協調的な取り組みに重点が置かれたのである。制度的には実務レベルの拡充が図られ、首脳会議の他に、07年にはエネルギー相会議、08年には環境相会議が設けられた。

　2011年に米国とロシアが正式加盟してから、EASでは外交・安全保障対話の比重が高まった。同年、インドネシア・バリで開かれた第6回サミットで「互恵関係に向けた原則に関するEAS宣言」が採択された。EAS参加国間の関係の原則として、主権と平等、内政不干渉、武力による威嚇および武力行使の放棄、相違や紛争の平和的解決、基本的自由の尊重と人権保護などを提唱した同宣言は、米ロの加盟でEASの議題が外交・安全保障に拡大することに備え、その土台づくりを意図したものであった。「大国」を取り込みつつ、水平的な地域協力の枠組みを築いてきたASEAN外交の面目躍如といえよう。外相会議は08年から非公式に開かれていたが、米ロの加盟を機に、11年から公式会合として定例化した。

　それと並行して、域内共通課題への具体的な取り組みも進められた。2012年11月に採択された「東アジアサミット発展構想に関するプノンペン宣言」および「行動計画（2015～2017）」では、EASの重点分野として、環境・エネルギー、教育、金融、国際保健・感染症、災害管理、ASEAN連結性、経済協力・貿易、食料安全保障など八つを掲げ、具体的な協力事業を示した。多くはASEANの活動を土台にそれを拡充するものであった。その後続文書として、17年に「マニラ行動計画（2018～2022）」が承認されたが、そこでは海洋協力が新たな協力分野として追加され、実行のメカニズムとして、各分野の閣僚・高官級会合の役割が強調され、外相会議が全体の進捗状況を統括する仕組みが示された。EAS独自の実行体制構築への試みである。

　現在、EASには首脳会議の下に六つの閣僚級会合が設けられ、外相、エネルギー相、環境相、教育相、経済相会議は公式、財務相会議は非公式となっている。2020年のEAS15周年「ハノイ宣言」では、EASを「ASEAN中心の地域アーキテクチャーの頂点」と位置づけながらも、「非公式性を維持」し、「共通の利害と関心がある広範な戦略、政治、経済的争点に関するリーダー主導の対話フォーラム」と規定した。政治・安全保障の争点については、「開かれた議論」で実質的な協議ではないが、首脳レベルの会合を重ねることで地域の共同体構築へのモメンタムを維持しつつ、開発や経済など機能的な協力に取り組みの重点を置いている。

　EASに国防相会議はないが、招請外交の方式で安全保障協議メカニズムを

進めている。ASEAN は EAS が発足した翌年の2006年から ASEAN 国防相会議（ADMM）を開催しているが、米ロの EAS 参加が議論された10年に、域外8カ国を加えた拡大 ASEAN 国防相会議（ADMM＋）を創設した。EAS 参加国と一致する構成の ADMM＋は東アジアにおける唯一の公式な国防相会合として、毎年開催される。次官級および課長級の実務会合も設けられ、平和維持活動、人道支援・災害救援、テロ対策、海洋安保など七つのワーキンググループがある。地域安全保障協議のメカニズムという点で ARF と重なるが、ARF が外相会合であるのに対して、ADMM＋は国防相会合であり、伝統的な安全保障分野への協力拡大が期待されている。

　現在、「東アジア共同体」構築への土台をなしているのは、APT の協力体制である。2005年に EAS が曖昧な形で創設されて以後、ASEAN は APT を地域共同体づくりの「主要な手段」と位置づけ、その拡充に注力している。07年の第11回 APT 首脳会議で「APT 協力の基盤構築宣言」を公表し、その実行計画として「APT 協力ワークプラン（2007〜2017）」を採択した。最初の10カ年計画が終了した17年には、後続計画として「APT 協力ワークプラン（2017〜2022）」が示された。そこには、①政治・安全保障、②経済・金融、③エネルギー・環境・気候変動・持続可能な発展、④社会・文化および開発の四つの分野に分けて、多様な協力事業が列挙された。政治・安全保障では、国防当局間の交流や相互訪問など伝統的安全保障分野の協力も提示されたが、対テロや海洋安全など非伝統的な争点が大半を占めている。また、経済・金融の協力事項が詳細に規定されるとともに、エネルギーや環境、持続可能な発展が別途の柱として立てられ、域内諸国、とりわけ ASEAN の関心のあり方を如実に示している。事業の形態も ASEAN 協力の枠組みを日中韓に拡大する形が中心である。

　ASEAN 事務局は数年ごとに「APT 協力の概観」を公表し、活動の実績を報告している。最新版の「概観」（2020年4月）によると、APT は合計65のメカニズム（首脳級1、閣僚級16、高官級20、実務レベル20など）を有し、包括的な地域協力の体制を整えつつある。APT 参加国の思惑が交錯し、分野別の協力の制度化には落差があるが、とりわけ経済・金融協力は着実に進展している。2020年の「概観」でも、APT 財務相・中央銀行総裁会議（AFMGM＋3）の下、金融・通貨協力は「堅調」であると評価し、チェンマイ・イニシアチブのマルチ化

（CMIM）、APTマクロ経済調査局（AMRO）、アジア債券市場育成イニシアチブ（ABMI）の拡充を成果として強調した。AMROは11年に非営利法人として業務を開始したが、16年に正式の国際機関となった。

「堅実な協力」の進展がみられる分野としては、APT農林相会議（AMAF＋3）が管轄する食料、農業、漁業、林業が挙げられた。この分野では2015年から、バイオエネルギーと食料安全保障の10カ年協力計画が進行中である。その一環として、APT緊急米備蓄（APTERR）制度が設けられた。APTERRは食料安全保障と貧困の撲滅を目的とし、大規模災害などの緊急事態に備えた米の備蓄制度であるが、試験事業を経て、11年に設立協定が発効し、公式化した。域内国のニーズに合致した機能的な分野を中心に、東アジアの地域協力は着実に進展している。

5　経済統合の地政学と地経学——RCEPとAPEC

一方で、経済圏形成の面でも重要な進展があった。2020年11月に調印された地域的な包括的経済連携（RCEP）協定である。EASの創設メンバー16カ国のうち、インドを除いた15カ国が参加した巨大経済圏の誕生である。当初、東アジア地域をめぐって、二つの自由貿易協定（FTA）構想が競合していた。中国は04年からASEAN＋3による東アジアFTA（EAFTA）を推進し、それに対して、日本は07年からEAS（当時はASEAN＋6）による東アジア包括的経済連携（CEPEA、通称東アジアEPA）協定を目指した。EAS創設過程でみられた現状派と拡大派が競合する構図であり、相互の警戒感でどちらも進展をみることはなかった。

大国同士の牽制による膠着状態を打開するために、2011年、ASEANが両者を統合して提案したのがRCEPであった。12年末に交渉が始まったが、ここでも日米中など大国の綱引きで大きな進展はなかった。日本は、13年以後、米国オバマ政権が進めたTPPを優先し、RCEPには消極的であった。それが一転して交渉機運が高まった契機は、自由貿易に後ろ向きな米トランプ政権の誕生であった。米中貿易戦争による経済の不安定化、TPP離脱など米国のリーダーシップの後退、中国の影響力増大への警戒感から、日本は積極姿勢に転じ、

中国も自らの正当化や影響力確保の観点で RCEP 妥結に前のめりになった。19年に入り交渉が急進展し、コロナ禍の最中の20年末、オンラインで開かれた東アジアサミットで調印が行われた。

　RCEP については、自由化レベルの低さや中国主導の懸念などから批判的な見解もあるが、東アジアの共同体構築という観点では、「ASEAN のミドルパワー外交の勝利」（Petri and Plummer 2020：3）という評価が妥当であろう。大国の競合で東アジアの経済統合が行き詰まる中、交渉の開始から調印まで ASEAN 関連会議を舞台にして展開し、最終的な合意を導き出した ASEAN の外交は評価に値する。RCEP は事実上の日中韓 FTA という側面を持っている。北東アジアの「大国」間の軋轢を抑え、その協力の枠組みを実現させたのは ASEAN 外交の功績であり、東アジア地域協力における ASEAN の中心性が改めて実証されたといえよう（Cook 2020）。

　米バイデン政権はグローバルなリーダーシップの回復を掲げているが、国内産業の再建を重視せざるを得ず、当面 TPP に復帰する可能性は低い。経済の面で、米国が域内の主導権を取り戻す通商外交の足がかりになり得るものとしては、アジア太平洋経済協力会議（APEC）の再強化があろう。ジョー・バイデン大統領は2021年7月にオンラインで開かれた APEC 首脳会議に出席し、新型コロナ対策やインフラ投資などで「インド太平洋地域への関与を強化する」方針を打ち出した（『朝日新聞』2021年7月18日）。対中牽制の経済安全保障を掲げ、民主主義諸国を束ねた枠組みづくりを目指すバイデン政権だが、東アジア地域の経済協力において、どのようなビジョンとリーダーシップを示せるかが注目される。

6　おわりに──「新冷戦」と「共同体」の交錯

　2022年は米中デタントを実現したリチャード・ニクソン米大統領の歴史的な訪中から半世紀という節目の年となる。戦後アジア冷戦の核心は米中の対決であった。米中の和解で、冷戦対立による地域の分断が解消され、「東アジア」が一つの地域としてつながったのである。こうして広く開かれた地域を舞台に「東アジア NIES」が驚異的な経済成長を遂げ、「東アジアの奇跡」（世界銀行の

1993年報告書）と称された。それを土台に、1990年代以後、「東アジア共同体」
が構想され、地域協力の枠組みづくりが進展した。「大国」ではなく、ASEAN
に代表されるミドルパワーが主導した水平的な協力体制という点でも歴史的な
意義を持つものであった。

　しかし、2010年代以後、「東アジア」の共同体構築は大きな岐路を迎えてい
る。米中の勢力競争が「新冷戦」の様相を呈する中、域内諸国の政治・経済的
な不安定性が重なり、ASEANの求心力は低下している。また、これまでは経
済の相互依存を中心とした機能主義的なアプローチが共同体づくりを支えてき
たが、今やどのような価値や原則に基づく秩序を目指すかが焦点となっている。
なぜ「東アジア共同体」が必要なのか。その意義が改めて問われている。

【参考文献】

1．　進藤栄一（2013）『アジア　力の世紀——どう生き抜くのか』岩波書店
2．　鈴木美勝（2017）『日本の戦略外交』筑摩書房
3．　田中明彦（2007）『アジアのなかの日本』NTT出版
4．　李鍾元（2019）「金大中政権の〈東アジア共同体〉構想と日中韓協力——日韓関係との
　　　関連に注目して」『アジア太平洋討究』36号、19-42頁
5．　李鍾元（2020）「韓国・文在寅政権の地域主義外交と〈新南方政策〉——〈インド太平
　　　洋戦略〉と〈一帯一路〉の狭間のミドルパワー外交」『アジア太平洋討究』39号、61-91頁
6．　李鍾元（2021）「平和の思想と戦略としての地域形成——〈東アジア共同体〉への課題」
　　　『富坂キリスト教センター紀要』11号、37-55頁
7．　Cook, Malcolm（2020）"Affirming ASEAN's East Asian Centrality," ISEAS-Yusof Ishak In-
　　　stitute, November 16, https://www.iseas.edu.sg/media/commentaries/affirming-aseans-eas
　　　t-asian-centrality/（last visited, July 25, 2021）.
8．　Petri, Peter A. and Plummer, Michael（2020）"RCEP: A New Trade Agreement That Will
　　　Shape Global Economics and Politics," Brookings Institution, November 16, https://www.b
　　　rookings.edu/blog/order-from-chaos/2020/11/16/rcep-a-new-trade-agreement-that-will-sha
　　　pe-global-economics-and-politics/（last visited, July 25, 2021）.

【関連重要資料・サイト】

1．　"ASEAN Outlook on the Indo-Pacific," June 22, 2019, https://asean.org/storage/2019/06
　　　/ASEAN-Outlook-on-the-Indo-Pacific_FINAL_22062019.pdf
2．　EAVG Report, "TOWARDS AN EAST ASIAN COMMUNITY," October 31, 2001, https://
　　　www.asean.org/wp-content/uploads/images/archive/pdf/east_asia_vision.pdf
3．　ASEAN Plus Three（APT）website: https://aseanplusthree.asean.org/
4．　East Asia Summit（EAS）website: https://eastasiasummit.asean.org/

第5部
アジアの中の日本

第19章　日本の安全保障政策とアメリカの核

太田　昌克

1　はじめに

　日本の歴代政権は、長年、日米安全保障条約を通じた日米同盟体制を「基軸」と位置付け、安全保障政策を構想してきた。そんな日米同盟体制が担う主要な戦略的役割の一つに、米国が日本に提供してきた「拡大核抑止（いわゆる核の傘）」がある。「核の傘」という政策的概念が日本の安全保障政策をめぐる体系的な文書に初めて明記されたのは、1976年に閣議決定された「防衛計画の大綱（以降、防衛大綱と表記）」であり、そこには「核の脅威に対しては、米国の核抑止力に依存する」との記述がある（日本政府 1976）。

　以来、冷戦終結後の1995年、米中枢同時テロとイラク戦争開戦後の2004年、旧民主党政権下の10年、安倍政権下の13年と18年に、定期的に防衛大綱が改定されてきたが、同盟の盟主である米国が差しかける「核の傘」に日本の国防の根幹を委ねる基本方針におおむね変化はない。18年に安倍政権が閣議決定した防衛大綱にも「核兵器の脅威に対しては、核抑止力を中心とする米国の拡大抑止が不可欠であり、我が国は、その信頼性の維持・強化のために米国と緊密に協力していく」とある（日本政府 2018）。

　こうした「核の傘」に依拠した日本の安全保障政策は、日米の首脳や閣僚らによって随時確認されてきた。2017年2月、安倍晋三首相とドナルド・トランプ大統領との会談で両首脳は、弾道ミサイル実験を繰り返す北朝鮮の核の脅威を念頭に米国の拡大抑止力の重要性を強調すると同時に、「核および通常戦力の双方によるあらゆる種類の米国の軍事力を使った日本の防衛に対する米国のコミットメントは揺るぎない」と明記した共同声明を発表した（日本外務省 2017）。

　菅義偉首相とジョー・バイデン大統領の間で2021年4月に行われた首脳会談でも、「核を含むあらゆる種類の米国の能力を用いた日米安全保障条約の下での日本の防衛に対する揺るぎない支援」が共同声明で再確認された（日本外務省 2021）。この会談では台湾情勢が主要議題となっており、中国に対する抑止と牽制のメッセージが上記の文言に込められた。

　1980年代末以降の冷戦終結やソビエト連邦崩壊により核大国による全面戦争の恐怖は消え去り、核兵器が安全保障政策に対して有する役割も大きく低減するであろうと一時期待された。しかし2010年代に入ると、14年のロシアのクリミア併合を受け米ロ関係は極度に険悪化し、トランプ政権下で中距離核戦力（INF）全廃条約が失効した。バイデン政権の発足後間もなく新戦略兵器削減条約（新START）の5年延長は決まったものの、さらなる核軍縮を促進する後継条約の具体的めどは立っていない。

　また、東シナ海や南シナ海で近年「力による現状変更」を進める中国は弾道ミサイルの開発・配備を強化し、米国防総省は2021年「中国は30年までに少なくとも1000発の核弾頭を保有するつもりのようだ」との見通しを示した（U.S. Department of Defense 2021：90）。こうした大国間競争を意識した中国の動向も、近年、日米両政府が「核の傘」を含む抑止力をより重視する重大な要素となっている。

　日米両政府間で「核の傘」の戦略的重要性が確認される一方で、核兵器の開発や製造、使用、威嚇などを全面的に禁じた核兵器禁止条約（TPNW）が2021年1月に発効した。オーストリアやメキシコなど核軍縮を熱心に推進してきた非核兵器国が主導した同条約は、核兵器そのものを非合法化しており、核の威嚇を背景とした核抑止の正統性をも否定する新たな政策潮流を創出している。日本の世論はこの条約に好意的な反応をみせているが、「核の傘」に依存する日本政府は署名に応じない態度を取り続けている（朝日新聞 2020）。

　本章では、米国が日本に差しかける「核の傘」について一次資料を使いながら、その歴史的形成過程を検証し、日米が近年みせる「核同盟化」の動きを解説する。そして、米国の拡大核抑止力が日本の国防政策に投影してきた政策的含意を今日的文脈で考察したうえで、「日本の安全保障政策」と「アメリカの核」の連関性について解析する。

2 朝鮮半島と「核の傘」

　安全保障戦略上、拡大核抑止を機能させる重要な要因は、「傘」を差しかける者の「意図」、さらにその意図を裏書きする「能力」にある。まず後者の能力に焦点を当て、米国がいかにして抑止力を裏打ちする核戦力の配備を進めてきたか、その歴史的展開を概観する。

　米国が日本や韓国、欧州の同盟国に確約している「核の傘」は能力的にみて現在、①米北西部に配備中の400基の大陸間弾道ミサイル（ICBM）、②オーバーホール中の2隻を除く12隻の戦略原子力潜水艦（SSBN）に搭載された潜水艦発射弾道ミサイル（SLBM）240基、③60機の戦略爆撃機—から成る「トライアッド（TRIAD）」を軸に形成されている（Kristensen and Corda 2021）。

　それでは、日本への「核の傘」はいつ頃から、どのように構築されてきたのか。また、そもそも日本に初めて米国の核兵器が持ち込まれたのはいつだったのか（本章で使う「持ち込み」とは、米軍艦船に搭載された核兵器が日本の港湾に入る「通過・寄港」を含む「広義の持ち込み」を指す。核の陸上配備を意味する「イントロダクション」は「狭義の持ち込み」に当たり、これとは峻別する）。

　日本に核が最初に持ち込まれたのは、朝鮮戦争休戦直後の1953年であり、休戦成立から間もない同年10月、米軍空母の中でももっとも早い時期に核搭載仕様に改造された空母オリスカニ（USS Oriskany）の横須賀寄港が、同艦の航海日誌から確認できる。日誌によると、オリスカニは日本訪問の直前、米西海岸で「特殊兵器（special weapons）」の訓練を受けており、核兵器を扱う資格がこの訓練を通じて付与されたとみられる[1]。

　オリスカニの極東派遣の狙いは、朝鮮戦争で対峙した共産勢力の抑止に主眼があった。当時の艦長チャールズ・グリフィンは退役後の1970年、米海軍研究所のオーラル・ヒストリーに「オリスカニは海上において、強力な空母航空群の同乗の下、休戦後の緊張状態の中で再燃する敵対行為を牽制する、ぞっとするような抑止力として貢献」したと証言している（U.S. Naval Institute 1973：263）。

　また、第19空母航空群司令官としてオリスカニ艦載のAJ-1爆撃機隊を率いたジェームズ・ラメージも退役後、こう詳述している。

「私はグリフィン艦長にこう言ったものだ。『艦長、核攻撃能力については心配に及びません。我々には整備された36機の航空機があり、核兵器を運搬できるよう訓練されたパイロットが最低40人いるのです。彼らはAJ機よりも早く攻撃エリアに駆けつけたがっています。だからご心配なく』と。（中略）恐らく10月だった。（中略）私は準備態勢を取るよう命じられた。我々は核に関する適性を知識として十分に備えており、確か10発か12発の核を組み立て用意した。暗闇の中で笛を鳴らしながらの作業だったが、とにかく我々は出撃準備を整えた」（U.S. Naval Institute 1999：168-170）。

　この証言から、米核搭載空母オリスカニが1953年秋の段階で、核攻撃力を備えていたことが分かる。この訓練を通じ自らの核攻撃力を実証したオリスカニは、朝鮮半島における共産勢力の軍事挑発を抑止し、韓国を防衛する軍事的任務を担っていたとみられる。また、オリスカニが日本に寄港していた実態は、その効用が韓国防衛の後背地である日本にも及んでいたことを示唆する。朝鮮戦争の脈絡で米核戦力が初めて東アジアに展開した経緯を考えれば、その後、日本にも投射されていく「核の傘」は、その起源を朝鮮半島に持つと換言することができよう。

3　核持ち込みの常態化と「傘」の構造的分析

　1953年秋の空母オリスカニの極東派遣以来、米軍核搭載空母の日本寄港が繰り返され、60年代にかけて日本への核持ち込みは常態化していく。その事実は、グリフィンが後に海軍作戦副部長となり、63年3月ジョン・F・ケネディ大統領に対し「50年代初頭から日本に寄港した空母には通常、核兵器が搭載されてきた。太平洋に展開する空母機動部隊を構成する駆逐艦や巡洋艦も同様に〔核〕装備して」いると説明していることから立証される[2]。

　また1963年2月には、駐日米大使エドウィン・ライシャワーが「〔核巡航ミサイル〕レギュラスを搭載した通常型潜水艦が定期的に日本を訪れている」との公電をディーン・ラスク国務長官に送っている[3]。さらに67年になると、日本に立ち寄る弾薬補給艦船にも核爆弾が搭載されるようになった（太田 2011：

105-108)。

　こうした日本近海を舞台にした核配備は冷戦終結まで続き、「核の傘」を実体的に担保する能力を構成した。なお、冷戦時代に横須賀や佐世保への核搭載艦船寄港が繰り返された背景には、核兵器の一時的な立ち寄り（トランジット）を、日米安全保障条約下の事前協議の対象としない「日米核密約」があったことにも付言しておきたい（外務省有識者委員会 2010：第2章）。

　また、東アジアにおける拡大核抑止を創出する能力は、1972年まで米施政権下にあった沖縄に大量配備された非戦略核によっても裏書きされた。沖縄への核配備は54年末ごろに始まり、核爆弾や核砲弾、地対空核ミサイル「ナイキ・ハーキュリーズ」、中距離核巡航ミサイル「メースB」など計18種類もの核兵器が搬入され、その多くは本土復帰まで配備され続けた。ベトナム戦争ピーク時の67年には約1300発の核兵器が沖縄に集積し、沖縄は韓国やグアムを凌ぐアジア最大の「核弾薬庫」だった（Norris, Arkin and Burr 1999）。

　ここまで概観してきた核搭載艦船の日本寄港と沖縄への核配備に加え、1960年代中葉以降は、①西太平洋を作戦航行するSLBM搭載型戦略原子力潜水艦、②グアムに展開する戦略爆撃機、③米本土配備のICBM—が本格運用されるようになった。これにより、同盟国防衛のための拡大核抑止を形成する能力の主眼は戦略核兵器へとシフトしていくことになる。

4　盟主の意図と確認作業

　ここまで日本への「核の傘」の能力面に関して歴史的展開を追ってきた。ここからは、その能力を同盟戦略として機能させるための盟主の意図、つまり「傘」を差しかける米国の意図を日本側がどう確認していったかをみていく。

　管見の限り、日本防衛を目的とした拡大核抑止の効用が米政府内の文書から明瞭に確認できるのは、ケネディ政権の時代だ。1962年に来日したロズウェル・ギルパトリック国防副長官は池田勇人首相らと会談し、その協議内容や合意結果を大統領宛覚書にまとめた。そこには「米国の核の力は、共産主義勢力の対日原爆攻撃を抑止するよう貢献しなくてはならない」との一節があり（U.S. Department of State 1996：770）、ケネディ政権が日本防衛という観点から米核戦力

の機能的役割を認識していた実態が窺える。

　1965年に入ると、ケネディの後任であるリンドン・ジョンソンは上記覚書にある表現よりも大きく踏み込み、「核の傘」供与の意図を初めて明確に日本に伝達した。日本側の記録によると、1月12日の首脳会談で佐藤栄作首相から「核で攻撃された場合、通常兵器の場合と同様に」日本を守ってもらいたいと要請されたジョンソンはこれを快諾し、「日本の立場」に理解を表明している。ジョンソンは会談で「核保有国の数を増やしたくない」とも言明しており[4]、同盟国への「傘」提供が核不拡散上の効果を持つことを強く意識していた（太田　2004：206）。

　この首脳会談から約3年後の1967年11月、佐藤は再度、ジョンソンの意図を確認する。ホワイトハウスでの首脳会談の席上、佐藤は「訪米の前に天皇陛下に拝謁したところ、陛下も日本の安全保障ということを心配されていた。前回の訪米の際に大統領は、私に対して、日本に対する any attack ［いかなる攻撃］に対しても日本を守ると約束された。その後、中共が核開発を進めるに至ったことにも鑑み、先に大統領の与えられたコミットメントが、我が国に対する核攻撃に対しても同じように適用されることを期待したい」と発言した。これに対しジョンソンは「我々の間にはすでにコミットメントがある。（中略）私が大統領である限り、我々の間の約束は守る」と応じている（楠田　2000：766-767）。

　大統領から「傘」の再確約を得ることに必死な佐藤が、天皇との謁見内容まで披歴しながら、天皇の「心配」を強調しているのが印象的だ。戦後憲法下で象徴天皇となった昭和天皇の言葉を外交交渉で持ち出すのは奥の手といえ、対中脅威論者である佐藤がいかに「核の傘」を重視していたかがよく伝わってくる。こうして中国が核開発を加速させた佐藤政権期において、米国は首脳外交を通じて「傘」供与の意図を二度にわたり表明し、戦略核や地域展開する戦術核を後ろ盾にしながら、日本を含む東アジアに拡大核抑止力を投射していった。

5　75年新聞発表と盟主の確約

　1975年8月6日、ジェラルド・フォード大統領はワシントンで会談した三木武夫首相と「共同新聞発表」を発出し、その中で米国が日本に与える「核の傘」

の日本防衛上の役割について次のように明記した。「米国の核抑止力は、日本の安全に対し重要な寄与を行うものであることを認識した。これに関連して、大統領は、総理大臣に対し、核兵力であれ通常兵力であれ、日本への武力攻撃があった場合、米国は日本を防衛するという相互協力及び安全保障条約に基づく誓約を引続き守る旨確言した[5]」。

　三木、フォード両首脳が合意したこの「共同新聞発表」をもってして、米国が日本に供与する「核の傘」の形成プロセスは一つの到達点に達したと断じていいだろう。1960年代の首脳外交を通じた意図の確認作業は日本の反核世論を意識してか、その詳細が対外的に公表されることはなかったが、この新聞発表には日米同盟の盟主である米国の意図が明示的に刻まれており、日本に「核の傘」を公的に確約する意思表示といえるからだ。またこの新聞発表では、三木が核不拡散条約（NPT）の早期批准を表明しており、米国の拡大核抑止へのコミットメント表明の見返りに、日本が独自核武装を封印するNPT加盟へと正式に舵を切る決意を示したと読むこともできる（太田 2021b：68-73）。

　米欧同盟との比較で言うなら、北大西洋条約機構（NATO）の欧州諸国は自国領土内に米核兵器の配備を認めたうえで、「核計画グループ（NPG）」と呼ばれる恒常的な協議体を通じ、有事に欧州配備核を米国と共同運用する「核共有（Nuclear Sharing）」のメカニズムによって核同盟を運営してきた。これに対し日本は、首脳を頂点とした米国との対面協議によって「核の傘」を提供する盟主の意図を繰り返し確認しながら、節目において公的文書でそれを担保することによってNATOとは異なるタイプの核の同盟関係を構築していったと総括できよう。

　その後時は流れ、オバマ政権下の2010年には、日米の国防・外務当局者が拡大抑止政策を定期的に議論する「日米拡大抑止協議（EDD）」が創設された。これは実務者レベルの議論を通じ「核の傘」の信頼性と実効性を点検・確認することを狙った協議枠組みで、日本への「安心供与」の意味合いが込められている。

　年2回のペースで開催されるEDDはトランプ政権下でも継続され、今日に至っている。何が具体的に論じられているのか、その中身は厚い秘密のベールに覆われている。ただ筆者による参加者への聞き取りから、米核抑止力の屋台

骨である SLBM を搭載した戦略原子力潜水艦の母港である米海軍基地を日本
側メンバーが訪れるなどして、「傘」の能力面に関する説明を受けていたこと
が判明している。こうした事実は、「日米核同盟」の制度的な深化が水面下で
進んでいる実態を歴然と物語っている（太田 2021a：150-155）。

6　日米核同盟の深化と陥穽

　ここまで、米国の意図と能力によって堅持されてきた「核の傘」に依存する
日本の国家安全保障政策の形成過程を概観してきた。その要諦は、本稿冒頭で
紹介した2021年４月の「日米首脳共同声明」でも改めて確認され、現時点にお
いても変容の兆しはみられない。特に、近年みられる北朝鮮の核・ミサイル能
力の拡大と軍事的緊張をはらむ米中の大国間競争を背景に、米国の拡大核抑止
の信頼性と実効性を重視する声は日本政府内で強く、そのことは EDD を軸と
した日米の核同盟化の進展にもつながっている（太田 2021b：96-114）。
　日本が「核の傘」への関与を主体的に深める具体例としては、北朝鮮が弾道
ミサイル発射を繰り返し初の水爆とみられる核実験に踏み切った2017年、航空
自衛隊の F-15戦闘機２機がグアムから飛来した２機の米戦略爆撃機 B-52と日
本海で編隊航法訓練を実施した事象が挙げられる（防衛省 2017）。この時 B-52
は核爆弾を搭載しておらず、恐らく核搭載能力も備えていなかったとみられる
が、将来の有事において、核搭載した B-52が北朝鮮に威嚇のシグナルを送る
ために日本周辺に飛来する可能性は十分想定される。「非核三原則」を国是と
してきた日本の自衛隊がそのような B-52と軍事訓練を敢行した含意は決して
小さくなかろう。そこには、核戦力を含めた抑止力の強化を着実に進める日米
同盟の軍事的な深化が看取できるからだ。
　一方、こうした日米の核同盟の深化には重大な陥穽が潜んでいることも忘れ
てはならない。まず指摘したいのは、核抑止の戦略概念とそれを裏付ける核能
力が招き得る「安全保障のジレンマ」だ。欧州と違ってアジア太平洋地域には、
これまで軍備管理の制度的なメカニズムが何ら構築されてこなかった。北朝鮮
の核開発はいうに及ばず、この地域の主要プレーヤーである米国、ロシア、中
国の間においても、核兵器の近代化や超音速滑空弾など新たな戦略兵器の開発

を規制する仕組みは存在せず、これら核兵器国間の軍拡競争が進むことで今後、このジレンマが一層複雑化し、深刻化する恐れがある。

トランプ政権は2018年公表の「核態勢の見直し (NPR)」で、低出力 (low-yield) 型核弾頭を SLBM に搭載する新方針を打ち出した (U.S. Department of Defense 2018)。またトランプ大統領は前任のバラク・オバマが提唱した「核兵器の役割低減」に熱心な姿勢を示さず、トランプ自身がツイッターなどを通じて核戦力の増強路線を公言し続けた。

この NPR の公表直後、河野太郎外相は「[今 NPR は] 北朝鮮による核・ミサイル開発の進展等、安全保障環境が急速に悪化していることを受け、米国による抑止力の実効性の確保と我が国を含む同盟国に対する拡大抑止へのコミットメントを明確にしている。我が国は、このような厳しい安全保障認識を共有するとともに、米国のこのような方針を示した今回の NPR を高く評価する」との談話を発表した (日本外務省 2018)。その意味するところは、北朝鮮の核ミサイルの脅威増大を念頭に、「核の傘」の信頼性と実効性を向上させていくことを明示した「トランプ NPR」への支持と謝意であろう。

ただ、米中ロの間に軍備管理の制度的枠組みが実在しない以上、米国が核戦力の質的増強に動けば、対米抑止力を死守したいロシアと中国は自身の「傘」の弱体化を相殺しようと、核戦力のさらなる刷新・増強という反作用的な動きに出る公算が大きい。しかも2019年、トランプ政権は「ミサイル防衛見直し (MDR)」を新たに策定し、米国が日本など同盟国と進めるミサイル防衛 (MD) 網に関しては今後、宇宙領域も使いながら拡充し、中ロの弾道ミサイルの脅威にも対抗していく姿勢を鮮明にした (U.S. Department of Defense 2019)。米国のMD 能力の拡大・強化は、低出力型核の実践配備と相まって、中ロに自身の対米抑止力に対する疑念と懸念を抱かせ、米国の MD システムを確実に突破できる戦略兵器の新規開発へと両国を駆り立てている。

さらに近年、米中ロが技術開発競争を繰り広げる極超音速兵器や AI、サイバーなどの新たな要因が複雑に絡み合い、「安全保障のジレンマ」がより先鋭化するリスクもある。そうした環境下では、日本の安全保障環境がより不安定化し、核兵器国同士の疑心暗鬼がアジアにおける核リスクを格段に増大させる恐れがある。

　また陥穽として注視すべき別の問題点としては、国際的な核不拡散秩序の弱体化と空洞化が考えられる。同盟国防衛のための抑止力増強を目的に、NPTで核兵器の保有を許された米国が質的な核戦力強化に走り、中ロがこれに追随する流れが固定化すれば、NPT第6条が定めた核軍縮義務に背理する行為となる。NPT脱退を表明した北朝鮮の核開発の進展、NPT脱退をもちらつかせながらウラン濃縮活動を進めるイランの動向、インドとパキスタンの核軍拡競争、さら非核兵器国が主導した核兵器禁止条約の発効―。こうした厳然たる諸事象の前に、発効半世紀を過ぎたNPT体制はかつてなく脆弱な状態にあり、重大な試練を迎えている。

　そうした中、NPT体制の堅持・強化へ向けて非核兵器国とも連携しながら独自の軍縮外交を長年展開してきた日本が、上述した陥穽に対する政策的熟慮を欠いたまま「核の傘」の重要性と正統性を内外にことさらに強調し続けることの政治的コストは決して小さくない。それが、日本外交と被爆国の道徳的権威を毀損する帰結につながりかねないからだ。日本の安保政策決定者はそうした含意をも思慮の範疇に入れながら、核抑止力一辺倒に陥りがちな「力の体系」を超克する外交・安全保障政策を構想していく必要がある。その第一歩として核兵器禁止条約に対する冷淡な態度をまず改め、「核なき世界」の実現に資するべく、核の先行不使用（NFU）や「唯一の目的（Sole Purpose）」政策の普遍化など核の役割低減を促進する具体策を積極的に唱道していくことが求められる。

【注】

1）　Log Books of the USS Oriskany, from 1 August to 31 August and from 1 September to 30 September 1953, National Archives in College Park（NACP）. この資料は新原昭治氏から提供を受けた。

2）　Memorandum for the Record, "Presidential Conference on the Transit of U.S. Nuclear Armed War Ship through Japan Ports," March 26, 1963, Top Secret. この資料は米歴史家カイ・バードが駐ソ大使や極東担当国務次官補などを務めたアベレル・ハリマンの個人所蔵文書群から発見した。バードはハリマン本人の許可を得て文書群の多数をコピーし2000年2月に筆者に閲覧、複写を認めた。

3）　Cable 1915 from Reischauer to Secretary of State, February 15, 1963, Confidential, Central Foreign Policy Files, Def Japan 1963, Box3729, RG59, NACP.

4）　「第1回ジョンソン大統領、佐藤首相会談要旨」1965年1月12日、極秘。筆者の情報公開法に基づく開示請求を受け外務省が2002年に開示。

5）「三木・フォード共同新聞発表」（1975年8月6日）。

【参考文献】

1. 朝日新聞（2020）「核兵器禁止条約『参加がよい』が59％ 朝日世論調査」（11月16日）https://www.asahi.com/articles/ASNCJ5W83NCJUZPS002.html（2021年7月1日取得）
2. 太田昌克（2004）『盟約の闇――「核の傘」と日米同盟』日本評論社
3. 太田昌克（2011）『日米「核密約」の全貌』筑摩選書
4. 太田昌克（2021a）「『日米核同盟化』の進展とその含意」日本国際政治学会編『国際政治』203号
5. 太田昌克（2021b）『核の大分岐』かもがわ出版
6. 外務省有識者委員会（2010）「いわゆる『密約』問題に関する有識者委員会報告書」
7. 楠田實（2000）『楠田實日記――佐藤栄作総理首席秘書官の二〇〇〇日』中央公論社
8. 日本外務省（2017）「日米共同声明」（2月10日）http://www.mofa.go.jp/mofaj/files/000227766.pdf（2021年2月21日取得）
9. 日本外務省（2018）「米国の『核態勢の見直し（NPR）』の公表について」（2月3日）www.mofa.go.jp/mofaj/press/danwa/page4＿003718.html（2021年2月22日取得）
10. 日本外務省（2021）「日米首脳共同声明」（4月16日）https://www.mofa.go.jp/mofaj/files/100202832.pdf（2021年7月1日取得）
11. 日本政府（1976）「昭和52年度以降に係る防衛計画の大綱について」http://www.kantei.go.jp/jp/singi/anzenhosyoukaigi/52boueikeikaku_taikou.pdf（2021年2月21日取得）
12. 日本政府（2018）「平成31年度以降に係る防衛計画の大綱について」https://www.cas.go.jp/jp/siryou/pdf/h31boueikeikaku.pdf（2021年2月21日取得）
13. 防衛省、防衛大臣記者会見概要（2017年11月21日）防衛省ウェブサイト、https://warp.da.ndl.go.jp/info：ndljp/pid/11591426/www.mod.go.jp/j/press/kisha/2017/11/21.html（2021年2月28日取得）
14. Kristensen, Hans and Corda, Matt（2021）"NUCLEAR NOTEBOOK United States nuclear weapons, 2021," *The Bulletin of the Atomic Scientists*, https://www.tandfonline.com/doi/pdf/10.1080/00963402.2020.1859865?needAccess=true（last visited, Feb. 21, 2021）.
15. Norris, Robert and Arkin, William and Burr, William（1999）"Where they were: Between 1945 and 1977, the United States based thousands of nuclear weapons abroad," *The Bulletin of the Atomic Scientists*, Vol. 55, No. 6.
16. Ota, Masakatsu（2018）"Japan, U.S. enhanced 'nuclear bond' via under-the-table discussions," *Kyodo News*, March 30, 2018, https://english.kyodonews.net/news/2018/03/9cbb30ea7c89-corrected-japan-us-enhanced-nuclear-bond-via-under-the-table-discussions.html（last visited, Feb. 28, 2018）.
17. U.S. Department of Defense（2010）*Nuclear Posture Review Report*, https://dod.defense.gov/Portals/1/features/defenseReviews/NPR/2010_Nuclear_Posture_Review_Report.pdf（last visited, Feb. 28, 2021）.
18. U.S. Department of Defense（2018）*Nuclear Posture Review Report*, https://media.defense.gov/2018/Feb/02/2001872886/-1/-1/1/2018-NUCLEAR-POSTURE-REVIEW-FINAL-REP

ORT.PDF（last visited, Feb. 28, 2021）.

19. U.S. Department of Defense（2019）*Missile Defense Review Report*, https://media.defense.gov/2019/jan/17/2002080666/-1/-1/1/2019-MISSILE-DEFENSE-REVIEW.pdf（last visited, Feb. 28, 2021）.

20. U.S. Department of Defense（2021）*Military and Security Developments Involving the People's Republic of China 2021.*

21. U.S. Department of State（1996）*Foreign Relations of the United States: 1961–1963, Vol. XXII, Northeast Asia*（Washington D.C.: U.S. Government Printing Office）.

22. The U.S. Naval Institute（1973）*The Reminiscences of Admiral Charles Donald Griffin, U. S. Navy（Retired）*, Volume I, The US Naval Institute, Annapolis, Maryland. この資料は新原昭治氏から提供を受けた。

23. The U.S. Naval Institute（1999）*The Reminiscences of Rear Admiral James D. Ramage, U. S. Navy（Retired）*, The US Naval Institute, Annapolis, Maryland. この資料は新原昭治氏から提供を受けた。

第20章　非核規範とアジアの中の日本

梅原　季哉

1　はじめに

　広島、長崎への原爆投下から76年、戦時の核兵器使用はその後起きていない。だが核廃絶は実現せず、近年は逆に核兵器の復権という悲観論も広まりつつある（秋山・高橋 2019）。特に北東アジア[1]では安全保障環境が悪化し、核使用シナリオの蓋然性すら高まりつつあるとの懸念が存在する。日本の歴代政権は非核三原則の遵守を掲げ「核なき世界を目指す」としてきたが、2021年に発効した核兵器禁止条約（以下、核禁条約と略す）をめぐり、そのアイデンティティに大きな揺らぎが生じている。核兵器廃絶国際キャンペーン（ICAN）といった市民社会や条約推進派諸国と、核保有国やその同盟国からなる条約否定派の間には深刻な意見の相違が存在し、日本国内にも相似形の亀裂が見て取れる。日本政府は、同盟国の米国から拡大核抑止（核の傘）の提供を受けることを安全保障政策の根幹と位置づけ、核禁条約には参加できないとの立場をとる。一方で国民の相当数、中でも被爆地広島・長崎には根強い条約支持論が存在しており、両者の乖離は著しい。本章はこの分断状況を規範論のアプローチで分析し、非核規範が日本にどう影響を及ぼしてきたのかを検討する。広範な非核規範の中で、特に核の不使用規範と核不拡散規範という二つの規範の関連性に着目し、厳しさを増す現在の北東アジア安全保障環境の中での意味を考察する。

2　グローバルな核不使用規範と不拡散規範

　ローレンス・フリードマンはかつて、核戦略の研究は核兵器不使用の研究で

あると形容した（Freedman 1986 : 735）。伝統的な国際関係論、特にリアリズム
は、この不使用は核抑止が機能してきた結果と説明する。だが、核使用寸前と
いう状況は、一般に知られたキューバ危機以外にも実際には多かったとの研究
結果もある（Lewis et al. 2014）。核戦争を免れたのが僥倖にすぎないのなら、核
抑止による安定性を過大評価する危うさに留意する必要がある。

　規範やアイデンティティなど、社会的に共有される理念の作用に着目する構
成主義（コンストラクティビズム）は、上記の抑止論とは異なる解釈をとる。NGO
などが主導して「核に悪の烙印を押す」過程（スティグマ化）が始まり、それ
を受けてタブー概念を受容する国家が増えた結果、核の不使用が規範として定
着したと論じる。1960年代初めより前は、核戦争が人類破滅のリスクを伴うと
の理解は国際社会で完全には定着していなかった。だがその間も、核保有国の
政府高官らが使用を検討したにもかかわらず国際世論を前に踏み切れない事例
が重なった。その結果、核兵器は事実上使うことができない兵器だという理解
が当局者の間で広まり、タブーの受容が拡大していったとの分析である（Tannen-
wald 2007）。現在の規範としての定着度については、自制的慣習であって強行
規範とはいえないとの説もある。しかし、核保有国・武装国はこの間、戦時の
劣勢下でも核使用に至らなかった。核不使用規範が一定程度、国際社会で内在
化した規範となったことは否定できない。

　この規範を法的規範につなげようとしたのが、2010年代からの「核の非人道
性」をめぐる多国間外交であり、それは核禁条約で一つの到達点を迎えた。こ
の条約は、前文で核兵器使用がもたらす「壊滅的な人道上の帰結」への深い憂
慮を表明し、二度と使われない唯一の方法が核廃絶だと位置付けている。核不
使用規範を厳守するには核廃絶が必要だという形で「使わせない」と「なくす」
を関連づける論理といえる。むろん条約推進派も、核保有国が加盟して核廃絶
が即座に実現するとみているわけではない。しかし悪の烙印を押すことで「核
は使えない兵器」との認識を広げ、条約外の国も核不使用規範から逃れ得ない
状況を作り出す意図がある。「使えない武器をいつまで維持しておくのだ」（川
崎 2018 : 67）との問いを廃絶への突破口にする発想である。その意味で核禁条
約は核不使用規範と密接に関連している。

　それとは別に「核を持たない」「持たせない」という不拡散規範が存在する。

核不拡散条約（NPT）が名称通り体現する規範であり、日本の非核三原則の最初の二原則（持たない、作らない）はその受容表明に他ならない。二つの規範の関係については、エテル・ソリンゲン（2007）が、核不拡散には例外が多く、核不使用規範以外に核のタブーが存在するかどうかは疑わしいと指摘している。前者についてはインド、パキスタン、北朝鮮と公然たる違反国が続いた。特定の国で核開発疑惑が進行し不拡散規範が揺らいだ際、その国を標的に核攻撃を加えた例が存在しないことも、核不使用規範の優位性を示す一つの証左である。元米国防長官ウィリアム・ペリーはリビアの例を挙げ、核拡散阻止のために核攻撃は必要ないと断言している（Perry and Collina 2020：87）。

　一方、足立研幾は、核不拡散規範が消滅に向かう可能性を検討した上で、①制度化が進んでいる、②関連する規範として核不使用規範が国家間で内在化されている、③核不拡散規範にすぐに取って代わる規範が存在しない、として、核不拡散規範が消滅する可能性は低いと結論づけている（足立 2021：102-103）。核不使用規範のほうが逸脱なく内在化しているという判断がやはり下されていることは留意に値する。

3　日本における規範の力学の逆転

　日本における二つの規範の関係性に着目すると、政府と市民社会双方が支持する規範としては核不拡散規範が強い拘束性を示す一方、核不使用規範に対しては政府が全面受容を拒んできた。その結果、国際社会での位置づけとは位相を異にし、核不拡散規範のほうが核不使用規範より優位性を持っている。

　核不拡散規範に関しては、日本は非核三原則に加え、1976年の批准以降NPTを「国際核軍縮・不拡散体制の礎石」と位置づけてきた。94年から国連総会に提出し続けている核軍縮決議案で必ずNPTの重要性を強調している。制度的にも、日本はNPTや国際原子力機関（IAEA）による不拡散レジームの「優等生」を自認してきた。IAEAでは米国に次ぐ拠出国であり理事会に常に席を有している。原子力関連機材や技術の輸出を規制する紳士協定、原子力供給国グループ（NSG）では日本政府の在ウィーン国際機関代表部が事実上の事務局機能を担う。こうした状況に、核不拡散規範への制度的コミットメントが見て取

れる。

　一方、核不使用規範には広島・長崎を具体例とした核兵器の非人道性という認識が深く結びついており、核禁条約の前文には「ヒバクシャ」という単語が2回も登場する。しかし、日本政府は核不使用規範にほぼ一貫して距離を置いてきた。そもそも非核三原則の中には使用・不使用という概念自体が入っていない。また、黒崎輝が指摘するように、国連総会・第1委員会での軍縮関連決議では、1961年11月に総会で採択された、核兵器使用禁止条約締結交渉を呼びかける決議を唯一の例外として、日本はそれ以降、核使用禁止が含まれた決議には賛成していない（黒崎 2006：190）。

　こうした日本政府の動向は冷戦後も変わらなかった。核兵器使用の合法性をめぐる国際司法裁判所（ICJ）の1995年の審理で、日本政府代表は核兵器使用が国際人道法に違反するかどうか明言を避けた。続いて陳述する広島・長崎両市長を紹介する際、「日本政府の意見を必ずしも反映しない」と留保をつけ、核兵器使用は国際法違反だと明言した被爆地の両市長との見解の差が際立った。近年の核禁条約に至る多国間外交でも、核兵器の非人道性に関する各国の共同声明が様々な機会に出されたが、たとえば2013年4月にジュネーブで開かれたNPT準備会合で南アフリカが中心となって出した声明について、日本政府は「いかなる状況」でも核使用を阻むべきだという考えが盛り込まれていることを理由に署名を拒んだ。強い批判にさらされ、同年秋の第1委員会での同趣旨声明は、核兵器廃絶に向けた「あらゆるアプローチ」の重要性が盛り込まれたことを口実に署名に回ったものの、核不使用規範への距離感が浮き彫りになった（川崎 2018：31-32）。

　日本政府は近年、安全保障政策の根幹として位置づける日米同盟関係でも、核不使用規範への忌避感を強めた。典型が2010年と16年に当時のオバマ米政権が核兵器の先行不使用政策を検討した際である。先行不使用が採用されれば核抑止論を維持しつつも核不使用規範へ一定の理解を示すことになる。だが米国は結局、同盟国の懸念を主な理由に断念した。特に強い抵抗感を示したのが日本だったとされる（Perry and Collina 2020：97；Fetter and Wolfsthal 2018：103）。こうした日本の態度は「軍事的には信頼を置けない選択肢について保証を求める同盟国」による「拡大抑止の中での米国の核兵器への過度の依存」として、

米国の核専門家の間でも疑問視する受け止めがある（Sagan 2010：10）。

4　不使用規範と矛盾する「核の傘」依存

　なぜ日本では核不拡散規範と比べて核不使用規範の内在化が進まなかったの
か。もっとも単純なのは、使用、不使用は非核国である日本が発言できる範囲
を超えているから、という仮説だろう。だが、核禁条約加盟の非核国が核不使
用規範への強い帰順を示しているのに、なぜ日本はそうではないのか、単純に
非核国だからでは説明がつかない。また、同盟国である米国が核兵器の先制不
使用を検討した際に反対した日本政府の態度からは、口出しできないという抑
制などみられない。

　歴史的には、明らかに日本での核不使用規範の定着が阻まれた経緯がある。
具体的には占領期から、冷戦下で1960年代に非核三原則が確立し、76年のNPT
批准で非核国の地位が確定する頃までである。まず、米軍による占領政策で49
年まで続いたプレスコードによる検閲の下、原爆批判が一切封じられたことが、
広島・長崎という最初の核使用例に根ざした核不使用規範の伝播を妨げた。一
方で、戦時中に初期段階とはいえ核兵器開発研究に着手していた日本に対し、
占領軍は核不拡散規範を厳密に適用した。仁科芳雄らの研究施設を即座に管理
下に置き、45年末にサイクロトロンを破壊して海中投棄したとされる（佐々
木 1999：192-208）。憲法第9条で軍備を放棄した「平和国家」アイデンティティ
の下で日本が核兵器を「持たない」ことは当然視され、核不拡散規範は内在化
しやすかった。戦争の生々しい記憶を保ち絶対平和主義に等しい忌避感を抱い
た日本国民にとっては、素朴な国民感情として、核の存在を前提とする使用不
使用の議論自体がタブーだったという事実も作用した。

　1954年の第五福竜丸事件を契機に国民的盛り上がりをみせた原水爆禁止運動
は、核実験による水産物汚染という身近な形で核使用の結果を想起させ、日本
国民が核不使用規範に向き合うきっかけとなったはずである。実際に被爆地広
島・長崎や被爆者の間ではその後も、この規範の受容が進んだ。だが、国民全
体に対しては国内政治が受容の妨げになった。原水爆禁止運動は左翼陣営内の
分裂で国民的運動としての勢いを失った。一般国民の素朴な反核感情はなお、

被害を強調する戦争体験の継承と一体化した形で残ったが、歴代政権は非核三原則を打ち出し、反核感情を取り込んで「唯一の被爆国」というアイデンティティを形成し、日米安保体制との共存を図った。「我々はそうした兵器は持たない」と言明して核不拡散規範への帰順姿勢を示しつつ、国民の意識が及ぶ領域内での核兵器の存在自体を不可視化することで、核兵器を使うか使わないかは自国とは関係のない事象であるという幻想を創出し、核不使用規範に距離を置いた、と考えられる。

　非核三原則が、冷戦期に日米政府高官らの間で交わされた複数の核密約で「二・五原則」と化していた実態は、太田昌克（2011）らによって解明されてきた。この非核三原則の侵食の背景にも、「持たない」「作らない」とは違い、「持ち込ませない」が徹底されれば米軍による核使用の妨げとなりかねないという認識があっただろう。

　グローバルな観点からみると、米国の核ガバナンスには不拡散規範が政策目標として明確に含まれており、日本もその中に組み込まれてきた。一方で核不使用規範のほうは、日米同盟のあるべき目標を示したり特定の行為を禁止したりする規範としては作用しなかった。たとえば1960年代後半には、NPT未加盟の日本に核保有させないこと、つまり不拡散規範の履行が米国にとって政策上の優先課題だった。米政府内では、NATO同盟国との核シェアリングに類した形で核使用について日本に発言権を与える選択肢すら検討された（United States Department of State 1967）。その際、核不使用規範への抵触が問題視された形跡はない。

5　冷戦後の文脈

　冷戦終結後も日本における核不使用規範と核不拡散規範の関係性は基本的に不変である。米国による核兵器先行不使用検討への日本政府の懸念表明にみられるように、核不使用規範への忌避感が先立つ。これはリアリズムの観点では、北朝鮮の核開発や台頭する中国の軍事力といった北東アジア安全保障環境の悪化の反映とみることができよう。しかし、そうした状況にもかかわらず、冷戦後の日本でなぜ核不拡散規範が優先的規範であり続けるのかは説明できない。

冷戦終結直後には、米国のネオリアリストの多くが、日本の核武装は必至と予測したが、その予言は今に至るまで的中していない。

　北東アジアには、冷戦終了で核戦争の脅威が大幅に減少したグローバルな状況とは逆行する潮流が存在した。1990年代からの北朝鮮の核・ミサイル開発の進展で、日本が自国への核使用の可能性を具体的に懸念せざるを得ない状況は拡大した。日米同盟関係の制度化が進み、日本政府は米国の世界戦略に積極的に関与する姿勢へと転じた。特に北朝鮮の脅威に対し具体的に進められたのが弾道ミサイル防衛での日米協力だった。ここでの処方箋が、日本独自の核抑止力獲得ではなく、日米同盟の枠内でのミサイル防衛だったことにも、日本における核不拡散規範の優位性の断面が見て取れる。しかし、どんな先端技術を駆使しても完璧なミサイル迎撃は現実的ではない。独裁下にある北朝鮮の意図は不明で脅威意識を拭うことができず、「核の傘」にすがる念が強まった。さらに近年は挑戦姿勢を強める中国と米国の相克という認識が日本の安全保障観も大きく動かした。中国は核戦力こそ米国に比して小規模だが、有事の米軍介入を退ける意図から接近阻止・領域拒否（A2/AD）能力を向上させ、特に台湾海峡をにらんだ通常弾頭ミサイルの戦力は戦域レベルでみると米国より優位に立つに至っている。

　こうして、同盟関係に付きまとう「巻き込まれるリスク」と「見捨てられるリスク」のうち、日本の安全保障政策に携わる当局者は後者をより意識するようになった。有事に「核の傘」が期待通りに機能することは核不使用規範とは相容れないからこそ、日本政府はこの規範への忌避感を強めたのだろう。これに対し、米国の安全保障問題専門家の多くは、日本に対する拡大核抑止の提供は、日本の核保有を防ぐ「不拡散ツール」として機能し続けている、とみている（Samuels and Schoff 2015：495）。しかし、核の不使用規範に関しては、日米同盟関係の中で調整を要する事項としては認識されていない。

6　おわりに——北東アジアでの核使用リスク

　北東アジアには本書の執筆時点で核禁条約に加盟した国もなければ、非核地帯も存在しない。朝鮮半島と台湾海峡では冷戦の対立構造が存続し、核をめぐ

る不安定性が懸念される。域外超大国である米国が、域内核保有国の中国やロシアとの「大国間競争」を視野に、日韓との二国間同盟で駐留米軍を前方展開させ、核の傘を提供する。一方で、核の不拡散規範を破った北朝鮮は非核化へ向かう気配をみせない。地域全体では協調的安全保障の枠組みが存在せず、危機の際に負荷が大きくなりがちだ。緊張関係にある国家間で不信の念が増幅し、安全保障のディレンマが生じやすい状況である。

　米国と核戦力が不均衡な中国や北朝鮮との間でも一応は抑止が成立しているとの見方もあろう。だが、そうした状態は冷戦下で米ソ間に存在したような戦略的安定ではない。構造的に脆弱な均衡で、危機下では急速に悪化しかねない。地域紛争の拡大過程で、誤算やコミュニケーションの失敗から核兵器使用のリスクが高まると懸念される。現在の北東アジアでは、対立国間で信頼が醸成されず、コミュニケーション回路も欠如し、危機安定性を低下させている。

　各国間の軍事的非対称性も、核使用が検討される誘因となる。米国と北朝鮮の間では米国の核戦力の圧倒的優位は疑いない。しかし、仮に米国が限定的シナリオで通常兵器のみを用いる軍事作戦に出ても、北朝鮮は体制存亡をかけた全面戦争と受け止める可能性が高い。プレッシャーの下、核使用が自滅を招くとの合理的判断に必ず達するとは限らない。米国と中国の対立シナリオも楽観視を許さない。上述したように台湾海峡を想定した戦域レベルの通常戦力では、グローバル核戦力の米国優位とは逆に中国優位の「ミサイル・ギャップ」が指摘される。中国は核の先制不使用を公式の宣言政策として一貫して掲げてきたが、実際の拘束性には疑問が出ている。通常弾頭ミサイルと核ミサイルを混在配備しており、前者を標的とした米軍による通常兵器での攻撃を後者、つまり自国の戦略核抑止の要である残存報復能力を標的とした攻撃と解釈する可能性が指摘されている（Fetter and Wolfsthal 2018：111；Mahnken and Evans 2019：66）。そうした事態に中国が核で報復すれば、全面核戦争に至る可能性すら否定できない。2020年の米国による小型核実戦配備が限定核使用への閾値を低めかねないとの懸念もある。

　核の使用不使用には、核抑止が持つ本質的な矛盾と向き合う峻烈な判断が要求される。特に同盟国という第三者が関わる拡大抑止にはディレンマがつきまとう。核使用の判断を、利害もアイデンティティも完全には合致しない他国の

ために下せるか。同盟関係での「見捨てられ」の疑念から完全に免れることは難しい。そうした機能に日本が安全保障戦略の根幹を依存する限り、危機下での核使用を求めざるを得なくなる。すなわち、核不使用規範とは正反対の方向へ自らを導くことになる。それは被爆体験に基づく非核アイデンティティの空洞化をもたらし、ひいては核不拡散規範の破綻にすらつながりかねない。

　北東アジアの安全保障環境は確かに悪化している。だが、核不使用規範もまた国際政治を規定する一つの現実である。核禁条約加盟を拒む日本政府が、核抑止に依存しつつ核保有国と非核国の「橋渡し役」を自認するなら、少なくとも北東アジアで核が使用されるリスクを限りなく低減するため、透明性向上による信頼醸成など協調的安全保障の枠組み創出を図り、核不使用規範と向き合う努力こそが求められるだろう。

【注】

1）　本章では、非核地帯条約を有する東南アジアとの差異を念頭に、地域名としては「東アジア」ではなく「北東アジア」を用いた。

【参考文献】

1．　秋山信将・高橋杉雄（編著）ほか（2019）『「核の忘却」の終わり——核兵器復権の時代』勁草書房

2．　足立研幾（2021）「核不拡散規範の行方——規範の消滅論の視座から」『国際政治』203号、94-109頁

3．　太田昌克（2011）『日米「核密約」の全貌』筑摩書房

4．　川崎哲（2018）『新版　核兵器を禁止する——条約が世界を変える』岩波書店

5．　黒崎輝（2006）『核兵器と日米関係——アメリカの核不拡散外交と日本の選択　1960-1976』有志舎

6．　佐々木芳隆（1999）「核戦略の中の日本」坂本義和編『核と人間Ⅰ——核と対決する20世紀』岩波書店、187-280頁

7．　Fetter, Steve, and Wolfsthal, Jon（2018）"No First Use and Credible Deterrence," *Journal for Peace and Nuclear Disarmament*, Vol. 1, No. 1, pp. 102-114.

8．　Freedman, Lawrence（1986）"The First Two Generations of Nuclear Strategists," *Makers of Modern Strategy from Machiavelli to the Nuclear Age*, pp. 735-778, Oxford: Clarendon Press.

9．　Lewis, Patricia et al.（2014）*Too Close for Comfort: Cases of Near Nuclear Use and Options for Policy*, London: Chatham House.

10.　Mahnken, Thomas G. and Evans, Gillian（2019）"Ambiguity, Risk, and Limited Great

Power Conflict," *Strategic Studies Quarterly*, Vol. 13, No. 4, pp. 57–77.

11.　Perry, William J. and Collina, Tom Z.（2020）*The Button: The New Nuclear Arms Race and Presidential Power from Truman to Trump*, Dallas: BenBella Books.

12.　Sagan, Scott D.（2010）"Shared Responsibilities for Nuclear Disarmament," *Shared Responsibilities for Nuclear Disarmament: A Global Debate*, pp. 1–13, Cambridge: American Academy of Arts and Sciences.

13.　Samuels, Richard J. and Schoff, James L.（2015）"Japan's Nuclear Hedge: Beyond 'Allergy' and Breakout," *Political Science Quarterly*, Vol. 130, No. 3, pp. 475–503.

14.　Solingen, Etel（2007）*Nuclear Logics: Contrasting Paths in East Asia and the Middle East*, Princeton: Princeton University Press.

15.　Tannenwald, Nina（2007）*The Nuclear Taboo: The United States and the Non-Use of Nuclear Weapons Since 1945*, Leiden: Cambridge University Press.

16.　United States Department of State（August 2, 1967）"THE INDIAN NUCLEAR WEAPONS PROBLEM: PLANNING FOR CONTINGENCIES: A REPORT UNDER NSAM No. 355," Folder, "NSAM # 355: Indian Nuclear Weapons Problem, further to NSAM 351, 8/1/1966," *National Security Action Memorandums*, NSF, Box 9, LBJ Presidential Library, https://www.discoverlbj.org/item/nsf-nsam-b9-f03（last visited, June 23, 2021）.

第21章　日本の反核市民運動

竹本　真希子

1　はじめに

　本章は平和を脅かす大きな問題である核兵器に対する反対運動の歴史を追い、そこから核被害のない平和な社会の実現に向けた市民の活動の可能性について考察するものである。「反核運動」は、かつてはもっぱら核兵器に反対する運動を意味していたが、今日においては核兵器と原子力発電、つまり核エネルギーの軍事利用と民生利用の双方に反対することが多い。これを踏まえ本章でも、日本の反核運動の発展を反核兵器と反原発運動の双方から扱う。

　「アジアの平和とガバナンス」という本書のテーマへの一つの視座として、欧米との比較も加えながら日本の平和運動史における反核運動の変遷を明らかにし、さらに「ヒロシマ」を含む日本の運動とアジア諸国の運動との関わりについても分析したい。

2　日本における平和運動と反核運動

　市民による組織的な平和運動は、19世紀に入り欧米各国で本格的に始まった。キリスト教の平和思想の影響と近代における市民の政治参加の進展を背景に、大国間の帝国主義的対立に対抗すべく平和団体が組織された。当時の平和運動は、自由主義者による国際協調の運動と「戦争に対する戦争を」のスローガンを掲げた社会主義者による反帝国主義的な反戦運動の二つの流れが発展していった（竹本 2017）。

　日本における平和運動は明治以降、こうした欧米における運動とほぼ時を同

じくして始まった。キリスト教のフレンド派（クエーカー）の影響の下で、北村透谷らによって「日本平和会」が作られた他、大隈重信を会長とする「大日本平和協会」が国際協調に基づく平和を唱えた。また、日露戦争時に非戦論を唱えた社会主義者・幸徳秋水やキリスト者・内村鑑三の活動や、第二次世界大戦中の知識人による反ファシズムの反戦運動なども知られている。だが平和運動は多くの場合、反国家的な行為とみなされ、戦時色が濃くなるにつれて活動家が治安当局の取り締まりの対象として弾圧されたため、市民の連帯による「運動」が可能になるのは、第二次世界大戦後のことである。

　1945年8月6日と9日の広島・長崎への原爆投下後、連合国軍による検閲がありながらも、広島では被爆者の窮状を訴えるものが出てきた。原爆で火傷を負った背中を観光客らに見せることで核兵器の恐ろしさを示し、「原爆一号」と呼ばれた吉川清の活動は、初期の市民による反核運動の一つであるといえよう。また戦時中の皇国史観に加担した反省から、憲法第9条の平和主義をもとに、多くの知識人が平和運動に参加した。50年代に入ると、労働運動や社会主義者を中心とした世界的な反核運動も始まり、世界平和評議会やストックホルム・アピール、ラッセル・アインシュタイン宣言は日本においても多くの人々を取り込んだ。宗教者の宗派を超えた平和集会も活発であった。戦後は、朝鮮戦争やベトナム戦争に対する反戦運動、日米安全保障条約や米軍基地への反対運動、憲法第9条擁護の運動などが主要な平和運動として展開されることとなった。

　1952年のプレスコードの解除と54年の第五福竜丸事件を経て東京都杉並区を中心に行われた「杉並アピール」の運動が、日本における全国的な原水爆禁止運動の始まりであった。55年には原水禁世界大会が開始され、反核運動は本格的な発展の時期に入った。しかし冷戦下に、主としてソ連の核保有と中ソ対立を背景として、共産党系と社会党系が分かれる形で原水禁運動は分裂した。以後、原水禁運動は対立と接近を繰り返すこととなるが、左派を中心とした原水禁運動は「平和運動＝アカ」のイメージをもたらし（藤原 2014）、運動の担い手の間の闘争は多くの市民を政治から遠ざけることとなった。これまで日本の反核運動史はこの原水禁運動の興隆と分裂を中心に書かれ、原水禁の分裂は日本の反核運動が全国的な市民運動になり得ない原因とされてきた。平和運動が

左翼運動とみなされる傾向にあったのは日本だけでなく、冷戦対立の中で日本と同様に1950年代から反核運動が起こり、また反連邦軍運動が行われていた西ドイツにおいても「アカよりは死んだほうがまし（lieber tot als rot）」といわれた時代があり、市民が平和運動から距離を置く傾向は長く続いた（竹本 2017）。上述のように、歴史的にみれば、平和運動は自由主義者の国際協調運動と社会主義者の反帝国主義運動の二つの流れの影響下で発展したが、現在に至るまで、平和運動には左派のイメージが強くつくこととなった。

　戦後、世界各地で反核運動が行われたが、日本の反核運動が他の国や地域の運動と大きく違う点は、被爆者自身が運動の担い手だということである。「来るべき核戦争」をいかに防ぐかということのみならず、日本の原水禁運動は被爆者への生活支援と救済、補償を目指し、同時に核兵器廃絶を訴える運動となった。被爆体験の証言活動や原爆医療法制定の運動、あるいは「黒い雨」裁判などは、広島・長崎の被爆者救済にとどまらない、反核のメッセージを持ったものとして受け止められる。なお、米軍基地をもっとも多く有する沖縄では、反基地運動とともに反核運動が行われてきたが、ほとんどの場合、沖縄独自の問題として議論され、広島や長崎の被爆の問題と結びつけて議論されてきたとはいえない。

　1980年代初頭、西ヨーロッパを中心に「ノー・ユーロシマ」（ユーロシマは「ヨーロッパ」と「ヒロシマ」を合わせた造語で、ヨーロッパを核戦場化させないという意味）を唱えて北大西洋条約機構（NATO）の核に反対する大規模な反核運動が展開された。また、核戦争防止国際医師会議（IPPNW）が米ソの医師によって設立されたように、この時期には国際的な NGO の活動も活発化した。日本でも当時反核運動が再び盛んになったが、その広がりと大きさは欧米には及ばず、たとえば西ドイツにおいて80年代の運動が東西冷戦を越えようとする動きにつながったほどの社会的な変化をもたらすことはなかった。

　全体としてみれば、日本の反核運動は冷戦下の対立に対抗する明確な理論を持っていたとはいえない。しかし、海外の反核運動により被爆者の存在意義が尊重、再認識され、被爆者運動は一定の影響力を持ち続けることとなった。

　被爆体験が示す核の危険性は、欧州の市民に対し、核兵器の使用が個人の生命の安全を脅かすことを強く意識させることで1980年代以降の欧州の反核運動

に影響を与え、後の「人間の安全保障」論につながるとともに、90年代以降、反核兵器の運動が反原発運動に結びつく下地となった。

3　「ヒロシマ」の反核運動

　広島市は戦後、世界に国際平和都市としての「ヒロシマ」をアピールしてきた。1950年代、第五福竜丸事件以前にすでに欧米各地で被爆証言がなされ、55年に原水禁世界大会が始まると、世界各国から活動家たちが広島と長崎を訪れ、映画や文学、あるいはジャーナリズムなどを通じて広島の被爆の実態は世界に伝わっていった。

　原水禁運動の分裂以後も、広島では被爆者団体や原水禁組織による活動は引き続き活発であった。広島においてはむしろ「核のない世界」へのメッセージが、特定のイデオロギーや政党の活動から切り離され、「普遍主義」として強調されることになった。「非核」や「平和」が広島という都市のアイデンティティとして定着し、市の行事なども含めて、多くの市民が日常的に何らかの形で原爆や平和問題に一個人として関わることになり、反核運動は本来「政治的」な運動であるにもかかわらず、特定の政党やイデオロギーから距離を置く形で「非政治化」されていったといえよう（根本 2018）。その結果、運動は政治的に「中立」とみなされることで青少年ら幅広い層の参加を容易にした側面もあり、多くの被爆者も自身の被爆体験を、政党やイデオロギーあるいは冷戦対立などの国際情勢から距離を置いて語っていった。世界各国での原爆展開催をはじめとする啓発的な活動によるヒロシマの継承や伝播を通した核兵器廃絶の取り組みが盛んになり、その活動が直接的・間接的に平和教育や平和文化の形成につながった。

　人道主義的で普遍的なヒロシマの反核メッセージは冷戦期からみられ、1970年代からは国連や世界への反核アピールが広島市と市民の重要な課題の一つとなった。また、80年代には各地で非核自治体宣言が広まり、広島・長崎の市長をリーダーとして世界の自治体で構成する平和市長（のちに首長）会議が設立され、今日に至っている。非核自治体宣言はイギリスのマンチェスターの運動がきっかけとされ、その後日本でも広まったが、国内では50年代からの世界連

邦都市宣言がその前史となっている。

　広島・長崎はまた、グローバルな核廃絶のメッセージを世界に発すると同時に、日本の核政策に対する「抵抗勢力」としての役割を担っている。日本政府が「唯一の戦争被爆国」という言葉で核兵器による被害をアピールしながら、アメリカの核の傘に依存するという矛盾した政策をとっていることに対する抵抗である。広島市長が毎年8月6日の平和記念式典で読み上げる「平和宣言」では、山田節男市長が1974年、初めて日本政府への要求を行った。「われわれは、危険な核拡散の進行を断固阻止するために、国連において、核保有国のすべてを含む緊急国際会議を開き、核兵器の全面禁止協定の早期成立に努めるよう提唱する。同時に、また、日本政府に対し、核拡散防止条約の速やかなる批准を求める」（広島平和文化センター 1985：55）。また荒木武市長は84年に「わが国は、憲法の平和理念を堅持し、唯一の被爆国として非核三原則を空洞化させることなく、これを厳守するとともに、核軍縮の促進と東西緊張の緩和に積極的に取り組まなければならない」と述べている（広島平和文化センター 1985：75）。日本政府に対しては、被爆者援護の要望も出されて、歴代市長の平和宣言には国家補償に基づく被爆者援護の実現や非核三原則の堅持を求める内容が盛り込まれた。今日、両市の平和宣言が日本政府に対して、核兵器禁止条約の批准を要望していることが示すように、広島・長崎は、日本の市民にとり非核・反核のいわば最後の砦となっている。

　2016年のバラク・オバマ米大統領や21年の国際オリンピック委員会のトーマス・バッハ会長の広島訪問は、ヒロシマが現在も「核のない世界」に向けた象徴的な存在であることを示す機会となった。だが、同時にそうした要人の広島訪問は、核兵器削減には直結しない儀礼的なものにすぎないという印象も与えた。核兵器廃絶国際キャンペーン（ICAN）や多くの中小国が賛同した核兵器禁止条約の成立は大きな成果であったが、核兵器保有国ならびに核の傘にいる国々が参加せず、その実効性を疑問視するものもいる。核の傘への依存という現状は当面、変わりそうにない。

　被爆体験の継承や平和文化の創造といった課題は、長期的な平和構築にとって重要かつ意義深いものである。だが、政治的リーダーが聞く耳を持たない限り、核軍縮などの課題が解決することはない。これまで広島や長崎が積み重ね

てきた市民による豊富な平和への取り組みが、どうすれば政治に直接影響力を
持ち、変化をもたらすことができるかが課題である。

4　反原子力運動としての反核運動

　核被害に向き合うという点では、近年、反原発運動のほうが反核兵器の運動
よりも活発になっているといえよう。日本の反核運動が核兵器を対象としたも
のであり、原発の問題を置き去りにしてきたことはしばしば指摘されてきた。
長い間「原子力の平和利用」は歓迎・奨励され、1950年代以降、日本はアメリ
カの原子力政策と結びつき原子力依存社会をつくってきた。日本で反原発が反
核運動と結びついたのは70年代からで、この点ではドイツの例とさほど変わり
がない。高木仁三郎の原子力情報資料室の活動や、森瀧市郎の「核絶対否定」
がその例である。原発建設地での反対運動なども70年代から行われたが、ほと
んどの場合ローカルな運動にとどまっていた。

　1980年代初頭の世界的な反核運動の波の中で西ドイツの反核運動が反原発も
取り込んだ「反原子力」の運動として発展したのに対し、日本の反核運動は原
発問題を取り込むことはなかった（竹本 2017）。安藤丈将は「反核運動」とい
う言葉が82年ごろの核兵器廃絶運動の高まりの中で原水禁運動の枠を越えて定
着したとしている。その際、反核運動は反原発運動と明確に区別されたもので、
それは「原水禁と原水協との分裂を乗り越えて統一戦線をつくりたいという思
惑が、反原発という論争的な問題を回避させた」ためであった（安藤 2019：37）。

　1986年のチェルノブイリ原発事故以降、国際的にプルトニウムの輸送や核燃
料再処理といった問題が意識されるようになり、ヨーロッパにおいて原子力政
策に疑問が呈されるようになった。日本においても脱原発運動が活発化したが、
その一方で原子力政策は引き続き推進され、ここでも反原発が反核兵器と合わ
せた広範な市民運動になるには至らず、またドイツの「緑の党」のような脱原
発政党の力で政局に影響を及ぼすようなこともなかった。これは99年の茨城県
東海村でのJCO臨界事故後も変わることがなく、日本社会における原発問題
に関する議論に大きな変化が訪れたのは、福島の原発事故後のことである。首
相官邸前で脱原発を訴える「金曜デモ」が行われ、東京都多摩市のように脱原

発の文言を含んだ新たな非核平和都市宣言を打ち出す自治体が増える（宮崎・副島 2017）などの動きがあった。だが「金曜デモ」は福島の事故から10年を経た2021年3月末に終焉し、選挙戦や政策に関する議論においても原発問題は消え、日本の原子力政策が大きく変化する兆しはみえない。現在、新型コロナウイルス感染症（COVID-19）の拡大により、自治体独自の政策や首長のイニシアチブがこれまでになく注目されているが、その意味では今後、コロナ対策以外にも自治体独自の政策が力を持つ可能性はある。

5　アジア諸国の市民運動の連携の可能性

　上述のように、日本の平和運動は明治以来、欧米の運動の影響の下に、独自の要素も抱えながら発展したが、他のアジア諸国においては、平和運動史というテーマ自体がほとんど扱われてこなかった。アジア諸国の市民運動はその多くが独立運動や解放運動、民主化運動として位置づけられており、そもそも市民運動としての平和運動自体、欧米の民主主義や人権意識の文脈の中で語られてきたのである。「平和」という言葉は存在するが、その多様性に鑑みて、平和の概念が各地域や文化において共通のものとして捉えられているか、あるいは平和運動の歴史が世界で共有されているかについては、再検討が必要である。

　アジア諸国においては、「平和」についての理解が異なるだけではない。「ヒロシマ」自体が普遍的な反核のメッセージとして受け止められてきたわけではなく、第二次世界大戦時に日本の侵略や攻撃を受けた国々では、日本が長い間自らを「唯一の被爆国」と主張し続けてきたことを、被害の一方的な強調だと冷ややかに受けとめ、原爆投下が日本の軍事支配からの解放をもたらしたと理解してきた。

　こうした原爆に対する解釈や日本の戦争責任問題に関する日本とアジア諸国の認識の違いについては、これまで広島でも問題提起されてきた。たとえば今堀誠二は1985年に日本の反核平和運動の意義を高く評価しながらも、「日本の戦争責任をぬきにして、被害者意識ばかりを横行させる傾向があり、それは原水禁大会の中で次第に拡大していって、遂に鼻もちならんものにしてしまった。国民運動としての大原則が消えて、特定の政党や団体のセクト運動に堕して

いったのは、運動自体の中に根源的な欠陥があった為だといわねばなりません。実は第一回世界大会の中に、多くの欠陥が包蔵されていたわけです。例えば広島・長崎の被爆者にはふれても、中国で殺されたり傷つけられた市民には言及せず、ビキニの被災が、第五福竜丸中心で、原住民の援護には論及せず、また日本国民の中でも、原爆以外の兵器で傷ついた他都市の市民被災者との連帯を忘れています」（今堀 1985：65-66）と述べている。

　アジア諸国の民主化や解放運動が進んだ現在では、アジアにおける日本の戦争加害や外国人被爆者に対し、国内でも理解が広がるようになった。韓国・慶尚南道にある陝 川の被爆者に対する援助や支援、そして陝川原爆資料館の設立にみられるように、原爆に対する意識や視点は少しずつ変化してきている。

　核被害に対する意識の変化は、原発事故や核実験等の被害者も含めた「グローバル・ヒバクシャ」の概念の広まりにもつながっている。核戦争の危機がない国々においては市民の間に反核兵器の議論を呼び起こすことは難しい。しかし原発事故やウラン採掘での事故、劣化ウラン、放射性廃棄物による被害などが起こると、各地でヒロシマ・ナガサキの経験が連想される傾向にある。

　たとえばインドでは1984年のボパール化学工場事故の際に、ヒロシマ・ナガサキの原爆や被爆者が繰り返し話題になったという（モインウッディン 2019：97）。福島の事故以降は、自らが被曝者になり得るという意識が広まり、各国で反原発運動が行われた。韓国では、福島の事故以前は環境保護団体と地元住民のみが反原発運動の推進力であったのに対して、事故以降は「反原発」から「脱原発」へと議論が変わり、様々な団体や市民が脱原発運動に関わるようになった（ユン 2017）。2021年に起きた福島の汚染水をめぐる問題や、東京オリンピックでの福島産の食品に対して示された懸念など、特に韓国には根強い反原子力の世論がある。これらはナショナリズムと結びつき、メディアでは反日運動として取り上げられがちである。だが、むしろこれをメディアや人々が、人類共通の危機としての放射線障害に対する正しい知識を共有し、差別や偏見をなくしながら核被害に対抗していくための機会と捉えるとすれば、国家の枠を越えた核兵器反対の運動にもつながるかもしれない。

　アジアの核軍縮の取り組みとしては、北東アジア非核地帯構想が代表的であり、また東アジア共同体の建設も核のない平和なアジアをつくるための案とし

て提示されたが、近年は世界的な潮流として、ブレグジットの例に顕著なように、共同体論自体が20世紀のような前向きな力を持たない現状にある。こうした中で、核兵器と原発のみならず、あらゆる核リスクに反対するための反原子力運動は国境を越え、人類共通の運動として機能する可能性を有している。日本の原発輸出に対する批判と、日本とアジア各国の市民団体が協力した反対運動はその例であろう（ノーニュークス・アジア 2015）。また、台湾の活発な反原発運動は、アジア各地の反原発運動に対して大きな刺激となった。日本だけでなく、中国や韓国でも、原発事故が起これば国を問わず共通の被害が予想される。まずはこの点で連携しつつ、核兵器についても議論を進めていくことが可能であろう。

　コロナ禍の影響によりヨーロッパでも国境が閉ざされる中で、ナショナリズムの新たな高揚が懸念されるが、同時にパンデミックにみられるように、自国のみで解決できない国境を越える共通の課題があることは明らかである。平和運動は知識人のサロンでの活動から路上のデモへと形を変えることで草の根の運動として発展したが、インターネットが普及した21世紀の現在では、路上に出なくても、また現地に赴くことなしにオンラインでの活動も可能となっている。こうした中で、これまでと異なる方法での情報共有やコンセンサス形成が可能となるのではないだろうか。

6　おわりに

　本章では日本の平和運動と反核運動の歴史を振り返り、反原子力運動についても触れながらアジアの平和運動との連携の可能性について考察した。日本の反核運動は長い間、原水禁運動の分裂によって衰退した歴史としてみなされ、冷戦時には市民運動として広範な参加者を取り込むことができなかった。その一方、ヒロシマは世界に向けた反核のメッセージとして伝えられ、反核と平和意識の形成に一定の影響を及ぼしてきた。だが、ヒロシマの「平和」は、普遍的な「平和」に向けた前向きなメッセージを示すと同時に、加害責任の認識不足や補償や援護のないまま置き去りにされた犠牲者など、「平和」の下で覆い隠されてきた問題も多く、同時に日本においては、日本国内の他の戦争被害者

との連携の不足についても依然として批判がある。ヒロシマ・ナガサキは他の戦争被害や加害からは切り離されて議論される傾向にあり、同時に国内における他の地域では原爆や核問題に対する関心はそれほど高くない。ICAN のノーベル賞受賞や核兵器禁止条約の成立といった反核運動の歴史的な成果も、広島・長崎以外では無関心な人が多いのも現状である。

　本書の他の論稿でも明らかになっているように、核兵器をめぐる問題は特に北東アジアにおいて前進する気配がみられない。核兵器禁止条約は市民運動の重要な成果であり、中小国の参加は希望でもあるが、上述のようにその実効性については疑問が呈されている。コロナ禍のため、2021年の核不拡散条約再検討会議も延期になり、こちらについても進展しそうにない。

　こうした中で市民の反核運動が力を持つためには、核による被害が国境を越えるものであることを改めて内外に主張する必要がある。コロナ禍や自然災害といった人間の力を超えたものを前に、人間の手で止めることが可能なものについては、我々ができる限り努力しなければならないのである。

＊本稿の執筆にあたり、水本和実教授（広島市立大学広島平和研究所）から貴重なご助言をいただいた。お礼を申し上げる。

【参考文献】

1．安藤丈将（2019）『脱原発の運動史——チェルノブイリ、福島、そしてこれから』岩波書店
2．安藤裕子（2011）『反核都市の論理——『ヒロシマ』という記憶の戦争（メモリーウォーズ）』三重大学出版会
3．今堀誠二（1985）「原水爆禁止運動の役割と展望」YMCA 国際平和研究所編『平和を創る』勁草書房、48-70頁
4．宇吹暁（1992）『平和記念式典の歩み』財団法人広島平和文化センター
5．宇吹暁（2014）『ヒロシマ戦後史——被爆体験はどう受けとめられてきたか』岩波書店
6．財団法人広島平和文化センター（1985）『平和宣言集』財団法人広島平和文化センター
7．竹本真希子（2017）『ドイツの平和主義と平和運動——ヴァイマル共和国期から1980年代まで』法律文化社
8．根本雅也（2018）『ヒロシマ・パラドクス——戦後日本の反核と人道意識』勉誠出版
9．ノーニュークス・アジアフォーラム編著（2015）『原発をとめるアジアの人びと——ノーニュークス・アジア』創史社

10. 藤原修（1991）『原水爆禁止運動の成立――戦後日本平和運動の原像 1954-1955』明治学院国際平和研究所

11. 藤原修（2014）「日本の平和運動――思想・構造・機能」『国際政治』175、2014年3月、84-99頁

12. 道場親信（2013）「原水爆禁止運動と冷戦――日本における反核平和運動の軌跡」酒井哲哉編『日本の外交 第3巻 外交思想』岩波書店、225-256頁

13. 宮崎園子・副島英樹（2017）「（核といのちを考える）非核宣言に脱原発依存『放射能被害のない平和な世界』制定」朝日新聞（大阪）、2017年3月13日夕刊

14. モインウッディン、モハンマド（2019）「放射能汚染、反核運動、被曝者――21世紀ヒンディー語小説『マラング・ゴダ ニルカーント フア』を巡って」『原爆文学研究』18号、96-107頁

15. 山田敬男（2009）「戦後日本の平和運動とその歴史的意味」『歴史評論』712号、2009年8月号、19-34頁

16. ユン・スンジン（2017）「韓国における脱原発運動――福島原発災害の以前と以後」『JunCture 超域的日本文化研究』8、中根若恵・藤本秀朗訳、2017年3月、82-95頁

あとがき

　2019年後半から世界各地を襲った新型コロナウイルス感染症（COVID-19）流行の波は、国際政治や国際関係に関する議論のあり方を大きく変えた。国境が閉ざされ、空港も閉鎖されて人の移動が不可能となり、各国は自国の感染対策を優先する政策を取らざるを得ない状況となった。こうした中で、米中対立はさらに進み、世界経済も大きな打撃を受けるなど、国際情勢は悪化する方向に向かっている。また日本国内ではメディアがコロナウイルス関連の報道に終始し、人々の関心はほぼこのテーマに集中したままである。このようなときこそ、改めて広く世界の政治に目を向け、平和のための解決策を探ることが必要であろう。

　本書はアジアにおける国際関係を様々な視点から分析したものである。広島市立大学広島平和研究所の研究プロジェクト「アジア・中東の平和と核——国際関係の中の核開発とガバナンス」（2019〜20年度、代表：吉川元）および「アジアの平和とガバナンスの包括的研究」（2021〜22年度、代表：吉川元）の研究メンバーを中心に、各分野の専門家に寄稿していただいた。各執筆者には、忙しい中での論文執筆のみならず、オンラインでの研究報告会への参加など、全面的にご協力いただいた。外出もままならず、大学の自分の研究室に行くことすらできない状況もあったコロナ禍において、それでも最先端の研究成果を出版できるのは、なによりも各執筆者の尽力の賜物である。

　本書の編集作業は広島平和研究所の吉川、沖村、佐藤、徐、孫、竹本が行い、平和学研究科博士後期課程の梅原季哉氏にも編集委員会に加わっていただいた。梅原氏には新聞社の論説委員としての経験と国際問題に関する深い知見をもとに、各論文に対して貴重な意見をいただいた。また、研究プロジェクトの遂行と本書の編集作業および事務作業には、広島平和研究所事務室の秋嶋優佑、吉

原由紀子、野村美樹、山下慶枝の各氏にご助力をいただいた。そして研究成果をこうして公表することができるのは、有信堂高文社の髙橋明義氏に本書の出版をお引き受けいただいたことにつきる。皆様のご助力がなければ、本書の出版は不可能であった。ここにお礼を申し上げる。

　2021年11月末現在、日本においては、コロナ禍はやや沈静化しているが、新たな変異株の出現も警告され、いつ以前のように国境を越えた研究活動が再開できるか、依然としてわからない。このような中で、研究と学問を続けていけることを感謝すると同時に、本書がアジアや国際関係論、核問題、平和研究といった分野に少しでも貢献できれば幸いである。

編集委員を代表して　竹本　真希子

人名索引

事項索引

サ　行

256

略語表

A2/AD	Anti-Access/Area Denial：接近阻止・領域拒否
ABMI	Asian Bond Markets Initiative：アジア債券市場育成イニシアチブ
ACT グループ	Accountability, Coherence and Transparency Group：安保理の作業方法改善を求める加盟国グループ
ADMM	ASEAN Defence Ministers Meeting：ASEAN 国防相会議
AFMGM	ASEAN Finance Ministers and Central Bank Governors Meeting：ASEAN 財務相・中央銀行総裁会議
AHA Centre	ASEAN Coordinating Centre for Humanitarian Assistance on Disaster Management：ASEAN 防災人道支援調整センター
AICHR	ASEAN Intergovernmental Commission on Human Rights：ASEAN 政府間人権委員会
ALCM	Air Launched Cruise Missile：空中発射巡航ミサイル
AMAF	ASEAN Ministers Meeting on Agriculture and Forestry：ASEAN 農林相会議
AMM	ASEAN Foreign Ministers Meeting：ASEAN 外相会議
AMMTC	ASEAN Ministers Meeting on Transnational Crimes：トランスナショナルな犯罪に関する緊急 ASEAN 閣僚会議
AMRO	ASEAN+3 Macroeconomic Research Office：ASEAN マクロ経済調査局
AOIP	ASEAN Outlook on the Indo-Pacific：インド太平洋に関する ASEAN の展望
APEC	Asia Pacific Economic Cooperation：アジア太平洋経済協力
APSC	ASEAN Political-Security Community：ASEAN 政治・安全保障共同体
APT	ASEAN Plus Three：ASEAN プラススリー
APTERR	ASEAN Plus Three Emergency Rice Reserve：APT 緊急米備蓄
ARF	ASEAN Regional Forum：ASEAN 地域フォーラム
ASEAN	Association of Southeast Asian Nations：東南アジア諸国連合
ASEM	Asia-Europe Meeting：アジア欧州会合
AU	African Union：アフリカ連合
BJP	Bharatiya Janata Party：インド人民党
BMD	Ballistic Missile Defence：弾道ミサイル防衛
BRICs	Brazil, Russia, India, China：ブリックス（ブラジル、ロシア、インド、中国）
BRICS	Brazil, Russia, India, China and South Africa：ブリックス（ブラジル、インド、中国、南アフリカ）
CEPEA	Comprehensive Economic Partnership in East Asia：東アジア包括的経済連携
CICA	Conference on Interaction and Confidence-Building Measures in Asia：アジア信頼醸成措置会議
CMIM	Chiang Mai Initiative Multilateralisation：チェンマイ・イニシアチブのマルチ化
COVID-19	Coronavirus Disease 2019：新型コロナウイルス感染症
CPEC	China Pakistan Economic Corridor：中国・パキスタン経済回廊

CPJ	Committee to Protect Journalists：ジャーナリスト保護委員会
CSCE	Conference on Security and Co-operation in Europe：欧州安全保障協力会議
CVID	Complete, Verifiable, and Irreversible Denuclearization：完全かつ検証可能で不可逆的な非核化
DCA	Dual Capable Aircraft：核・非核両用戦術航空機
EAFTA	East Asia Free Trade Area：東アジア FTA
EANET	Acid Deposition Monitoring Network in East Asia：東アジア酸性雨モニタリングネットワーク
EAS	East Asia Summit：東アジアサミット／東アジア首脳会議
EASG	East Asia Study Group：東アジア・スタディ・グループ
EAVG	East Asia Vision Group：東アジア・ビジョン・グループ
EDD	Extended Deterrence Dialogue：拡大抑止協議
EPG	Eminent Persons Group：賢人会議
ESCAP	Economic and Social Commission for Asia and the Pacific：国連アジア太平洋経済社会委員会
EU	European Union：欧州連合
FATA	Federally Administered Tribal Areas：連邦直轄部族地域（パキスタン）
FFVD	Final, Fully Verified Denuclearization：最終的かつ完全に検証された非核化
FOIP	Free and Open Indo-Pacific：自由で開かれたインド太平洋
FTA	Free Trade Agreement：自由貿易協定
GBSD	Ground Based Strategic Deterrent：地上配備戦略抑止力
GCC	Gulf Cooperation Council：湾岸協力会議
GDP	Gross Domestic Product：国内総生産
GLCM	Ground Launched Cruise Missile：地上発射巡航ミサイル
GSOMIA	General Security of Military Information Agreement：日韓軍事情報包括保護協定
IAEA	International Atomic Energy Agency：国際原子力機関
ICAN	International Campaign to Abolish Nuclear Weapons：核兵器廃絶国際キャンペーン
ICBM	Intercontinental Ballistic Missile：大陸間弾道ミサイル
ICJ	International Court of Justice：国際司法裁判所
IMF	International Monetary Fund：国際通貨基金
INF	Intermediate Range Nuclear Forces：中距離核戦力
IPCC	Intergovernmental Panel on Climate Change：気候変動に関する政府間パネル
IPPAS	International Physical Protection Advisory Service：国際核物質諮問サービス
IPPNW	International Physicians for the Prevention of Nuclear War：核戦争防止国際医師会議
IRBM	Intermediate Range Ballistic Missile：中距離弾道ミサイル
JCPOA	Joint Comprehensive Plan of Action：包括的共同行動計画
LRSO	Long Range Standoff：長距離スタンドオフ
LTP	Joint Research Project on Long-Range Transboundary Air Pollutants in North-

	east Asia：北東アジアにおける大気汚染物質の長距離輸送プロジェクト
MD	Missile Defense：ミサイル防衛
MDR	Missile Defense Review：ミサイル防衛見直し
MIRV	Multiple Independently-targetable Reentry Vehicle：個別誘導複数弾頭
MRBM	Medium Range Ballistic Missile：準中距離弾道ミサイル
NATO	North Atlantic Treaty Organization：北大西洋条約機構
NEASPEC	Northeast Asian Subregional Programme for Environmental Cooperation：北東アジア地域環境プログラム
NFU	No First Use：（核兵器の）先行不使用
NGO	Non-Governmental Organization：非政府組織
NLD	National League for Democracy：国民民主連盟（ミャンマー）
NNSA	National Nuclear Security Administration：国家核安全保障庁
NPG	Nuclear Planning Group：核計画グループ
NPR	Nuclear Posture Review：核態勢の見直し
NPT	Treaty on the Non-Proliferation of Nuclear Weapons：核拡散防止条約／核不拡散条約／核兵器不拡散条約
NSG	Nuclear Suppliers Group：原子力供給国グループ
OAS	Organization of American States：米州機構
ODA	Official Development Assistance：政府開発援助
OECD	Organisation for Economic Co-operation and Development：経済協力開発機構
OSCE	Organization for Security and Co-operation in Europe：欧州安全保障協力機構
PKO	Peacekeeping Operations：平和維持活動
PPP	Pakistan People's Party：パキスタン人民党
PPP	Purchasing Power Parity：購買力平価
PTI	Pakistan Tehreek-e-Insaf：パキスタン正義運動
QUAD	Quadrilateral Security Dialogue：日米豪印戦略対話／日米豪印4カ国戦略対話（クアッド）
RCEP	Regional Comprehensive Economic Partnership：地域的な包括的経済連携
RSS	Rashtriya Swayamsevak Sangh：民族奉仕団
SAARC	South Asian Association for Regional Cooperation：南アジア地域協力連合
SCO	Shanghai Cooperation Organization：上海協力機構
SIPRI	Stockholm International Peace Research Institute：ストックホルム国際平和研究所
SLBM	Submarine Launched Ballistic Missile：潜水艦発射弾道ミサイル
SMR	Small Modular Reactor：小型モジュール炉
SRBM	Short Range Ballistic Missile：短距離弾道ミサイル
SSBN	Ballistic Missile Submarine Nuclear-powered：弾道ミサイル（搭載原子力）潜水艦／戦略原子力潜水艦
START	Strategic Arms Reduction Treaty：戦略兵器削減条約
TEMM	Tripartite Environment Ministers Meeting：日中韓3カ国環境大臣会合

THAAD	Terminal High Altitude Area Defense：高高度迎撃ミサイルシステム
TOR	Terms of Reference：取り決め事項
TPNW	Treaty on the Prohibition of Nuclear Weapons：核兵器禁止条約
TPP	Trans-Pacific Partnership Agreement：環太平洋パートナーシップ協定
UAE	United Arab Emirates：アラブ首長国連邦
UNDP	United Nations Development Programme：国連開発計画
UNICEF	United Nations Children's Fund：国連児童基金
WTO	World Trade Organization：世界貿易機関

執筆者一覧（担当章順）

吉川　元	広島市立大学広島平和研究所	序章、第9章
佐々木　卓也	立教大学法学部	第1章
徐　顕芬	広島市立大学広島平和研究所	第2章
箱田　哲也	朝日新聞社論説委員	第3章
戸﨑　洋史	日本国際問題研究所軍縮・科学技術センター	第4章
孫　賢鎮	広島市立大学広島平和研究所	第5章
福永　正明	岐阜女子大学南アジア研究センター	第6章
中西　久枝	同志社大学グローバル・スタディーズ研究科	第7章、第13章
鈴木　達治郎	長崎大学核兵器廃絶研究センター	第8章
宮本　悟	聖学院大学政治経済学部	第10章
奈良部　健	朝日新聞社ニューデリー支局長	第11章
乗京　真知	朝日新聞社アジア総局員	第11章
鈴木　隆	愛知県立大学外国語学部	第12章
佐藤　哲夫	広島市立大学広島平和研究所	第14章
西田　竜也	東海大学政治経済学部	第15章
井原　伸浩	名古屋大学大学院情報学研究科	第16章
沖村　理史	広島市立大学広島平和研究所	第17章
李　鍾元	早稲田大学大学院アジア太平洋研究科	第18章
太田　昌克	共同通信社編集委員	第19章
梅原　季哉	広島市立大学大学院平和学研究科博士後期課程	第20章
竹本　真希子	広島市立大学広島平和研究所	第21章

アジアの平和とガバナンス

2022年3月1日　初　版　第1刷発行　　　　　　　　　〔検印省略〕

編　者 © 広島市立大学広島平和研究所
発行者　髙橋　明義　　　　　　　　　　　　　印刷・製本／亜細亜印刷

東京都文京区本郷1-8-1　振　替00160-8-141750
〒113-0033　TEL（03）3813-4511
FAX（03）3813-4514
http://www.yushindo.co.jp
ISBN978-4-8420-5583-1

発行所
株式会社 有信堂高文社
Printed in Japan

★表示価格は本体価格〔税別〕

有信堂刊

★表示価格は本体価格（税別）

有信堂刊